Ingredienzen
Das große Buch der Zutaten

h.f.ullmann

Originalausgabe © 1998, JB Fairfax Press Pty Limited und Atas International Limited
Bei diesem Buch handelt es sich um eine überarbeitete und erweiterte Ausgabe
der *Australasian Ingredients*, 1997.

Originaltitel: *Ingredients*
ISBN 978-3-8331-5497-3

Konzept: Peter Mirams
Lektorat: Judy Sarris
Art Director: David Leigh
Autoren: Loukie Werle, Jill Cox
Copy Editors: Peter Wilton, Lynda Wilton, Jane Rich
Fotografie: Paul Gosney
Foodstyling: Judi Sarris, David Leigh, Stella Murphy
Marketing Director: Stephen Balme
Produktionsleiter: Anna Haguire

Alle Rechte vorbehalten. Jeder Nachdruck, jede Wiedergabe, Vervielfältigung und Verbreitung, auch von Teilen des Werkes oder von Abbildungen, jede Abschrift, auch auf fotomechanischem Wege oder in Magnettonverfahren, in Vortrag, Funk, Fernsehsendungen, Telefonübertragung sowie Speicherung in Datenverarbeitungsanlagen, bedarf der ausdrücklichen Genehmigung des Verlags.

© 2005/2007 für die deutsche Ausgabe: h.f.ullmann publishing GmbH

Übersetzungen aus dem Englischen:
Brigitta Hirt, Wiebke Krabbe und Jens Uhrbach für Lesezeichen Verlagsdienste
Satz und Redaktion der deutschen Ausgabe: Lesezeichen Verlagsdienste, Köln
Projektkoordination: Dr. Marten Brandt

Covergestaltung: Yuko Ikuta (Far Inc.)
Fotografie: Paul Gosney

Cover Innenseiten:
Illustrationen: Junko Kariya, deutsche Adaption und Legenden: Claudia Boss-Teichmann
Design: Yuko Ikuta (Far Inc.)

Gesamtherstellung: h.f.ullmann publishing GmbH, Potsdam

Printed in China, 2013

ISBN 978-3-8480-0643-4

10 9 8 7 6 5 4 3 2 1
X IX VIII VII VI V IV III II I

www.ullmann-publishing.com
newsletter@ullmann-publishing.com

Einleitung

Erst als das vorliegende Buch schon in der Entwicklungsphase war, ist den Autoren und Lektoren so recht klar geworden, um welche Herausforderung es sich hier handelt. Wie viele Zutaten gibt es überhaupt, und wie definiert man eine Zutat als solche? Welcher von mehreren weltweit gebräuchlichen Namen soll erwähnt werden?

Als Basis für dieses internationale Werk diente das Buch *Australasian Ingredients* (»Zutaten aus Australien und Asien«) von Loukie Werle. Jill Cox hat europäische Zutaten ergänzt und war – obwohl sie selbst gut kochen kann und auch schon Kochbücher geschrieben hat – von der Fülle der verschiedenen Lebensmittel schier überwältigt. Vor allem die Kapitel »Käse« und »Fisch« mußten wegen der überbordenden Vielfalt eingekürzt werden. Beide verdienten je ein eigenes Buch.

Die Beschreibungen sind knapp gehalten, aber so ausführlich, daß gängige Verwechslungen (z. B. Kreuzkümmel – Wiesenkümmel, Frühlingszwiebel – Schalotte) aus der Welt geschafft werden können.

Für den Europäer ungewöhnliche Lebensmittel wie Algen, bestimmte Gewürze oder getrockneter Fisch wurden auf asiatischen Märkten erstanden und fotografiert. Züchter pflanzten Kräuter, die eigentlich keine Saison hatten, eigens für unsere Fototermine.

Wahre Exoten wie die Wichtetty-Made wurden per Expreß in unsere heimischen Fotostudios eingeflogen. Wir mußten auch den einen oder anderen Zaun übersteigen, um uns ein Zweiglein mit besonderen Beeren »auszuleihen«.

Im Supermarkt müssen die anderen Kunden uns für verrückt erklärt haben, als wir einen Einkaufswagen nach dem anderen mit je einer Zutat aus allen Regalen füllten.

Der Fotograf Paul Gosney hat allerlei Probleme gehabt, die Zutaten so abzulichten, daß sie appetitlich und frisch aussehen. Manche Kräuter welken unter warmer Studiobeleuchtung in Sekunden dahin, der Reifeprozeß von Weichkäse wird rasend schnell, und Fisch wässert auf die trockene, weiße Unterlage.

Nach all dem liegt Ihnen nun ein gut strukturiertes, verständliches und hochinformatives Nachschlagewerk vor, das jeden faszinieren wird, der gerne kocht, ißt oder der Küche ferner Länder auf die Spur kommen möchte.

JUDY SARRIS

EINLEITUNG 3

KRÄUTER, GEWÜRZE & SAMEN 6
Kräuter 8   Gewürze & Samen 16

BROTAUFSTRICHE, WÜRZMITTEL, BACKZUTATEN & EINGEMACHTES 22
Honig, Marmeladen & Brotaufstriche 24   Zucker, Sirup & Süßstoffe 26
Würzmittel & Farbstoffe 28   Backzutaten 32   Senf & Pasten 36
Saucen 38   Sauer Eingelegtes, Relishes & Chutneys 40   Essig 43

ÖLE, FETTE & MARGARINE 44
Öle & Fette 46

EIER & MILCHPRODUKTE 50
Milch, Sahne & Joghurt 52   Butter & Eier 54   Halbfester Schnittkäse 58   Frischkäse & Filata-Käse 62
Schafs- & Ziegenkäse 64   Blauschimmelkäse 66   Käse mit Oberflächenschimmel 68
Hartkäse 70   Käse aus Großbritannien & Irland 72   Käse aus Frankreich & der Schweiz 76
Käse aus Spanien 82

OBST, GEMÜSE & PILZE 84
Blattgemüse 86   Kartoffeln 90   Knollen- & Wurzelgemüse 94   Sprossengemüse 99
Sommer- & Winterkürbisse 100   Zwiebelgewächse 104   Schotengemüse & Mais 106   Kohlgemüse 108
Fruchtgemüse 116   Pilze 121   Hülsenfrüchte 126   Äpfel 130   Birnen 133   Zitrusfrüchte 136   Melonen 140
Beeren 144   Steinobst 146   Andere Früchte 148   Trauben 157   Trockenfrüchte & Nüsse 160

MEHL, GETREIDE, CEREALIEN & NUDELN 166
Körner, Mehle, Getreideprodukte 168   Lange Nudeln 176   Eiernudeln 178
Kurze Nudeln 180   Suppennudeln 183   Gefüllte & aromatisierte Nudeln 184
Asiatische Nudeln & Teigblätter 186

FRISCHE & KONSERVIERTE FISCHE & MEERESFRÜCHTE 190

Fisch **192**   Meeresfrüchte **232**   Fisch- und Meeresfrüchteprodukte **244**

Meeresgemüse **252**

FRISCHFLEISCH & FLEISCHPRODUKTE 254

Lamm **256**   Schwein **264**   Rind **272**   Kalb **280**   Innereien & andere Körperteile **282**

Speck, geräucherter & luftgetrockneter Schinken **290**   Würste **295**   Salami **300**   Rinderschinken **304**

Sülzen, Terrinen & Pasteten **305**

GEFLÜGEL & WILD 306

Huhn **308**   Pute & Truthahn **316**   Gans & Ente **322**   Federwild **328**   Hase, Kaninchen & Exotenwild **335**

Reh **340**   Wildschwein **346**

AUFGUSSGETRÄNKE 348

Kaffee **350**   Kaffee & andere Getränke **352**   Tee **353**

AUS ALLER WELT 356

Asiatische Zutaten **358**   Mexikanische Zutaten **368**

Spezielle Zutaten **370**   Zutaten aus dem Australischen Busch **372**

REGISTER 378

DANKSAGUNG 384

Kräuter, Gewürze & Samen

Dank der Zuwanderung von Menschen aus unterschiedlichen Kulturen und der zunehmenden Reisefreudigkeit der Menschen im allgemeinen hat sich unser kulinarisches Spektrum beträchtlich erweitert. Heutzutage ist uns eine Vielfalt von Geschmacksrichtungen und Aromen vertraut, und häufig verwenden wir z. B. beim Kochen die Kräuter, Gewürze und Samen, die wir mit der italienischen, griechischen, marokkanischen, spanischen, libanesischen, thailändischen, indischen, karibischen, chinesischen und japanischen Küche in Verbindung bringen. Nichts ist vergleichbar mit dem Geschmack und dem Duft frischer Kräuter, die, erntefrisch oder im Topf, praktisch in jedem Supermarkt erhältlich sind. Auch getrocknete Kräuter sind eine gute Wahl. Sie sind jedoch häufig kräftiger und vorherrschender im Geschmack und sollten beim Kochen so dosiert werden, daß die geschmackliche Ausgewogenheit erhalten bleibt.

Ausgewogenheit und Harmonie sind auch bei der Verwendung von Gewürzen besonders wichtig. In den arabischen und asiatischen Ländern wird die Kunst des Würzens in der Familie weitergegeben. Starke Gewürze werden nur selten allein verwendet. Wenn Sie mit Kreuzkümmel würzen, rundet ein wenig Koriander den Geschmack angenehm ab. Am besten entfaltet sich das Aroma Ihrer Gewürze, wenn Sie sie vor der Verwendung in einer kleinen Bratpfanne bei mittlerer Hitze unter häufigem Rütteln der Pfanne trocken anrösten, bis sich ihr charakteristisches Aroma entfaltet und erste kleine Rauchwolken aufsteigen. Nehmen Sie die Pfanne sofort vom Herd, damit die Gewürze nicht anbrennen und bitter werden. Zerstoßen Sie sie in einem Mörser oder in einem Gewürzmischer. Gemahlene Gewürze müssen frühzeitig beim Kochen zugegeben werden, damit sich ihr Aroma voll entfalten kann.

LORBEER
Laurus nobilis

Es gibt wohl kaum ein herzhaftes Gericht, das sich nicht durch die Beigabe von ein, zwei Lorbeerblättern abrunden ließe. Lorbeerblätter können sowohl frisch vom Baum als auch getrocknet verwendet werden und dürfen im Bouquet garni nicht fehlen. Reis gewinnt, zusammen mit ein paar Lorbeerblättern in einer Vorratsdose aufbewahrt, ein zartes Aroma und bleibt von Schädlingen wie Rüsselkäfern verschont.

KORIANDER oder CHINESISCHE PETERSILIE oder CILANTRO
Coriandrum sativum

Das Blatt hat ein charakteristisches Aroma und findet ausgiebige Verwendung in der lateinamerikanischen und asiatischen Küche. Dieses Kraut wird entweder geliebt oder verabscheut. Nicht fehlen dürfen die Wurzeln und Blätter am Grünen Thai-Curry.

SAUERAMPFER
Rumex scutatus

Wird überwiegend in Suppen, Omeletts und Saucen zu kaltem Fisch und Geflügel verwendet oder feingehackt über gekochte Kartoffeln gestreut. Die jungen Blätter sind eine abwechslungsreiche Ergänzung zu gemischtem Blattsalat.

ZITRONENGRAS
Cymbopogon citratus

Diese in der asiatischen Küche verbreitete Gewürzpflanze wird auch hierzulande immer beliebter. Verwendet werden nur die unteren 10 cm der Stengel. Entfernen Sie die harten äußeren Lagen, und streichen Sie mit dem Messerrücken ein paarmal fest über die weichen Innenseiten, bevor Sie die Stengel hacken oder in feine Streifen schneiden. Zitronengras eignet sich zum Würzen von Kompotten und Süßspeisen wie Crème brûlée oder Crème caramel.

FENCHEL
Foeniculum vulgare

Verwenden Sie die federartigen Blätter gehackt in Salaten, insbesondere in Kartoffelsalat, zu Fisch, Reisgerichten und in Nudelsaucen. Auf einem Bett von Fenchelzweigen kann man einen ganzen Fisch im Backofen garen.

KRÄUTER

SCHAFGARBE
Achillea millefolium
Schafgarbe nimmt man zum Würzen von grünen Salaten.

ESTRAGON
Artemisia dracunculus
Achten Sie stets darauf, französischen Estragon zu bekommen, denn er hat ein intensiveres Aroma als der russische. Estragon verwendet man in feinen Kräutermischungen, in der Sauce béarnaise, zu Fisch, Geflügel, Innereien und Eierspeisen sowie zum Aromatisieren von Weißweinessig.

ANGELIKA
Angelica archangelica
Blatt, Stengel und Blüte haben einen süßen Geschmack. Verwenden Sie die gehackten Blätter in Salaten und Kompotten. Der Stengel wird kandiert und in Desserts und zum Dekorieren von Kuchen verwendet. Samen, Stengel und Wurzeln nimmt man auch zur geschmacklichen Abrundung von Likören wie Chartreuse, Bénédictine und Wermut.

MAJORAN
Origanum majorana
Majoran paßt zu Fleisch-, Geflügel-, Gemüse- und Eiergerichten, zu Suppen und Saucen sowie zu Nudel- und Reisgerichten.

LAVENDEL
Lavandula angustifolia
Verwenden Sie die duftenden Blüten sparsam in Kuchen, Plätzchen, Gelees und Eiscreme. Essig können Sie durch Einlegen der Stengel und Blüten aromatisieren.

CURRYKRAUT
Helichrysum angustifolium
Berührt man die Blätter leicht, verströmen sie sofort den charakteristischen Duft von Curry. Currykraut verfeinert Reis, Suppen, Eintöpfe, paßt zu Kalbfleisch und Wildgeflügel. Diese Gewürzpflanze ist jedoch kein Bestandteil von Curry-Würzmischungen.

MEERRETTICH
Chochlearia armoracia
Frisch geriebener Meerrettich verleiht Saucen zu Geflügel, Fisch und gebratenem oder gekochtem Rindfleisch, aber auch Brotaufstrichen eine pikante Note.

BASILIKUM
Ocimum basilicum
Die großen, fleischigen Blätter passen besonders gut zu italienischen Gerichten mit Tomaten. Damit die Blätter ihre dunkelviolette oder hellgrüne Farbe behalten, sollten Sie sie nicht mit dem Messer hacken, sondern mit den Fingern auseinanderzupfen. Verwenden Sie nur die Blätter.

PIMPINELLE
Potericum sanguisorba
Die Zweige verleihen Getränken einen erfrischenden Gurkengeschmack, während die Blätter in Salaten und auf Sandwiches verwendet werden.

KRÄUTER

BOUQUET GARNI oder KRÄUTERSTRÄUSSCHEN
Ein Lorbeerblatt und einige Zweige Petersilie, Thymian und Majoran werden mit einem ausreichend langen Stück Schnur zusammengebunden, so daß man das Sträußchen in eine Suppe hängen und leicht wieder entnehmen kann.

FINES HERBES oder FEINE KRÄUTERMISCHUNG
Die Mischung aus Petersilie, Kerbel, Schnittlauch und Estragon, alles sehr fein gehackt, verfeinert Gerichte mit zartem Eigengeschmack wie Omelette oder Blattsalat. Mit ein wenig Zitronensaft und zerlassener Butter vermischt, wird die Mischung gern zu gegrilltem Fisch oder Steak gereicht, aber auch in Buttersaucen wie Sauce béarnaise und Sauce hollandaise gegeben.

MINZE
Mentha
Verwenden Sie kleine Zweige in Getränken und die gehackten Blätter zu Lammfleisch, Gemüse – insbesondere zu neuen Kartoffeln und jungen Erbsen – sowie zu Obstsalaten und Minzsauce. Varianten sind Grüne Minze, Wasserminze und Pfefferminze.

KNOBLAUCH
Allium sativum
Außer vielleicht in Desserts läßt sich Knoblauch in fast allen Speisen verwenden. Sein Geschmack hängt von seiner Zubereitung ab – gekochter Knoblauch ist milder als roher, zerdrückter Knoblauch. Die Zehen können Sie roh oder gebraten, gedünstet, geröstet oder sautiert verwenden und sowohl geschält als auch ungeschält garen. Achten Sie beim Kauf auf feste Zwiebeln ohne weiche oder verfärbte Stellen. Knoblauch wird nicht im Kühlschrank, sondern an einem kühlen, trockenen Ort aufbewahrt.

THYMIAN
Thymus vulgaris
Das vielseitige Kraut mit den kräftigen, aromatischen Blättern wird zum Würzen von Suppen, Eintöpfen, Bohnengerichten und allen Fleischgerichten einschließlich Terrinen und Pasteten verwendet. Es paßt auch zu Gemüse, insbesondere zu Röstkartoffeln.

ROSMARIN
Rosmarinus officinalis
Rosmarin paßt zu den meisten Fleischgerichten, besonders zu Kalb, Lamm, Geflügel und Wild; für die meisten Fischgerichte ist sein Geschmack jedoch zu vorherrschend. Verwenden Sie Rosmarin sparsam zu Pizza, Focaccia, Nudeln und Risottos.

KERBEL
Anthriscus cerefolium
Kerbel paßt zu Suppen, Saucen, Eierspeisen, Salaten, zu Huhn und Fischgerichten und ist Bestandteil der Kräutermischung Fines herbes.

PETERSILIE oder PETERLE
Petroselinum crispum
Die krause Variante dieses wichtigen Küchenkrauts ist die weitaus bekanntere. Sie hat kräftig grüne, krause Blätter, schmeckt herzhaft und hat einen hohen Nährwert. Fein gehackt ist Petersilie Bestandteil der feinen Kräutermischung Fines herbes.

RINGELBLUME
Calendula officinalis
Zu Zeiten des Römischen Reichs galt die Ringelblume als der **Safran des armen Mannes** und verlieh Reis- und Fischgerichten, Kuchen und Puddings Farbe und Aroma. Die Blüten schmecken frisch in Salaten und getrocknet in Suppen.

GLATTE PETERSILIE oder ITALIENISCHE PETERSILIE
Petroselinum hortense filicinum
In Frankreich verwendet man von dieser glattblättrigen Variante Blätter und Stengel zum Würzen, in Italien dagegen nur die Blätter; die Stengel werden zur Zubereitung von Brühe aufgehoben. Die Franzosen haben ihre berühmte Persillade, eine feingehackte Mischung aus Petersilie und Knoblauch, mit der sie eine Vielfalt von Gerichten, wie z. B. kurzgebratenes Fleisch oder Röstkartoffeln, verfeinern, indem sie sie kurz vor dem Servieren damit bestreuen. Die *Gremolata* (ohne die ein Osso Bucco undenkbar wäre), eine feingehackte Mischung aus Petersilie, Knoblauch und Zitronenzesten, wird ebenfalls kurz vor dem Servieren über das Gericht gestreut.

DILL
Anethum graveolens
Die kräftig grünen, fedrigen Blätter und die winzigen hellgrünen Blüten eignen sich zum Würzen von Fischgerichten und Eierspeisen, schmecken aber auch feingehackt in Salaten.

KRÄUTER

BORRETSCH oder GURKENKRAUT
Borago officinalis
Die jungen, feingehackten Blätter schmecken gut in Salaten und auf Sandwiches; die älteren Blätter eignen sich noch zum Würzen von Suppen. Ganze Blätter und Zweige können Sie im Teigmantel fritieren. Die violetten Blüten sind eine abwechslungsreiche Dekoration für Salate.

SALBEI
Salvia officinalis
Salbei hat einen kräftigen, dominanten Geschmack und eignet sich zum Würzen von Hülsenfrüchten, fettem Fleisch und fettem Fisch sowie von Kalbsleber und Nudelgerichten.

SCHNITTLAUCH
Allium schoenoprasum
Schnittlauch ist wichtiger Bestandteil der feinen Kräutermischung Fines herbes. Er verleiht insbesondere Eiern und Salaten ein feines Zwiebelaroma. Die blaßlila oder rosafarbenen Blüten können Sie in Salaten verwenden.

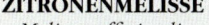

ZITRONENMELISSE
Melissa officinalis
Die gezackten Blätter mit dem zarten Zitronenaroma eignen sich zur Verfeinerung von Fleisch-, Geflügel- und Fischgerichten, aber auch von Obst- und Gemüsesalaten, Suppen und Puddings. Ein Aufguß der Blätter ergibt einen Tee mit beruhigender Wirkung.

WEINRAUTE
Ruta graveolens
In Italien, wo man den bitteren Beigeschmack schätzt, wird Weinraute häufig unter grünen Salat gemischt.

OREGANO
Origanum vulgare
Oregano paßt zu Fleisch, Geflügel, Gemüse und Eiern, zu Nudelgerichten, Suppen, Saucen, Reisgerichten und Pizza.

YSOP
Hyssopus officinalis
Schmecken Sie mit den feingehackten Blättern Schweinebraten oder die Füllung von gebratener Gans und Ente ab. Die Blüten eignen sich für Salate.

BOHNENKRAUT oder PFEFFERKRAUT
Satureia spp.
Die feingehackten Blätter verleihen ein feines Pfefferaroma, das gut zu Hülsenfrüchten, frischen Bohnen und Fisch- oder Fleischpanaden paßt.

ZITRONENSTRAUCH
Aloysia triphylla
Kuchen erhält das typische Zitronenaroma, wenn Sie die Form vor dem Backen mit ein paar Blättern auslegen. Die Blätter eignen sich ebenso zum Aromatisieren von Milchreis und anderen Süßspeisen wie Crème brûlée oder Crème caramel.

ZITRONENMINZE oder BERGAMOTTE
Monarda didyma
Zitronenminze findet Verwendung in sommerlichen Getränken, Tees, Salaten, Desserts und Fleischgerichten. Die Blüten eignen sich als Salatbeigabe. Ein paar Blätter in schwarzem Tee verleihen dem Getränk das typische Aroma von Earl Grey.

KÜMMELKRAUT
Carum carvi
Die jungen Blätter verwendet man in Suppen und Salaten sowie zum Bestreuen von Gemüsen.

KRÄUTER

LIEBSTÖCKEL oder MAGGIKRAUT
Levisticum officinale
Die feingehackten Blätter verleihen Salaten, Suppen und Fleischgerichten ein herzhaftes Selleriearoma.

HOLUNDER
Sambucus niger
Die frischen Blüten eignen sich zur Herstellung von Wein, zum Aromatisieren von Fruchtgelees oder, in Teig getaucht und kurz fritiert, als Dessert. Die Beeren lassen sich in Torten und süßen Saucen, für Konfitüren, Gelees und Chutneys, aber auch zur Herstellung von Wein verwenden.

KAMILLE
Chamaemelum nobile
Verwenden Sie die kleinen gelbweißen, an Gänseblümchen erinnernden Blüten in Salaten. Ein Aufguß der getrockneten Blüten ergibt einen beruhigenden Kräutertee.

Geben Sie Kräuter mit weichen, zarten Blättern beim Kochen erst kurz vor Ende der Garzeit hinzu. Holzige Arten wie Rosmarin oder Thymian vertragen längere Kochzeiten. Die meisten der in diesem Abschnitt beschriebenen Kräuter sind getrocknet erhältlich, doch sollten Sie nach Möglichkeit frische Kräuter verwenden. Küchenkräuter lassen sich problemlos im Garten oder sogar in Blumentöpfen ziehen. Müssen Sie auf getrocknete Kräuter zurückgreifen, denken Sie daran, daß ihr Geschmack viel intensiver ist und Sie die Dosierung entsprechend auf etwa ein Drittel oder Viertel reduzieren sollten. Schreibt das Rezept also 1 Eßlöffel frische Rosmarinnadeln vor, nehmen Sie nur 1–1 1/2 Teelöffel getrockneten Rosmarin. Getrocknete Kräuter verlieren mit der Zeit an Würzkraft, also kontrollieren Sie in regelmäßigen Abständen das Haltbarkeitsdatum. Ist es verstrichen, sollten Sie die Kräuter wegwerfen und lieber neue Vorräte anlegen.

AMCHOOR
Mangifera indica
Das Gewürz wird aus unreifen, gemahlenen Mangos gewonnen und hat ein an Zitronen erinnerndes Aroma. Es wird in der indischen Küche verwendet.

ASANT oder STINKASANT oder TEUFELSDRECK
Ferula asafoetida
Klebriger Extrakt bzw. Pulver aus dem Harz des Riesenfenchels, der jedoch mit dem hiesigen Fenchel nicht verwandt ist. Dieses unangenehm riechende Gewürz wird in der indischen Küche verwendet, häufig in Verbindung mit Bohnen als Mittel gegen Blähungen, sowie von den Brahmanen, deren Religion den Genuß von Zwiebeln und Knoblauch wegen ihrer angeblichen aphrodisierenden Wirkung verbietet. Asant wird nur in ganz geringen Mengen verwendet, und statt die Substanz direkt in das Gericht zu mischen, formt man das Harz zu einer Kugel und klebt diese von unten an den Topfdeckel. Den Asant in Pulverform gibt man jedoch direkt an die Speise. Beim Garen entfaltet das Gewürz einen sehr angenehmen Duft nach Zwiebeln und mildem Knoblauch.

BOUQUET GARNI, getrocknet
Es besteht aus Petersilie, Lorbeerblättern und Thymian und wird zumeist in Brühen, Schmorgerichten und Suppen verwendet. Man füllt die Kräuter in ein Stoffsäckchen, das man vor dem Servieren leicht aus dem Topf entfernen kann.

PIMENT
Pimenta dioica
Erinnert an Nelke, Pfeffer und Zimt und wird für Fleisch- und Wildmarinaden verwendet. Zerdrücken Sie die ganzen Beeren leicht, damit sich ihr Aroma entfalten kann. Das gemahlene Gewürz rundet Suppen und Saucen, Reisgerichte, Pasteten und Wurst ab.

KAPERN
Capparis spinosa
Die geschlossenen, grünen Knospen eines im Mittelmeerraum beheimateten Buschs werden fertig eingelegt angeboten. Je kleiner die Knospen, desto besser ihre Qualität.

ANIS
Pimpinella anisum
Die kleinen, harten Samen haben einen würzigen, süßlichen Geschmack. Man verwendet sie überwiegend zum Backen, insbesondere in Plätzchen und Kuchen. Mit Anis werden auch Liköre aromatisiert.

SCHWARZER KREUZKÜMMEL
Cuminum cyminum
Die kleinen, dreieckigen, tiefschwarzen Samen werden oft mit denen des Wiesenkümmels (*Nigella*) verwechselt. Echter schwarzer Kreuzkümmel wird viel seltener verwendet als der helle, da sein Geschmack erheblich intensiver ist.

WIESENKÜMMEL
Carum carvi
Diese braunen, länglichen Samen sind unverzichtbare Zutaten in Kümmelkuchen und Sauerkraut und werden häufig auf Broten verwendet, in Brotaufstrichen wie dem Liptauer oder dem Kochkäse, zu Kartoffeln, Gans, Ente und Schwein.

GEWÜRZE & SAMEN

KARDAMOM
Elettaria cardamomum
Kardamom wird als Samen oder noch in Kapseln angeboten. Lösen Sie die Samen vor der Verwendung aus den Kapseln. Kardamom wird am häufigsten für Currys verwendet.

SELLERIESAMEN oder EPPICH
Apium graveolens
Die Selleriepflanze ist in Italien beheimatet. Die bitteren Samen werden getrocknet und für Schmorgerichte und Suppen verwendet. Selleriesamen ist Bestandteil von Selleriesalz.

NELKEN
Eugenia aromatica
Nelken verlieren ihre Würzkraft schnell; man kann sie also nicht allzulange aufbewahren. Verwenden Sie Nelken zu Fleisch oder mariniertem Fisch, in Gebäck und in Glühwein.

ADIOWAN oder KÖNIGSKÜMMEL
Carum ajowan
Adiowan hat große Ähnlichkeit mit dem Selleriesamen; die Samen mit dem thymianähnlichen Geschmack werden häufig in der indischen Küche für Currys, Chutneys und Pappadums verwendet.

CHILI-PFEFFER
Capsicum annuum var. *fructescens*
Chili-Pfeffer besteht aus den getrockneten und gemahlenen Früchten diverser Chili-Pflanzen. Er verleiht Curry-Pasten, Thai-Suppen und südamerikanischen Gerichten wie Chili con carne eine feurige Note.

KORIANDER
Coriandrum sativum
Koriander sollten Sie grundsätzlich nach kurzem Anrösten in der trockenen Pfanne selbst mahlen. Er ist Bestandteil von Würzmischungen des Mittleren Ostens.

CHINA-ZIMT oder KASSIE
Cinnamomum cassia
China-Zimt, auch **Kassiarinde** oder **Falscher Zimt** genannt, schmeckt ähnlich wie Zimt. Er aromatisiert Fleisch- und Curry-Gerichte, aber auch Kaffee; gemahlen nimmt man ihn zum Backen oder zum Verfeinern von Desserts.

ZIMT
Cinnamomum zelanicum
Die getrocknete Rinde des Zimtbaums wird gerollt und in Stücke geschnitten. Brechen Sie Zimt in kleinere Stücke zur Verwendung in Currys und Kompott, mit Zitronenzesten und Nelken für Glühwein und in Pulverform in Puddings und Gebäck.

KREUZKÜMMEL
Cuminum cyminum
Aus der Küche des Mittleren Ostens und Lateinamerikas ist er nicht wegzudenken. Er ist in praktisch jeder Curry-Gewürzmischung enthalten. Leidener Käse enthält ganzen Kreuzkümmel.

CURRY-BLÄTTER
Chalcas koenigii
Die Curry-Pflanze ist eine Verwandte des Zitronenbaums. Mit ihren frischen oder getrockneten Blättern würzt man Currys. Gemahlene Blätter können in Curry-Pulver oder Curry-Paste enthalten sein.

DUKKAH
Die Gewürzmischung aus dem Mittleren Osten enthält gewöhnlich Koriander, Kreuzkümmel, Sesamsaat und Haselnüsse. Die Zutaten werden geröstet, dann grob gemahlen und gesalzen. Mit Olivenöl vermischt, eignet sich die Mischung als Dip für frisches Brot.

FÜNF-GEWÜRZE-PULVER
Die Mischung enthält Szechuan-Pfeffer, Sternanis, Fenchel, Nelken und Zimt und wird überwiegend in der chinesischen Küche verwendet, insbesondere in Fleisch-, Geflügel- und Fischgerichten.

CURRY-PULVER
Curry-Pulver kann jede der folgenden Zutaten enthalten: Kurkuma, Kreuzkümmel, Koriander, Kardamom, Chili, Fenchelsaat, Nelken, Bockshornklee, Tamarinde, Mohnsamen, Safran, Pfeffer, Muskat, Muskatschale, Curry-Blätter, Knoblauch und Ingwer.

FENCHELSAAT
Foeniculum vulgare
Fenchel wird zum Einlegen, in der indischen Küche als Brotgewürz und in der pharmazeutischen Industrie für Gurgellösungen verwendet. Die Samen haben einen leicht anisartigen Geschmack.

GALGANT
Languas galanga
Galgant ist mit Ingwer verwandt, hat aber getrocknet einen anderen Geschmack. Die pulverisierte Form dieser Wurzel wird in manchen asiatischen Läden auch unter dem Namen **Laos** angeboten.

DILLSAAT
Anethum graveolens
Wird in Suppen und Eintöpfen und, insbesondere in Skandinavien, zur Zubereitung von Graved Lachs und Flußkrebs verwendet. Dillsaat ist ein wichtiger Bestandteil von Kindertees zur Behandlung von Koliken.

BOCKSHORNKLEE oder FENUGREC
Trigonella foenum-graecum
Die gerösteten Samen haben einen süßlichen, an Curry erinnernden Geschmack und dürfen in würzigen Gemüsegerichten und an Hülsenfrüchten nicht fehlen. Bockshornklee wird für Chutneys, Gewürzessig und in Halva verwendet.

GARAM MASALA
Diese Würzmischung wird in vielen Variationen in der Küche Indiens und des Mittleren Ostens verwendet. Die genaue Zusammensetzung ist häufig das Geheimnis des Kochs. Die üblichen Bestandteile sind Kreuzkümmel, Nelken, Zimt, Kardamom, Muskat und Pfeffer.

GEWÜRZE & SAMEN

INGWER, frisch
Zingiber officinale
In der asiatischen Küche ist die Ingwerwurzel unverzichtbar, die zusammen mit Knoblauch und Zwiebel die Basis für viele Schmor- oder Curry-Gerichte bildet. Achten Sie beim Kauf auf feste, glänzende Wurzeln.

WACHOLDER
Juniperus communis
Verwenden Sie die Beeren im ganzen oder zerdrückt für Wildmarinaden. Alle Kohlsorten gewinnen an Aroma, wenn Sie ein paar zerdrückte Beeren beim Kochen hinzufügen. Wacholder ist auch in Gin enthalten.

KRÄUTER DER PROVENCE, getrocknet
Diese aromatische Mischung zum Würzen von herzhaften Gerichten enthält Basilikum, Majoran, Thymian, Petersilie und Rosmarin. Sie können sie beim Kochen zugeben, aber auch in Marinaden verwenden.

INGWER, gemahlen
Zinigiber officinale
Gemahlener Ingwer wird meistens in Konfitüren und Gebäck verwendet. Das Gewürz eignet sich auch zum Verfeinern von herzhaften Gerichten, asiatischen Saucen und Ketchup.

SÜSSHOLZWURZEL
Glycyrrihiza glabra
Der Extrakt aus der getrockneten und gemahlenen Süßholzwurzel ist der Grundstoff zur Herstellung von Lakritze und wird als Hustenmittel und als Aromastoff für unangenehm schmeckende Arzneien verwendet.

SENFKÖRNER
fam. *Brassica*
Weiße Senfkörner werden in der asiatischen Küche, zum sauren Einlegen, in Marinaden und als Wurstgewürz verwendet. Die schwarzen Senfkörner dienen als Gewürz pikanter Gerichte und zur Herstellung von Öl.

MEERRETTICH
Armoracia rusticana
Die getrocknete Wurzel der Meerrettichpflanze wird zu einem Pulver gemahlen und dann mit Wasser zu einer Paste oder Creme verrührt, die gut zu Fleisch und Fisch paßt.

MUSKATSCHALE
Myristica fragrans
Die äußere filigrane Ummantelung der Muskatnuß, geglättet und in der Sonne getrocknet. Muskatschale ist in Streifen geschnitten oder gemahlen erhältlich und wird meist in Würzmischungen und als Gewürz für Corned Beef verwendet.

MUSKATNUSS
Myristica fragrans
Kaufen Sie Muskatnüsse im ganzen und reiben Sie sie bei Bedarf. Muskat verfeinert Suppen, Gemüse, Brot und Kuchen. An einer echten Sauce bolognese darf frisch geriebene Muskatnuß nicht fehlen.

PANCH PHORA
Eine indische Würzmischung aus Kreuzkümmel, schwarzen Senfkörnern, Nigella, Bockshornklee und Fenchelsaat. Mit Panch Phora aromatisiertes Öl verleiht den Gerichten eine typisch indische Note.

GEWÜRZMISCHUNG FÜR MARINADEN
Die Mischung besteht aus getrockneten Lorbeerblättern, roten Pfefferschoten, Senf- und Korianderkörnern, Piment, Nelken, Ingwer sowie Muskatschale und findet Verwendung bei eingekochtem sowie sauer eingelegtem Gemüse.

SALZ
Natriumchlorid
Mit Salz würzt man die meisten Speisen, sogar Süßspeisen, um den Geschmack zu intensivieren. Variationen: Kochsalz, (grobes und feines) Meersalz, Steinsalz, Kräutersalz, Selleriesalz, jodiertes Salz.

PAPRIKA
Capsicum tetragonum
Paprika würzt Suppen, Saucen, Salate, Brotaufstriche, Wurst und Salami, eine Vielfalt von Fleisch-, Geflügel- und Fischgerichten sowie Ketchup. Paprika besteht aus getrockneten, gemahlenen roten Paprikaschoten.

MOHN
Papaver somniferum
Den Samen der Mohnblume, der in der indischen Küche häufig als Verdickungsmittel eingesetzt wird, gibt es in zwei Varianten: blauschwarz und weiß.

SANSHO-PFEFFER oder JAPANISCHER PFEFFER
Sansho-Pfeffer wird aus den getrockneten und gemahlenen Blättern der Dornesche gewonnen und hat einen pikanten, zitronenartigen Geschmack. Das Gewürz ist sparsam zu verwenden.

BUNTER PFEFFER
Piper nigrum
Reife Pfefferkörner sind rot. Die schwarzen Körner sind die unreif getrockneten Körner. Die weißen Körner sind etwas reifer als die schwarzen und werden geschält und dann getrocknet. Die frischen unreifen Körner sind grün.

SAFRAN
Crocus sativus
Die getrockneten Narben von etwa 200 000 malvenfarbenen, im Herbst blühenden Krokusblumen ergeben nur 1 kg Safran, daher ist Safran so teuer. Verwenden Sie die Fäden in Paella, Bouillabaisse, Risotto à la Milanese und in Safrankuchen.

SZECHUAN- oder CHINESISCHER PFEFFER
Xanthoxylum piperitum
Wie der Sansho-Pfeffer stammen diese Körner von der Dornesche und sind nicht mit den Pfefferkörnern verwandt. Sie haben einen charakteristischen, intensiven Geschmack.

GEWÜRZE & SAMEN

SESAM
Sesamum indicum
Ursprünglich in Indien beheimatet, dienen die getrockneten Samen der Sesampflanze zum Würzen und Garnieren von Brot sowie zur Ölgewinnung. Sesam gibt es als weiße und schwarze Variante.

SONNENBLUMENKERNE
Helianthus annuus
Sonnenblumen stammen ursprünglich aus Peru. Ihre getrockneten Kerne werden hauptsächlich zur Ölgewinnung verwendet; geröstet sind sie ein gesunder Imbiß und eine schmackhafte Zutat zu Salaten.

VANILLE
Vanilla planifolia
Dieses Gewürz stammt von einer Orchideenart. Die Stangen werden vor der Reife geerntet, damit sie nicht aufbrechen. Verwenden Sie Vanille zum Würzen von Süßspeisen. Auch in flüssiger Form erhältlich.

STERNANIS
Illicium verum
Das Aroma von Sternanis erinnert an Anis. Er würzt asiatische Pfannengerichte und andere asiatische Speisen mit Schweinefleisch, Kalb und Ente sowie Biryani-Reis.

TAMARINDE oder INDISCHE DATTEL oder SAUERDATTEL
Tamarindus indica
Tamarinde ist als Mark, Paste oder Pulver erhältlich und verleiht Gerichten einen säuerlichen Geschmack. Die Schoten werden in heißem Wasser eingeweicht und dann ausgedrückt.

WASABI
Die Wurzel des **japanischen Meerrettichs** wird frisch gerieben verzehrt oder als Paste angeboten. Wasabi ist auch als grünliches Pulver erhältlich, das mit Wasser angerührt wird. Als Dip zu Sushi und Sashimi wird diese scharfe Beigabe mit Sojasauce vermischt.

GEWÜRZ-SUMACH
Rhus coriaria
Die getrockneten Beeren eines im Mittelmeerraum beheimateten Busches werden zu einem dunkelvioletten Pulver vermahlen. Gewürz-Sumach verleiht Gerichten ein Aroma von Zitronen und wird zum Bestreuen von **Fattoush**, dem libanesischen Brot, verwendet.

KURKUMA oder GELBWURZ
Curcuma longa
Das getrocknete und gemahlene Rhizom der Kurkumawurzel wird manchmal als **indischer Safran** bezeichnet. Kurkuma färbt Butter, Käse und Senf. Eine Prise Kurkuma im Kochwasser verleiht Reis eine goldene Farbe.

ZA'ATAR
Za'atar ist eine Zusammenstellung aus Kräutern und Gewürzen des Mittleren Ostens und enthält Gewürz-Sumach, Sesam und das Kraut Za'atar selbst, das in frischer Form nur im Mittelmeerraum erhältlich ist. Man bestreut Brot vor dem Backen damit und würzt gegrilltes Fleisch.

Brotaufstriche, Würzmittel, Backzutaten & Eingemachtes

Was sieht appetitlicher aus als Vorratsregale voller Gläser mit Eingemachtem und sauer Eingelegtem oder mit Konfitüren und Marmeladen in dekorativen Farben? Da nur noch wenige die Zeit haben, solche Köstlichkeiten selbst herzustellen, können wir von Glück sagen, daß uns Supermärkte und Feinkostgeschäfte eine so reiche Auswahl an Leckereien aus aller Welt anbieten.

Heute stammt selbst unser ältester Süßstoff, der Honig, aus verschiedenen Teilen der Welt. Wir dürfen uns nicht nur an dem zarten Geschmack von Blütenhonig heimischer Wiesen, sondern auch an dem Aroma von Heidepflanzen des schottischen Hochlands, von Feldern französischer Sonnenblumen, von griechischen Pinienwäldern oder australischen Fieberbäumen erfreuen.

Als im Mittelalter der Honig allmählich vom Zucker als Süßstoff verdrängt wurde, hätte sich niemand träumen lassen, daß Zucker einmal in solch vielfältiger Form angeboten werden würde.

Geschmacksstoffe und Würzmittel mögen für eine ausgewogene Ernährung keine besonders wichtige Rolle spielen, doch zur Verfeinerung von ansonsten faden, phantasielosen Gerichten sind sie von entscheidender Bedeutung. In den wenigsten Haushalten darf beim Frühstück die Marmelade auf dem Tisch fehlen; beim Abendessen benötigen wir die pikante Note von Senf und Saucen; Schokolade hat Heerscharen von Anhängern, und ohne ein köstliches Früchte-Chutney ist ein Käsesandwich nur halb so interessant. Salsa entwickelt sich zu einem echten Renner. Sie ist einfach zuzubereiten und stellt eine gesunde Nahrungsergänzung dar, denn sie besteht aus Gemüsen und Obst, abgerundet mit Chili, Zitronen- oder Limettensaft, Knoblauch und Kräutern.

**ORANGENMARMELADE
mit grobem Schnitt**
Wird aus Orangenschale einschließlich der weißen Innenhaut hergestellt. Andere Zitrusfrüchte wie Zitronen, Limetten oder Grapefruits können ebenfalls enthalten sein.

**ORANGENMARMELADE
mit feinem Schnitt**
Wird aus der dünn geschnittenen Schale der Sevillaorange ohne weiße Innenhaut hergestellt. Zur Zubereitung von Zitrusmarmelade wird normalerweise kein Pektin benötigt, da Zitrusfrüchte natürliches Pektin enthalten.

DUNKLE ZITRUSKONFITÜRE
Hergestellt aus der dick geschnittenen Schale einschließlich der weißen Haut von Zitrusfrüchten, für gewöhnlich Orangen, Zitronen, Limetten oder Grapefruits. Dunkle Zitruskonfitüre wird mit braunem Zucker gekocht.

LIMETTENMARMELADE
Wird aus der fein geschnittene Schale von Limetten zubereitet. Achten Sie beim Kochen darauf, nur frische und nicht zu reife Früchte zu verarbeiten. Spülen Sie sie gründlich mit warmem Wasser ab, um eventuell vorhandenes Wachs zu entfernen.

LEMON CURD oder ZITRONENCREME
Feiner Brotaufstich, der für gewöhnlich aus Zitrone, Butter und Eiern besteht, nicht zu verwechseln mit Zitronenbutter, in der gar keine Butter enthalten ist. Sie können Zitronencreme sowohl als Brotaufstrich wie auch zum Füllen von Gebäck verwenden.

ROTES JOHANNISBEERGELEE
Dieses klare, feste Gelee wird aus dem durchgeseihten Saft roter Johannisbeeren, Glukosesirup, Pektin und Zitronensäure hergestellt. Es paßt als Beigabe besonders gut zu Geflügel und Wild oder als süßer Aufstrich zu Croissants.

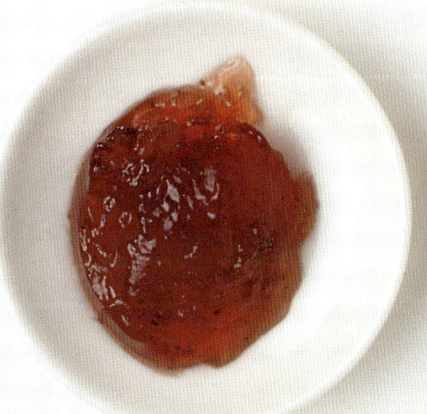

HIMBEERMARMELADE
Sie wird aus Zucker, Glukosesirup, Himbeeren, Pektin und Säuerungsmitteln hergestellt. Marmelade wird aus kleinen oder geschnittenen Früchten gekocht und sollte streichfähig, aber nicht zu flüssig sein.

APRIKOSENKONFITÜRE
Die Konfitüre wird aus ganzen bzw. grob geschnittenen Früchten, Zucker, Glukosesirup, Pektin und Säuerungsmittel hergestellt. Sie ist halbfest und kann als Sauce zum Dessert gereicht werden.

ERDBEERKONFITÜRE
Wird aus ganzen, grob geschnittenen oder pürierten Früchten unter Zugabe von Zucker, Glukosesirup, Pektin und Säuerungsmitteln gekocht.

HONIG, MARMELADE & BROTAUFSTRICHE

WABENHONIG
Die süße, klare Substanz, von Bienen aus Blütennektar gewonnen, die sich noch in den weichen Wachswaben befindet. Die Wabe ist ebenfalls eßbar.

KLEEHONIG
Hellerer Honig stammt normalerweise von Bienen, die den Nektar von Feldblumen mit seinem milden, zarten Aroma bevorzugen. Genießen Sie Kleehonig auf Brot, als Süßstoff für Getränke und Gebäck und zu herzhaften Gerichten wie Hähnchenflügeln mit Honigkruste.

CREMIGER KLEEHONIG
Eine Mischung aus reinem Honig, aufgeschlagen mit hochfeinem kristallisiertem Honig. Dieser Honig eignet sich besonders gut als Brotaufstrich.

ERDBEERGELEE
Das süße, klare, feste Gelee wird aus Zucker, Erdbeerkonzentrat, Glukosesirup, Pektin und Zitronensäure hergestellt. Kinder mögen Gelee besonders gern als Brotaufstrich, weil es keine Kerne oder Stückchen enthält.

ERDNUSSBUTTER
Erdnußbutter wird aus Erdnüssen, pflanzlichen Ölen, Zucker und Salz hergestellt. Sie haben die Wahl zwischen glatter Creme und Creme mit Erdnußstückchen. Außerdem gibt es Varianten ohne Salz oder Zucker. Erdnußbutter wird als Brotaufstrich und für Saté-Sauce verwendet.

ORANGENBLÜTENHONIG
Wie Lavendelhonig und überhaupt alle Sorten, die von verschiedenen Blütennektaren stammen, ist dieser Honig sehr aromatisch und ist eine ausgezeichnete Zutat zu Kuchen, Desserts und Konfekten.

FRANZÖSISCHER SONNENBLUMENHONIG
Ein leuchtend gelber, dickflüssiger Honig mit einem süßen, dezenten Geschmack und einem stark blumigen Aroma. Er eignet sich sehr gut zum Kochen.

GRIECHISCHER PINIENHONIG
Der Honig ist dunkel, dick und zähflüssig und hat ein charakteristisches Pinienaroma. Sein kräftiger Geschmack macht ihn zu einer idealen Zutat zu würzigen Kuchen und Desserts.

HEIDEHONIG
Dieser Honig stammt häufig aus Schottland; seine Farbe ist blaßgolden, und sein Geschmack erinnert deutlich an den Duft von Heidekraut.

FEINZUCKER
Dieser Zucker ist feiner als der normale Raffinadezucker und löst sich schneller auf. Daher wird er überwiegend beim Kochen verwendet. Besonders empfehlenswert ist er für die Herstellung von feinen Cremes, Biskuitgebäck und Baisers.

WÜRFELZUCKER
Zu Würfeln gepreßter Raffinadezucker, der zum Süßen heißer Getränke verwendet wird. Die Würfel lösen sich in heißer Flüssigkeit schnell auf.

RAFFINADEZUCKER
Preiswerter, häufig verwendeter weißer Zucker. Der vielseitige Süßstoff wird für Getränke, Gebäck und Eingemachtes verwendet.

PUDERZUCKER
Extrem feiner, weißer Zucker, der häufig noch mit Stärkemehl gemischt wird, um Einklumpen zu verhindern. Verwenden Sie Puderzucker zum Bestäuben von Kuchen und allen Süßspeisen, bei denen ein zu körniger Zucker nicht erwünscht ist.

FARIN-ZUCKER
Brauner Rohzucker, dem mit etwas Melasse Farbe und Aroma verliehen wird. Verwenden Sie Farin-Zucker zum Süßen von Kaffee oder zum Bestreuen von Süßspeisen und Kuchen vor dem Backen.

DUNKELBRAUNER ZUCKER
Durch das Mischen mit geklärter Melasse erhält weißer Zucker Farbe, Aroma und Feuchtigkeit. Der dunkelbraune Zucker ist weich und kompakt, und Rezeptangaben beziehen sich häufig auf »fest verklumpten« braunen Zucker.

HELLBRAUNER ZUCKER
Dieser Zucker ist weniger feucht und etwas härter als dunkelbrauner Zucker, wird aber auf dieselbe Weise hergestellt. Der Anteil an weißem Zucker im Verhältnis zur Melasse ist hier noch höher.

ROHZUCKER
Rohzucker wird aus geklärtem Zuckerrohrsaft mit hohem Saccharoseanteil gewonnen. Verwendet wird er wie Raffinadezucker, vorausgesetzt, seine etwas dunklere Farbe stört nicht optisch das Erscheinungsbild des fertigen Gerichts.

FRUKTOSE oder FRUCHTZUCKER
Fruktose ist in Früchten, Honig und einigen Gemüsesorten vorhanden und sorgt für den süßen Geschmack. In kalten Speisen ist seine Süßkraft etwas höher als die von normalem Zucker.

ZUCKER, SIRUP & SÜSSSTOFF

BRAUNER KANDIS
Die großen braunen Kristalle eignen sich sehr gut zum Süßen von heißem Kaffee, da sich der Zucker nur langsam auflöst und dabei die Bitterkeit des Kaffees mildert.

HOLLÄNDISCHER KANDIS
Mit den großen Stücken von Raffinadezucker können Sie den Geschmack von heißer Schokolade, Kaffee und Tee verstärken. Der Zucker löst sich nur langsam in Flüssigkeit auf und gibt seine Süße allmählich ab.

BRAUNER KRISTALLZUCKER
Die groben, etwas unregelmäßigen Kristalle aus Zucker und Karamel lösen sich langsam auf und verstärken den Geschmack von Kaffee.

KALORIENARMER SÜSSSTOFF
Das Granulat aus künstlichem Süßstoff dient als Zuckerersatz für Personen, die Zucker meiden müssen oder wollen, und kann den Zucker in praktisch allen Rezepten ersetzen.

GROBE ROHZUCKERWÜRFEL
Die Würfel werden aus natürlichem, nicht raffiniertem Rohrzucker hergestellt und dienen zum Süßen von Kaffee und anderen heißen Getränken. Es gibt auch grobe Zuckerwürfel aus weißem Zucker.

HAGEBUTTENSIRUP
Der Sirup wird aus dem Mark von Hagebutten gewonnen. Sie können ihn als Dessertsauce verwenden oder mit Wasser verdünnt trinken.

SCHWARZER JOHANNISBEERSIRUP
Der Sirup wird aus dem Saft schwarzer Johannisbeeren und Zucker hergestellt. Sie können ihn als Dessertsauce verwenden oder mit Wasser verdünnt trinken.

GRENADINE
Süßer, alkoholfreier Sirup aus Zucker und Granatapfelsaft. Grenadine wird häufig wegen seiner intensiv roten Farbe in Cocktails und Konfekt, aber auch zum Süßen von Desserts verwendet.

AHORNSIRUP
Der Saft des nordamerikanischen und kanadischen Ahornbaums ist relativ dünnflüssig und sehr süß, hat eine rotbraune Farbe und einen unvergleichlichen Geschmack. Er paßt ausgezeichnet zu Pfannkuchen.

SIRUP & SÜSSE WÜRZMITTEL

REISSIRUP
Flüssiger Reisextrakt, der sich als natürlicher Süßstoff zum Kochen, Backen und für Desserts eignet. Reissirup schmeckt gut über Eiscreme.

HELLER ROHRZUCKERSIRUP
Wird aus den beim Raffinadeprozeß des Rohzuckers entstehenden Zuckersäften hergestellt. Diese werden vermischt, teilweise invertiert und zu Sirup eingedickt. Der Sirup verleiht Kuchen Farbe und eine saftige Konsistenz und schmeckt gut zu Eiscreme und Pfannkuchen.

SÜSSE ROHRZUCKERMELASSE
Die etwas süßere und standardisierte Form von Rohrzuckermelasse hat eine satte Farbe und einen intensiven Geschmack. Sie eignet sich hervorragend zum Süßen von Teekuchen, Lebkuchen und Kaffee. Melasse ist reich an Mineralstoffen.

ZUCKERSIRUP
Zuckersirup besteht zu gleichen Teilen aus Zucker und Wasser und wird zum Süßen verwendet, wenn eine geschmeidige statt einer körnigen Konsistenz vorzuziehen ist, z. B. bei Eiscreme und Konfekt.

GRANATAPFEL-MELASSE
Nicht zu verwechseln mit Grenadine. Dieser dicke, würzige Sirup findet häufig Verwendung in der Küche des Mittleren Ostens beim Verfeinern von Bohnen, Fleisch und Fisch. Mit Wasser verdünnt eignet sich der Sirup für Getränke und Sorbets.

GLUKOSESIRUP
Ursprünglich aus Zuckermais gewonnen, wird dieser Sirup in Europa überwiegend aus Weizen- oder Kartoffelstärke hergestellt. Der helle, dickflüssige Sirup wird allgemein beim Backen, Einmachen und in alkoholfreien Getränken verwendet.

SCHWARZE ROHRZUCKERMELASSE
Zuckerrohrmelasse hat ein angenehmes Aroma und einen bittersüßen Geschmack und wird häufig in Saucen, Konfekt, wie z. B. Lakritz, und in gehaltvollen Früchtekuchen verwendet.

MARZIPAN
Wird aus gemahlenen Mandeln bzw. Mandelpaste, Eiweiß und Zucker hergestellt. Mit Marzipanmasse füllt man Gebäck oder formt alle erdenklichen dekorativen – und eßbaren – Figuren.

KUVERTÜRE
Kuvertüre besteht aus Kakao, Kakaomasse und Kakaobutter und hat einen geringeren Zuckergehalt als »Eßschokolade«, weshalb sie sich als Zutat für Süßspeisen besonders eignet. Es gibt dunkle, weiße und Milchschokoladen-Kuvertüre.

WÜRZMITTEL & FARBSTOFFE

ORANGENESSENZ
Hochkonzentrierter Extrakt aus Orangen, mit Alkohol vermischt. Man verwendet Orangenessenz bei der Zubereitung von Süßspeisen und Cremes, Eiscreme, Konfekt, Gebäck und Puddings.

VANILLEESSENZ
Vanilleessenz ist der Extrakt aus der Vanilleschote, mit Alkohol vermischt, und wird häufig zur Zubereitung von Süßspeisen, Cremes, Eiscreme, Konfekt, Gebäck und Puddings verwendet.

MANDELESSENZ
Mandelessenz ist der Extrakt aus der Bittermandel, mit Alkohol vermischt. Verwenden Sie diese Essenz sparsam, denn ihr Geschmack ist äußerst intensiv. Nicht zu verwechseln mit künstlichem Mandelaroma.

ORANGENWASSER
Orangenwasser wird aus der Blüte des Sevillabaums bzw. der Bitterorange destilliert. In der Küche des Mittleren Ostens findet Orangenwasser häufig Verwendung, insbesondere bei Desserts, z. B. Eiscreme, Gebäck und Konfekt wie Türkischem Honig.

ROSENWASSER
Rosenwasser wird aus Rosenblättern destilliert. Die zart duftende Flüssigkeit wird häufig in der Küche des Mittleren Ostens verwendet, insbesondere bei Desserts, z. B. Eiscreme, Gebäck und Konfekt wie Türkischem Honig.

ZUCKERKULÖR
Zuckerkulör verleiht Saucen, Brühe, Kraftbrühe, dunklen Früchtekuchen und Puddings eine satte braune Farbe, ohne zu süßen.

KOSCHENILLE
Diese rote Lebensmittelfarbe wird aus den Körpern der weiblichen Koschenillelaus *Dactylopius coccus* gewonnen. Die Insekten werden kurz gebacken oder in kochendes Wasser getaucht, getrocknet und dann zerrieben.

LEBENSMITTELFARBE
Lebensmittelfarben werden mit Wasser und Alkohol hergestellt. Fügen Sie diese Farben tropfenweise hinzu. Sie können damit Zuckerguß, Kuchenteig und Konfekt jede gewünschte Farbe verleihen.

BITTERMITTEL
Bittermittel sind eine aromatische Mischung aus Nelken, Zimt, Chinin, Muskat, Rum, getrockneten Früchten, Blumen, Kräuter- und Wurzelextrakten. Heutzutage verwendet man sie zur raffinierten Abrundung von Getränken und Desserts.

UNREIFER TRAUBENSAFT oder VERJUICE
Der unfermentierte, saure Saft unreifer Weintrauben wird wie Rotweinessig oder Zitronensaft über Jakobsmuscheln, Forelle, Kalbfleisch und Wachteln geträufelt oder zum Schmoren von Hühnerklein sowie zum Deglasieren verwendet.

GENTLEMAN'S RELISH
Patum Peperium ist ein Relish aus Anchovis, das nach dem Originalrezept von 1828 hergestellt wird und normalerweise in Porzellangefäßen erhältlich ist. Das Relish hat einen kräftig-würzigen Geschmack und wird sparsam auf Toast oder Kräcker aufgetragen.

KONZENTRIERTER HEFEEXTRAKT
Der Extrakt besteht aus Hefe, Zwiebel, Sellerie und Salz. Dieser gesunde Brotaufstrich ist reich an B-Vitaminen. Hefeextrakt können Sie dünn als Brotaufstrich oder zur Zubereitung heißer Getränke verwenden.

BRÜHWÜRFEL
Getrockneter Extrakt aus Rindfleisch, Huhn, Fisch oder Gemüse mit Hefeextrakt, Salz, Zucker, Kräutern und Gewürzen zur Verwendung in Brühe, Suppen und Saucen.

STEINSALZ
Dieses grobkörnige Salz in kristallisierter Form wird aus unterirdischen Salzstöcken gewonnen.

MEERSALZ
Die natürlichen Salzkristalle werden durch Verdampfen von Meerwasser gewonnen. Meersalz gilt als besonders hochwertig und ist fein oder grob erhältlich. Es paßt sehr gut zu Fisch und eignet sich besonders zum Salzen von neuen Kartoffeln oder Pommes frites.

FOND
Fond entsteht durch langsames Auskochen von Huhn, Rindfleisch, Fisch oder Gemüse unter Zugabe von Glukose und Salz. Der Inhalt angebrochener Packungen kann eingefroren werden. Fond erspart Ihnen, Brühe selber zu kochen.

WÜRZMISCHUNG FÜR FÜLLUNGEN
Die küchenfertige Mischung aus Semmelbröseln und getrockneten Kräutern – Petersilie, Salbei, Rosmarin, Thymian und Majoran – wird mit Wasser gemischt und für Füllungen verwendet. Die trockene Mischung eignet sich zum Panieren.

SEMMELBRÖSEL
Gebrauchsfertige Semmelbrösel oder **Paniermehl** dürfen in keinem Vorratsschrank fehlen. Man paniert damit Fleisch, Fisch oder Gemüse vor dem Braten oder Fritieren oder mischt es unter Hackbraten.

HERZHAFTE WÜRZMITTEL

KNOBLAUCHSALZ
Eine Mischung aus reinem getrocknetem und gemahlenem Knoblauch und Salz. Knoblauchsalz eignet sich gut zum Würzen von Gemüsesäften, Dressings, Nudelsaucen, Salaten, Geschmortem und Suppen.

SELLERIESALZ
Eine Mischung aus Salz und gemahlenen Selleriesamen mit dem charakteristischen, leicht bitteren Geschmack von Sellerie. Selleriesalz nimmt man zum Abrunden von Gegrilltem, Salaten, Braten, Füllungen, Eierspeisen, Saucen und Gemüse.

ZWIEBELSALZ
Eine Mischung aus Salz, getrockneten und gemahlenen Zwiebeln und Kräutern. Zwiebelsalz paßt gut zu Gegrilltem, Braten, Salaten, Gemüsegerichten, französischem Salatdressing und Eierspeisen.

HAUSHALTSSALZ
Das mäßig grobe Salz bewahrt man am besten an einem kühlen, trockenen Ort auf. Salz verstärkt den Geschmack vieler Lebensmittel; selbst Süßspeisen lassen sich mit einer kleinen Prise Salz abrunden.

ROSA PFEFFER
Rosa Pfeffer bzw. Madagaskar-Pfeffer ist eigentlich gar kein Pfeffer, sondern stammt von den getrockneten Beeren einer Rosenpflanze, die auf Madagaskar wächst. Die in Salzlake eingelegten Beeren schmecken süßlich-scharf und sind eine raffinierte Beigabe zu Salat, Fleisch und Fisch.

SCHWARZE PFEFFERKÖRNER
Die schwarzen Pfefferkörner werden kurz vor der Reife gepflückt, getrocknet, bis sie schrumpeln und die braune Haut schwarz wird. Die in Salzlake eingelegten weichen Körner verleihen Gerichten eine würzige, scharfe Note.

ANCHOVISPASTE
Anchovispaste, nicht zu verwechseln mit dem Gentleman's Relish (S. 30), ist eine feste, salzige Paste aus Anchovis, Salz und Sojaöl. Verwenden Sie die Paste sparsam, um Pasteten und Saucen ein zartes Fischaroma zu verleihen.

FLÜSSIGES CHLOROPHYLL
Die konzentrierte grüne Flüssigkeit wird aus Alfalfa hergestellt und mit Pfefferminzöl aromatisiert. Sie dient zum Färben von Getränken, kann aber auch als Lebensmittelzusatz verwendet werden.

GLUTAMAT oder AJI-NO-MOTO
Glutamat ist ein salzhaltiges Pulver, das als Geschmacksverstärker dient, obwohl es keinen Eigengeschmack hat. Es ist in vielen Fertiggerichten vorhanden, kommt aber auch natürlich vor.

FOCACCIA- und PIZZA-MEHL
Ungebleichtes, zu einer bestimmten Proteinstufe (11,5–12,5%) vermahlenes Mehl, das sich hervorragend zum Backen von Focaccia und Pizza eignet.

GELATINE
Dieses Geliermittel wird aus Knochen, Knorpel, Sehnen und sonstigem Gewebe von Rindern und Kälbern, aber auch aus der Haut von Schweinen hergestellt. Außer gemahlener Gelatine gibt es auch die von Profiköchen bevorzugte Blattgelatine.

EI-ERSATZ
Dieser Ersatzstoff für Eier wird aus Kartoffelstärke, Tapiokamehl, Methylzellulose, Kalziumkarbonat und Zitronensäure hergestellt und enthält weder Milchzucker, Cholesterin noch Eibestandteile. Man kann damit Kuchen, Pfannkuchen und Waffeln backen.

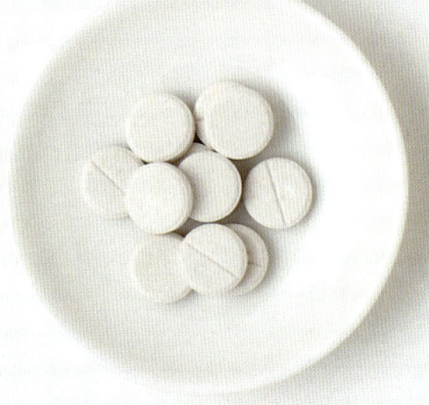

NATRIUMHYDROGENKARBONAT
Diese chemische Verbindung, auch als Natron bekannt, ist ein wesentlicher Bestandteil des Backpulvers. Bewahren Sie es kühl und dunkel auf. Mischt man es mit säurehaltigen Substanzen wie Buttermilch, Joghurt oder Weinstein, reagiert es als Treibmittel.

TABLETTEN ZUM EINDICKEN
Mit Tabletten zum Eindicken wird ein mit Milch gekochter Pudding schnell fest. Mit diesen Tabletten zubereitete Speisen sind leicht verdaulich und eignen sich daher als Schonkost.

DEXTROSE
Besser als **Traubenzucker** bekannt, ist diese Zuckerart zum Süßen von Getränken und Puddings sowie zur Herstellung von Konfekt geeignet.

WEINSTEIN
Weinstein kommt in manchen Backpulvermischungen vor. Bewahren Sie es kühl, trocken und lichtgeschützt auf. 1 TL Weinstein mit ½ TL Natriumhydrogenkarbonat vermischt, ergibt 1½ TL Backpulver.

MALZEXTRAKT
Der dicke, klebrige Sirup wird aus angekeimten Gerstenkörnern gewonnen. Er besteht hauptsächlich aus Malzzucker und wird Brot und Gebäck zugesetzt, um sie feucht zu halten. Malzextrakt eignet sich auch als Brotaufstrich.

WEINSÄURE
Diese Säure wird aus vielen Pflanzen sowie aus dem Bodensatz von Wein gewonnen und wird zur Herstellung von mineralischen Getränken, Sirups und verdauungsfördernden Mitteln verwendet. Weinsäure wird Wein zugesetzt, wenn es ihm an Säure mangelt.

BACKZUTATEN

PUDDINGPULVER
Pulver zur Zubereitung von Puddings ohne Ei. Puddingpulver wird aus Stärkemehl, künstlichen Aromen und Lebensmittelfarbe hergestellt. Das Pulver kann auch Backmischungen für Plätzchen oder Kuchen zugegeben werden.

TROCKENHEFE
Treibmittel, das durch die Fermentation von Zucker Kohlendioxyd erzeugt. Hefe wird als Treibmittel beim Backen von Broten und Kuchen verwendet. Bewahren Sie sie an einem kühlen, trockenen und lichtgeschützten Ort auf.

BACKPULVER
Backpulver ist eine Mischung aus sauren und alkalischen Salzen; sobald es angefeuchtet und erhitzt wird, entsteht Kohlendioxyd, wodurch Teig aufgeht. Backpulver ist abgepackt erhältlich und sollte kühl und trocken aufbewahrt werden.

ZITRONENSÄURE
Die in Zitronen, Limetten, Orangen, aber auch in Himbeeren, Stachelbeeren und anderen Obstsorten vorkommende Säure wird industriell durch die Fermentation von Glukose hergestellt. Zitronensäure ist vielseitig verwendbar.

BUNTE ZUCKERSTREUSEL
Diese farbenfrohen kleinen Streusel bestehen aus Zucker, Glukosesirup und künstlichen Farbstoffen und sind sehr beliebt als Dekoration von Kuchen und Plätzchen für Kinder.

KANDIERTE VEILCHEN
Die Veilchenblätter werden zum Kandieren in Eiweiß und dann in Feinzucker getaucht und zum Dekorieren von Kuchen, Puddings oder Eiscreme verwendet.

BUNTE GLITZERPERLEN
Diese hübschen glänzenden Kügelchen in vielen Farben sind aus Zucker hergestellt und werden zum Dekorieren von Kuchen verwendet. Vorsicht beim Zubeißen: Die Kugeln sind sehr hart.

SCHOKOLADENSTREUSEL
Die Streusel bestehen aus Zucker, Glukosesirup und Kakaopulver und werden zum Garnieren von Kuchen und Plätzchen verwendet.

MARSHMALLOWS
Diese luftig-leichte Süßigkeit wird aus Glukosesirup, Gelatine, Gummi arabicum, Aroma- und Farbstoffen hergestellt. Marshmallows gibt es in verschiedenen Größen und Formen.

BUNTE ZUCKERPERLEN
Die Perlen werden zum Dekorieren von Kuchen verwendet und haben häufig ein Veilchen- oder Rosenaroma.

KOKOSFLOCKEN, geröstet
Die dünnen Flocken aus Kokosfruchtfleisch sind goldbraun geröstet und werden zum Garnieren von Desserts und Kuchen verwendet.

KOKOSRASPEL
Das fein geraspelte und getrocknete Kokosfruchtfleisch findet Verwendung bei der Herstellung von Gebäck und Konfekt.

KANDIERTE ROSENBLÄTTER
Frische Rosenblätter werden kandiert, indem sie zuerst in Eiweiß und dann in Feinzucker getaucht werden. Sie werden zum Verzieren von Kuchen und Desserts verwendet.

GELEEBONBONS
Weiche, mit Zucker überzogene Geleebonbons zum Garnieren von Desserts für Kinder, von Süßigkeiten und Plätzchen.

SILBERDRAGEES
Die harten, kleinen, metallischen Zuckerkügelchen werden zum Verzieren von Gebäck verwendet.

ERDNUSSBUTTER-CHIPS
Die kleinen runden, nach Erdnuß schmeckenden Chips bestehen aus weißer Schokolade mit Erdnußcreme. Man kann Gebäck mit ihnen verzieren oder sie schmelzen, um sie in Desserts oder Plätzchen zu verwenden.

SCHOKOLADENRASPEL
Die Raspel werden aus Zucker, Glukose, Sirup und Kakaopulver hergestellt und eignen sich zum Bestreuen von Gebäck, Süßspeisen und Dessertcremes.

WEISSE SCHOKOLADENCHIPS
Die kleinen runden Chips werden abgepackt angeboten. Man kann sie schmelzen, um sie in weißen Schokoladedesserts oder Gebäck zu verwenden.

BACKZUTATEN

GRANULIERTER AHORNZUCKER
Aus dem Sirup des Ahornbaums kristallisierter Zucker. Seine aromatische Süße paßt gut zu Desserts und Pfannkuchen.

MARONENPÜREE
Die gekochten, pürierten Eßkastanien werden sowohl in gesüßter als auch in ungesüßter Form angeboten. Erstere Form eignet sich besonders für Füllungen, während letztere für Eiscreme- und andere süße Kastaniendesserts verwendet wird.

KANDIERTE MARONEN
Die mit Zucker und Sirup kandierten Eßkastanien können als **Petit fours** serviert oder, bei besonderen Anlässen, als Kuchendekoration verwendet werden.

INGWERPFLAUMEN
Der Ingwerwurzelstock wird in Stücke geschnitten und im eigenen Sirup eingelegt. Ingwerpflaumen passen zu Süßem und Herzhaftem und können in Kuchen, Füllungen und Farcen verwendet werden.

MINCEMEAT
Die Mischung aus getrockneten Früchten, braunem Zucker und Talg, mitunter auch mit edlem Portwein, wird in weihnachtlichen Gewürzpasteten verwendet.

GETROCKNETE PHYSALIS
Ähnlich wie Rosinen haben diese Früchte – auch Kapstachelbeeren genannt – einen süß-sauren Geschmack und können als Zutat zu Kuchen, Müsli und Puddings oder einfach zum Verzieren verwendet werden.

KANDIERTE FRÜCHTE
Gemischte Früchte, die durch das Glasieren mit Zuckersirup haltbar gemacht werden. Sie werden zum Backen und zum Dekorieren von Kuchen verwendet.

KANDIERTE KIRSCHEN oder BELEGKIRSCHEN
Kirschen, die durch das Glasieren mit Zuckersirup haltbar gemacht werden. Sie werden zum Backen, für Desserts, in Cocktails und zum Dekorieren von Kuchen verwendet.

KANDIERTE ANGELIKA
Der dicke Stengel der Angelika, kandiert und mit granuliertem Zucker überzogen. Kandierte Angelika wird zum Dekorieren von Süßspeisen und Gebäck verwendet.

35

PROVENZALISCHER SENF
Aus Knoblauch, rotem Paprika, Senfkörnern, Weißwein, Öl, Kräutern, Gewürzen und Zitronensäure hergestellter Senf. Dieser pikante, feine Senf paßt gut zu kaltem Fleisch und Käse.

KRÄUTERSENF
Der Senf enthält Kräuter und Knoblauch, ganze Senfkörner, Weinessig, Salz, Zucker, Petersilie, Koriander, Gewürze und Säuerungsmittel und paßt zu kaltem Fleisch und Käse.

DIJON-SENF
Dieser beliebte Senf, der aus Senfkörnern, Essig, Salz und Zitronensäure hergestellt wird, ist in vielen Variationen erhältlich und dient häufig als Geschmacksgrundlage von selbstgerührter Mayonnaise.

BAYERISCHER SENF
Hergestellt aus Senfkörnern, Salz, Gewürzen und Säuerungsmittel, paßt dieser süßlich schmeckende feine Senf gut zu Wurst und Käse.

SCHARFER ENGLISCHER SENF
Dieser scharfe, feine Senf wird aus Senfkörnern, Malzessig, Salz, Säuerungsmitteln, Gewürzen, pflanzlichem Öl und Lecithin hergestellt.

AMERIKANISCHER SENF
Hergestellt aus Senfkörnern, Zucker, Salz, Säuerungsmittel und Gewürzen, paßt dieser feine süße Senf gut zu warmem und kaltem Fleisch und zu Käse.

TOMATENSENF
Hergestellt aus sonnengereiften Tomaten, ganzen Senfkörnern, Weinessig, Zucker, Salz, Säuerungsmittel und Gewürzen.

KÖRNIGER SENF
Dieser milde Senf wird aus ganzen Senfkörnern, Weinessig, Salz, Zucker, Säuerungsmittel, Kräutern und Gewürzen hergestellt.

FRANZÖSISCHER SENF
Dieser feine, süße Senf wird aus Senfkörnern, Malzessig, Salz, Säuerungsmittel, Karamel, Kräutern und Gewürzen hergestellt.

SENF & PASTEN

TOMATENMARK AUS DÖRRTOMATEN
Dieses Tomatenmark wird aus sonnengedörrten Tomaten mit Öl, Knoblauch, Basilikum, Salz, Pinienkernen, Farbstoff, Zucker und Gewürzen hergestellt und für Nudelsaucen, Pizza und Geschmortes verwendet.

SCHWARZE OLIVENPASTE
Aus schwarzen Oliven und Olivenöl hergestellt, wird diese Paste für Nudelsaucen, Pizza und Geschmortes verwendet und als Vorspeise auf Kräckern gereicht.

PESTO
Pesto wird aus Basilikum, Pinienkernen, Öl, Knoblauch, Essig, Kräutern und Gewürzen hergestellt und eignet sich als Nudelsauce und als Beigabe zu gegrilltem Gemüse.

DIJON-SENF MIT SCHWARZER JOHANNISBEERE
Eine fruchtige Abwandlung des klassischen Rezepts, die gut mit Wildgerichten harmoniert.

KÖRNIGER SENF MIT CHILI
Dieser grobkörnige Senf wird aus ganzen Senfkörnern hergestellt und mit Chili abgeschmeckt. Er paßt gut zu kaltem Fleisch.

TOMATENMARK
Zur Herstellung von Tomatenmark wird die fünffache Menge an reifen, fruchtigen Tomaten benötigt. Tomatenmark wird in Nudelsaucen, Suppen, Eintöpfen und bei Geschmortem verwendet.

DIJON-SENF MIT ESTRAGON
Der Senf-Klassiker aus Frankreich läßt sich mit einer Vielfalt von Kräutern verfeinern. Die Variante mit Estragon paßt besonders gut zu kaltem Fleisch, vor allem Hühnchen.

SAMBAL OELEK
Dieses Würzmittel wird aus roten Chillies gewonnen, die dem Sambal Oelek seine leuchtend rote Farbe geben. Normalerweise sind die Kerne mit enthalten, ebenso Salz und Essig. Sambal Oelek kann zum Würzen von Currys verwendet werden.

TAHIN
Die geschmeidige Paste wird aus gemahlener Sesamsaat hergestellt und hat einen hohen Kalziumgehalt, besonders, wenn die Körner ungeschält verarbeitet werden. Tahin ist in der Küche des Mittleren Ostens sehr verbreitet.

SCHWARZE SOJASAUCE
Hergestellt aus gegorenen Sojabohnen, kann diese Sauce dickflüssig sein und Bohnen enthalten, sie kann aber auch dünn und homogen sein. Die Sauce wird häufig in der malaysischen und ostasiatischen Küche verwendet.

SÜSSE SOJAPASTE
Die dicke, gesüßte Paste wird aus getrockneten Bohnen hergestellt und für chinesische und japanische Desserts verwendet, z. B. für Mondkuchen und süße Brötchen.

CHILISAUCE
Die pikante Sauce ist in unterschiedlichen Schärfegraden erhältlich. Chilisauce kann auch Ingwer oder Knoblauch und/oder Öl enthalten. Chilisaucen sind normalerweise auch nach dem Anbrechen ohne Kühlung haltbar.

ROTE PFEFFERSAUCE
Die dünnflüssige, scharfe Pfeffersauce wird aus dem hell orangeroten Tabasco-Chili hergestellt. Es gibt viele Imitationen, doch die Sauce mit dem Handelsnamen Tabasco® ist wohl die bekannteste – und auch die beste – Chilisauce der Welt.

SATÉ-SAUCE oder SATAY-SAUCE
Diese Sauce auf Erdnußbasis wird zu Saté – Spießchen mit kleinen Stücken Fleisch, Fisch oder Geflügel, würzig mariniert und auf dem Grill gegart – serviert. Die fertig gekaufte Sauce kann man mit Wasser oder Kokosmilch verdünnen.

TERIYAKI-SAUCE
Die Hauptzutaten sind Sojasauce, Mirin, Reisessig, Zucker, Ingwer und Knoblauch. Man kann Teriyaki-Sauce als Dip für rohes Gemüse oder Gebratenes verwenden oder über Reis- und Nudelgerichte geben. Sie eignet sich außerdem als Marinade.

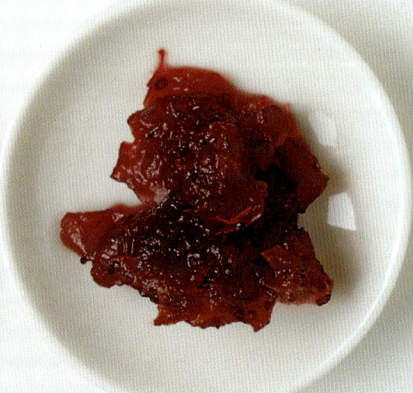

MINZSAUCE
Feingehackte Minze in einer Mischung aus Weißweinessig und Zucker. Minzsauce wird zu Lammfleisch gereicht.

APFELSAUCE
Aus Äpfeln und Zucker gekocht, paßt diese Sauce besonders gut zu Schweinefleisch, Fleischaufläufen und kaltem Fleisch. Apfelsauce gibt es auch in einer Variante mit kleinen Apfelstücken.

CRANBERRY-SAUCE
Diese typisch amerikanische süß-saure Sauce mit ganzen Beeren wird zu Truthahn, aber auch zu allen anderen gebratenen Geflügel- oder Wildgerichten genossen. Einmal angebrochen, muß die Sauce im Kühlschrank aufbewahrt werden.

SAUCEN

SENFSAUCE
Eine mild aromatische Sauce, die Senf, Essig und Gewürze enthält und ausgezeichnet zu Steak paßt.

GRILL-SAUCE
Herzhafte Sauce, deren Geschmack je nach Hersteller variiert. Normalerweise enthält sie Essig, Senf, Tomatenmark, Salz, Zucker, Knoblauch, Chili, Paprika, Pfeffer, Tabasco® und Worcester-Sauce. Die Sauce wird zu gegartem Fleisch gereicht.

FISCHSAUCE
Die Sauce stammt hauptsächlich aus China, Hong Kong und den Philippinen. Sie wird aus kleinen fermentierten Meeresfrüchten oder Fischen hergestellt und findet reichlich Verwendung in der thailändischen und vietnamesischen Küche.

TOMATENKETCHUP
Diese weithin bekannte und beliebte Sauce wird aus Tomaten, Essig, Zucker, Kräutern und Gewürzen hergestellt und zu Hotdogs, Hamburgern und Pommes frites gegessen.

SÜSS-SAURE SAUCE
Diese Sauce wird aus Essig, Zucker, Sojasauce, Knoblauch und sauer eingelegtem, fein zerkleinertem Gemüse hergestellt. Sie paßt gut zu chinesischen Gerichten.

WORCESTER-SAUCE
Die Sauce enthält eine Vielfalt von Zutaten wie Pilze, Walnüsse, Essig, Salz, Sojasauce, Zucker, Tamarinde, Chili, Knoblauch, Karamel und Anchovis. Verwendet wird sie zur Abrundung von fertigen Gerichten.

PFLAUMENSAUCE
Aus Pflaumen, Essig, Zucker, Zwiebeln, Wein und Gewürzen hergestellt, wird diese Sauce häufig zu Geflügel oder Schweinefleisch serviert.

SOJASAUCE
Sojasauce wird in verschiedenen asiatischen Ländern hergestellt und kann je nach Ursprungsland im Geschmack leicht variieren. Beim Kochen wird sie zum Salzen von Speisen verwendet und kann in der westlichen Küche als Salzersatz dienen.

REMOULADE oder SAUCE TARTARE
Eine auf Mayonnaise basierende Sauce mit feingehackten Kapern, Cornichons, Zwiebeln, Petersilie und Essig. Remoulade paßt gut zu gebratenem Fisch, Gemüse oder zu kaltem Fleisch.

SÜSS-SAURE GURKEN
Die kleinen Essiggurken werden in Zucker, Salz, Säuerungsmittel und Gewürzen eingelegt und zu Salat, Terrinen, kaltem Fleisch oder Käse gereicht. Sie schmecken aber auch solo als Imbiß.

SÜSS-SAURE ZWIEBELN
Kleine, in Essig mit weißem Zucker, Salz, Säuerungsmittel, Farbstoff und Gewürzen eingelegte Zwiebeln. Sie passen zu kaltem Fleisch, zu Käse und zu Sandwiches.

PERLZWIEBELN
Diese süß-sauer eingelegten, pikanten Miniaturzwiebeln können außer weiß auch grün, gelb oder rot sein. Sie werden zu Käse, Eiern und Schinken gereicht oder feingehackt unter Saucen gemischt.

MIXED PICKLES
Eine bunte Gemüsemischung aus Blumenkohl, Karotten, Zwiebeln, Paprika, Essiggurken und Oliven, eingelegt in Salz, Säuerungsmittel, Zucker und Konservierungsmittel. Mixed Pickles werden als Vorspeise gereicht.

EINGELEGTE PEPERONI
Milde, in Salz, Säuerungsmittel, Konservierungsmittel und Mineralsalz eingelegte Peperoni, die zur Vorspeise gereicht werden.

EINGELEGTE KRESSEKNOSPEN
Die geschlossenen Knospen der Kapuzinerkresse werden in Essig eingelegt und im allgemeinen als Ersatz für Kapern verwendet. Häufig werden sie mit Knoblauch, Zitrone und Oliven kombiniert.

GEFÜLLTE GRÜNE OLIVEN
Die entkernten grünen Oliven werden mit zerkleinertem Piment und Paprikastreifen gefüllt und mit Salz, Säuerungsmittel und Pflanzenharzen haltbar gemacht. Man serviert sie als Vorspeise.

SCHWARZE OLIVEN IN SCHEIBEN
Die voll ausgereiften Oliven werden entkernt und geschnitten und mit Salz, Säuerungsmittel und Eisenglukonat haltbar gemacht. Verwendet werden sie in Eintöpfen, Risottos, auf Pizza, in Nudelsaucen und Salaten.

KALAMATA-OLIVEN
Griechische Olivenart, die an einer Seite aufgeschnitten und mit Salz und Zitronensäure haltbar gemacht oder in Olivenöl eingelegt wird. Kalamata-Oliven eignen sich für Vorspeisen und als Zutat zu Eintöpfen, Geschmortem und Salat.

SAUER EINGELEGTES, RELISHES & CHUTNEYS

MAIS-RELISH
Das süße, mild-aromatische Relish wird aus Maiskörnern, Sellerie, Zwiebeln, Zucker, Essig und Gewürzen hergestellt. Man serviert es zu kaltem Fleisch, zu Käse und auf Sandwiches.

ESSIGGURKEN-RELISH
Süßes Relish aus Essiggurken, Zucker, Essig und Gewürzen. Es paßt zu kaltem Fleisch, zu Käse und zu Sandwiches.

PICCALILLI
Das **Senf-Relish** wird aus Essig, Blumenkohl, Essiggurken, Zwiebeln, Senf, Zucker, Kurkuma, Farbstoffen, Weizenmehl, Salz, Gewürzen und Knoblauch hergestellt. Paßt besonders gut zu kaltem Fleisch und zu Käse.

TOMATEN-CHUTNEY
Besteht aus Tomaten, Zwiebeln, Zucker, Salz und Gewürzen. Man reicht es zu kaltem Fleisch und zu Käse.

SWEET PICKLE
Ein köstliches dunkles Chutney aus verschiedenen Gemüsesorten, Zucker, Essig, Datteln, Salz, Äpfeln, Zitronensaft, Farbstoff, Gewürzen, Säuerungsmittel und Knoblauch. Es wird zu kaltem Fleisch und zu Käse gereicht.

MANGO PICKLE
Hergestellt aus grünen Mangofrüchten, Essig, Öl, Zwiebeln und Gewürzen, paßt würzig-pikantes Mango Pickle gut zu Currys.

MANGO-CHUTNEY
Süßes Chutney aus Mangofrüchten und einer Gewürzmischung. Es eignet sich ausgezeichnet als Beigabe zu Curry-Gerichten, kaltem Fleisch und Käse.

LIME PICKLE
Hergestellt aus Limetten, Essig, Öl, Salz, Senfkörnern, Zucker, Paprika, Zwiebeln, Kurkuma, Bockshornklee, Chili und Zitronensäure, paßt würzig-scharfes, pikantes Lime Pickle gut zu Curry-Gerichten.

SÜSSES FRÜCHTE-CHUTNEY
Das Chutney enthält Äpfel, Zucker, Tomaten, Zwiebeln, Rohrzuckersirup, Salz, Säuerungsmittel, Zitronenschale, Korinthen, Rosinen, Sultaninen und Gewürze. Es paßt gut zu kaltem Fleisch und Käse.

SAUER EINGELEGTES

MITTELSCHARFE PEPERONI
In Essig, Salz und Gewürzen eingelegte mittelscharfe Peperoni. Nach dem Anbrechen sollten sie im Kühlschrank aufbewahrt werden. Man reicht sie zu kaltem Fleisch und zu Käse.

SAUERKRAUT
Der geschnittene Weißkohl wird mit Salz und Gewürzen vermischt und vergoren. Sauerkraut gibt es frisch oder in Dosen und Kunststoffbeuteln. Die Säure läßt sich beim Kochen durch Zugabe von Honig oder Ananas mildern.

EINGELEGTE ZITRONE
Für diese marokkanische Spezialität werden Zitronenviertel mit Salz dicht an dicht in ein Steingutgefäß geschichtet und mit Zitronensaft bedeckt. Vor der Verwendung die Zitronenviertel gut abspülen, das Fleisch entfernen und die Schale reiben oder hacken.

EINGELEGTER KNOBLAUCH
Die kleinen, ganzen Knoblauchzwiebeln, in Essig eingelegt, sind ein unverzichtbarer Bestandteil des thailändischen Reis- und Nudelgerichts **mee grob**.

EINGELEGTE WALNÜSSE
In Essig eingelegte ganze Walnüsse einschließlich ihrer äußeren Umhüllung. Sie passen gut zu herzhaften, winterlichen Schmorgerichten.

EINGELEGTER INGWER
Der gehobelte und in Essig, Dill, Knoblauch und Gewürzen eingelegte Ingwer paßt zu Sandwiches, Salaten und Käse.

DILLGURKEN
In Essig eingelegte und mit Dill, Knoblauch und anderen Gewürzen verfeinerte Gurken. Sie werden zu Sandwiches, Salaten und Käse gereicht.

EINGELEGTER SELLERIE
Geraspelte, in Essig eingelegte Sellerieknolle. Das knackig-frische Gemüse schmeckt, mit einer Vinaigrette angemacht, gut als Salat. Einmal angebrochen, gehört Sellerie in den Kühlschrank und muß mit Flüssigkeit bedeckt sein.

EINGELEGTE WEINBLÄTTER
Die Weinblätter werden in der Küche Griechenlands und des Mittleren Ostens häufig zur Zubereitung von Dolmas, den gefüllten Weinblättern, verwendet. Vor der Verarbeitung sollte man die Blätter abspülen, um den salzigen Geschmack zu mildern.

ESSIG

MALZESSIG
Wird aus Malz und gegorenem Weingeist gebraut und für Salatdressings verwendet.

BALSAMESSIG oder ACETO BALSAMICO
Der aromatische, dunkle und etwas süßliche italienische Essig reift einige Jahre in Holzfässern. Dieser Essig sollte nicht zu wahllos verwendet werden. Am besten gibt man nur wenige Tropfen zum Dressing.

APFELESSIG
Wird aus frisch gepreßten ganzen reifen Äpfeln gewonnen und in Fässern gelagert. Der natürliche Reifungsprozeß bringt einen mild schmeckenden Essig hervor, der sich gut für Dressings eignet.

HIMBEERESSIG
Weißweinessig mit natürlichem Himbeeraroma. Verwenden Sie diesen Essig in Salatdressings, oder um frisches Obst damit zu beträufeln.

KRÄUTERESSIG
Mit frischen Kräutern aromatisierter Weißweinessig. Vor dem Einlegen sollten Sie die Kräuter ein wenig zerdrücken, damit sie ihre ätherischen Öle besser abgeben. Verwenden Sie Kräuteressig für Salatdressings oder Mayonnaisen.

WEINESSIG
Es gibt Weißwein- und Rotweinessig sowie Champagner- und Sherry-Essig. Rotweinessig verwendet man für Salatdressings und zur Fleischzubereitung. Weißweinessig eignet sich für Mayonnaise und Sauce hollandaise.

ESSIGESSENZ
Essigessenz entsteht durch die Gärung von Weingeist und wird zum Einlegen von Gemüse verwendet; außer zum Kochen eignet sich Essigessenz jedoch auch als Reinigungsmittel und zur Behandlung von Insektenstichen.

SHERRY-ESSIG
Traditionell aus leichtem Sherry der Region Jerez de la Frontera im Südwesten Spaniens hergestellt, schmeckt dieser Essig delikat in Dressings und ist eine gute Alternative zum Balsamessig.

MAYONNAISE
Diese kalt gerührte Mischung ist eine Emulsion aus Ei, Öl, Senf und Essig oder Zitronensaft. Das ständige Rühren mit dem Schneebesen, unter dem das Öl langsam hinzugefügt wird, bindet die Zutaten zu einer seidig weichen Konsistenz.

Öle, Fette & Margarine

Über kaum einen Inhaltsstoff ist in jüngster Zeit so viel veröffentlicht worden wie über Öle und Fette. Da ist es durchaus verzeihlich, daß man angesichts der Informationsflut etwas verwirrt ist. Doch so kompliziert, wie es zunächst scheint, ist das Thema nicht. Man muß sich bewußtmachen, daß Fette ein natürlicher Bestandteil vieler Lebensmittel und obendrein ein wichtiges Element einer ausgewogenen Ernährung sind. Fette sorgen für glänzendes Haar und eine frische, glatte Haut. Außerdem ist Fett ein wichtiger Geschmacksträger. Nichts beweist das deutlicher als der Unterschied zwischen leicht durchwachsenem und magerem Fleisch. Ersteres hat einen ausgezeichneten Eigengeschmack, den das magere Fleisch niemals erreichen kann. Andererseits ist zu viel Fett in der Ernährung grundsätzlich von Nachteil, ob es sich nun um gesättigte, einfach oder mehrfach ungesättigte Fettsäuren handelt. Alle Fettsorten enthalten annähernd gleich viel Kalorien.

Gesättigte Fettsäuren gelten als relativ ungesund. Man findet sie in Fleisch und Milchprodukten, aber auch in einigen Pflanzenerzeugnissen wie Palm-, Palmkern- und Olivenöl sowie Kokosfett, aber auch in vielen Fertiggerichten.

Einfach ungesättigte Fettsäuren sind die »Guten«. Sie wirken günstig auf den menschlichen Organismus, indem sie das gesundheitsschädliche LDL-Cholesterin reduzieren und das »gesunde« HDL-Cholesterin erhöhen. Diese Fette sind in Oliven-, Canola-, Senfsaat- und Erdnußöl enthalten, aber auch in Oliven, Hühnerfleisch, Eiern, Fisch und Nüssen, besonders in Cashewkernen und Macadamia-Nüssen. Die vielgepriesene mediterrane Kost deshalb ist so gesund, weil sie wenig Fleisch enthält, dafür aber viel Fisch, Gemüse und Getreideprodukte.

SONNENBLUMENÖL
Wird aus den Samen der Sonnenblume gepreßt, neuerdings ist auch kalt gepreßtes Sonnenblumenöl erhältlich. Es ist ein leichtes Öl zum Braten, das sich aber auch gut für Salatdressings eignet.

KÜRBISKERNÖL
Dieses Öl aus Kürbiskernen hat ein ausgeprägt nussiges Aroma. Es eignet sich für Dressings zu knackigen Rohkostsalaten.

TRAUBENKERNÖL
Das leichte, blaßgelbe Öl wird aus den Kernen der Weintrauben gepreßt. Es ist sehr gut für feine Dressings, eignet sich aber auch zum Braten.

MANDELÖL
Ein köstliches blaßgelbes Salatöl aus süßen Mandelkernen mit charakteristischem Mandelduft und -geschmack. Dieses Öl ist relativ teuer.

ERDNUSSÖL
Das aus Erdnüssen hergestellte vielseitige Öl wird gern an Stelle von Olivenöl verwendet. Es eignet sich gut zum Braten und für Dressings sowie für asiatische Gerichte aus dem Wok.

WALNUSSÖL
Es wird aus Walnüssen gepreßt und hat einen intensiven nussigen Geschmack. Es empfiehlt sich für Salatdressings und zum Beträufeln von Gemüse. Allerdings verdirbt es schnell und wird daher meist in kleinen Flaschen angeboten.

STEINPILZÖL
Kalt gepreßtes Olivenöl, mit Steinpilzen aromatisiert. Es hat einen verführerisch intensiven, würzigen Pilzgeschmack und paßt besonders gut zu Nudel- und Reisgerichten.

TRÜFFELÖL
Kalt gepreßtes Olivenöl, aromatisiert mit schwarzen Trüffeln. Das edle Öl harmoniert sehr gut mit feinen Nudelgerichten, kalten Reisgerichten und schlichtem Kartoffelpüree.

HASELNUSSÖL
Wird aus Haselnüssen gepreßt und hat einen würzig-nussigen Geschmack. Es verleiht einfachen Blattsalatdressings eine besondere Note.

ÖLE

DISTELÖL
Die **Färberdistel** mit ihren roten, orangefarbenen oder gelben Blüten wird auch **mexikanischer Safran** genannt. Sie ist der Grundstoff für dieses hochwertige Öl mit seinem hohen Gehalt an mehrfach ungesättigten Fettsäuren, das raffiniert und unraffiniert angeboten wird.

MAISKEIMÖL
Dieses preiswerte Öl wird aus Maiskeimen hergestellt. Es eignet sich sehr gut zum Fritieren. Unraffiniertes Öl hat einen kräftigen Maisgeschmack, raffiniertes Öl ist nahezu geschmacksneutral.

PFLANZENÖL
Das helle, fast geschmacksneutrale Öl wird aus unterschiedlichen fetthaltigen Pflanzenprodukten hergestellt. Vor allem zum Braten ist es gut geeignet.

ORANGENÖL
Olivenöl mit herbem Orangen-Aroma. Es ist köstlich für raffinierte Salate, z. B. aus Chicorée und Walnüssen oder für Frisée-Salat mit Geflügelfleisch.

ZITRONENÖL
Olivenöl, das mit ganzen Zitronen aromatisiert wurde. Für Marinaden, zum Dippen von knusprigem Brot, zum Beträufeln von Fisch, zu frischen Nudeln oder in einem leichten Risotto mit Spargel, Zucchini und Scampi ist es sehr beliebt.

GRAPEFRUITÖL
Olivenöl mit fein-herbem Grapefruit-Aroma. Es schmeckt besonders gut in Dressings zu frischen grünen Salaten.

SOJABOHNENÖL
Die Sojabohne ist ein sehr ergiebiger Öllieferant. Das Öl wird auch zu Margarine und vielen anderen Produkten verarbeitet. Weil es sehr starke Hitze verträgt, eignet es sich vor allem zum Fritieren ausgezeichnet.

OLIVENÖL »EXTRA VERGINE«
Das beste aller Olivenöle stammt aus der ersten Kaltpressung der Früchte. Es hat eine grünliche Trübung und einen unvergleichlich würzigen Geschmack, der noch milder ist als der des »vergine«-Olivenöls. Es ist reich an Antioxidationsstoffen.

KLARES OLIVENÖL
Hierbei handelt es sich meist um eine Mischung aus verschiedenen Olivenölen, die weniger geschmacksintensiv ist als die »extra vergine«-Qualität. Es kann zum Kochen und für Salatdressings verwendet werden.

KRÄUTER-ÖL
Öl, das mit einem einzelnen Würzkraut oder einer Kräutermischung aromatisiert ist. Oft werden auch Knoblauch und Chili zugesetzt. Man kann es leicht selbst herstellen, indem man Kräuter in eine Flasche Öl gibt und vorsichtig erwärmt.

CANOLA-ÖL
Ein raffiniertes Rapsöl, das in Kanada entwickelt wurde. Der Anteil an gesättigten Fettsäuren ist sehr niedrig, es enthält jedoch reichlich mehrfach ungesättigte Omega-3- und Omega-6-Fettsäuren.

SENFSAAT-ÖL
Dieses Öl hat einen niedrigen Gehalt an gesättigten Fettsäuren und Omega-6-Fettsäuren, jedoch einen hohen Anteil an einfach und mehrfach ungesättigten sowie Omega-3-Fettsäuren. Es hat keinen Senfgeschmack.

OLIVENÖL
Von allen Ölen hat dieses den höchsten Gehalt an ungesättigten Fettsäuren, während der Anteil an gesättigten und Omega-6-Fettsäuren gering ist. Es ist köstlich in Salatdressings.

SESAMÖL
Einfach und mehrfach ungesättigte Fettsäuren sind etwa zu gleichen Teilen enthalten, geringer ist der Gehalt an gesättigten Fettsäuren. Aufgrund des intensiven Geschmacks sollte es sparsam verwendet werden.

PFLANZENÖL-CREME
Ein Fertigprodukt, das als Ersatz für Butter oder Margarine verwendet werden kann. Die Creme ist praktisch zum Einfetten von Back- und Auflaufformen, sie eignet sich auch zum Braten und zum Fritieren.

AVOCADOÖL
Das raffinierte Öl mit hohem Gehalt an einfach ungesättigten Fettsäuren findet hauptsächlich Verwendung für Dressings, Vinaigrettes und Mayonnaisen. Auch zum Grillen und Braten eignet es sich gut.

PISTAZIENÖL
Das Öl ist reich an einfach ungesättigten Fettsäuren und hat einen ausgeprägten Pistaziengeschmack. Es veredelt Vinaigrettes, Marinaden und Salate mit Nüssen.

OLIVENÖL-STREICHFETT
Eine Mischung aus Margarine und Olivenöl mit dem charakteristischen Aroma des Öls. Zum Kochen und als Brotaufstrich ist es gleichermaßen geeignet.

ÖLE & FETTE

RINDERTALG
Das weiße Fett, mit dem Rindernieren ummantelt sind, gibt es beim Schlachter gebrauchsfertig zerkleinert zu kaufen. Man verwendet es u. a. für traditionelle englische Wasserbadpuddings.

SCHWEINESCHMALZ
Das geklärte Schweinefett enthält eine Mischung aus einfach und mehrfach ungesättigten Fettsäuren. Früher war es sehr beliebt zum Backen, Braten und Fritieren. Teige mit Schweineschmalz ergeben besonders knusprige Brote.

BRATENSCHMALZ
Die Mischung aus Fett und Bratensaft, die beim Braten von Rinder-, Schweine- oder Lammbraten entsteht, härtet beim Abkühlen aus. Man kann Schmalz in vielen Schlachtereien kaufen. Es ist gut für Bratkartoffeln geeignet.

KOKOSFETT
Das aus Kokosnüssen hergestellte Fett enthält überwiegend gesättigte Fettsäuren. Nach dem Schmelzen und Mischen mit anderen Zutaten härtet das Fett wieder aus, darum wird es z. B. in Schokoladen-Fettglasuren eingesetzt.

KOCH-MARGARINE
Der Anteil an einfach ungesättigten Fettsäuren ist in dieser häufig in Würfelform angebotenen Margarine geringfügig höher als der Prozentsatz gesättigter Fettsäuren.

SONNENBLUMEN-MARGARINE
Diese Margarine wird aus Sonnenblumenöl hergestellt. Sie enthält überwiegend mehrfach ungesättigte Fettsäuren und ist als Brotaufstrich, zum Backen und Kochen gleichermaßen geeignet.

CANOLA-STREICHFETT
Dieses margarinenähnliche Streichfett wird aus Canola-Öl (**Raps**) hergestellt. Es enthält hauptsächlich einfach ungesättigte Fettsäuren sowie kleine Mengen gesättigter sowie Omega-3- und Omega-6-Fettsäuren.

GEHÄRTETES BACKFETT
Die Mischung aus tierischen und pflanzlichen Fetten hat einen höheren Gehalt an schmelzbaren Fetten und Salz als Margarine. Das Fett verträgt sehr hohe Temperaturen, darum ist es gut zum Fritieren und für Teige geeignet.

SOJA-STREICHFETT
Dieses Streichfett aus Sojabohnen enthält überwiegend mehrfach ungesättigte Fettsäuren, außerdem einfach gesättigte und Omega-3- sowie einen geringen Anteil an gesättigten Fettsäuren.

Eier & Milchprodukte

Stellt man sich das ländliche Leben vor, so denkt man vor allem an Milchkühe, die heute wie vor Jahrhunderten zufrieden auf sanften Hügeln und saftigen Talweiden grasen. Früher konnte man in vielen weiß getünchten Dorfmolkereien köstliche Butter, Sahne, würzigen Käse und natürlich frische Milch kaufen. Ein paar Hühner scharrten in den Höfen und lieferten täglich frische Eier.

Noch immer gibt es einige dieser traditionellen Molkereien, doch die meisten unserer Molkereiprodukte kommen heute aus weltweiter industrieller Herstellung. Dabei präsentiert sich dem Kunden, ob in der Stadt oder auf dem Land, eine unübertroffene Vielfalt.

Auch in vergangener Zeit gab es kaum einen westlichen Haushalt, in dem keine Milchprodukte konsumiert werden, die mit ihrem hohen Gehalt an Kalzium vor allem Knochen und Zähnen zugute kommen.

Allein die Vielfalt an Sahnesorten ist enorm. Selbst gewöhnliche Schlagsahne wird in ihrer ursprünglichen Form, aber auch flüssig und stichfest angeboten.

Butter kann, je nach Ursprungsland, ganz unterschiedlich schmecken. Ungesalzene Butter aus Dänemark ist für den täglichen Gebrauch beliebt, englische Landbutter ist besonders lecker, aber sie hat ihren Preis. Aus Nordfrankreich stammt die ausgezeichnete beurre crû (Rohbutter), bestens geeignet für Saucen, aber auch köstlich auf frischem Brot.

Die Käseauswahl ist schier unüberschaubar. Es gibt regionale Spezialitäten, international bekannte Sorten und Käse aus kleinen Landmolkereien. Kaufen Sie Käse am besten im Fachhandel, wo ausgebildete Verkäufer Sie über Reifegrad, Geschmack und Konsistenz beraten und Ihnen neue Sorten empfehlen können. Die Vielfalt ist so groß, daß Sie ein Leben lang Neues probieren können.

VOLLMILCH
Vollmilch hat einen Fettgehalt von 3,5 bis über 5%. Zum Pasteurisieren wird sie bis kurz vor dem Siedepunkt erhitzt, beim Homogenisieren werden die Milchfettpartikel mechanisch aufgelöst und gleichmäßig verteilt.

TEILENTRAHMTE MILCH
Diese Milch wird auch unter der Bezeichnung »fettarme Milch« verkauft, sie enthält etwa 1,5% Fett. Es wird teilentrahmte H-Milch und Frischmilch angeboten.

KONDENSMILCH
Diese Milch wird durch Eindampfen auf 40% ihres ursprünglichen Volumens reduziert. Sie ist verschlossen fast unbegrenzt haltbar, muß aber nach dem Öffnen im Kühlschrank aufbewahrt und bald verbraucht werden.

MILCHPULVER
Meist findet man im Handel Pulver aus teilentrahmter Milch, das in Wasser aufgelöst wird. Es ist sehr nützlich für die Vorratshaltung.

ENTRAHMTE MILCH
Diese fast vollständig entfettete Vollmilch, auch Magermilch genannt, ist ideal für Menschen, die eine Reduktionsdiät machen müssen.

GEZUCKERTE KONDENSMILCH
Sie ist noch konzentrierter als Kondensmilch und durch Zusatz von Zucker sehr süß. Diese Milch ist fast unbegrenzt haltbar und muß auch nach dem Öffnen nicht gekühlt werden. Sie kann mit Wasser im Verhältnis 1:2 verdünnt werden.

MILCHMISCHGETRÄNKE
Diese Fertiggetränke mit Frucht-, Schokoladen- oder Kaffee-Aroma werden in pasteurisierter, sterilisierter und homogenisierter Form angeboten, aus Vollmilch oder fettarmer Milch.

BUTTERMILCH
Heute stellt man Buttermilch her, indem man der Milch Bakterienkulturen zusetzt. Die fettarme, dickflüssige Milch hat einen leicht säuerlichen Geschmack. Sie eignet sich gut zum Backen.

ZIEGENMILCH
Im Nährwert unterscheidet sie sich wenig von vollfetter Kuhmilch, sie ist aber süßlicher im Geschmack und weißer. Ziegenmilch muß kühl aufbewahrt werden und ist nicht lange haltbar.

MILCH, SAHNE & JOGHURT

FLÜSSIGE SAHNE
Flüssige Sahne hat einen Fettgehalt von 18%. Sie läßt sich nicht steif schlagen, eignet sich aber gut zum Übergießen von Desserts und Früchten. Im Handel ist auch eine ultrahocherhitzte Variante zu finden.

STICHFESTE SAHNE
Auch diese Sahne hat einen Fettgehalt von 18%, daher kann man sie nicht steif schlagen. Sie läßt sich aber löffeln und schmeckt gut zu Desserts und Früchten.

NATURJOGHURT
Joghurt wird aus Kuh- oder Schafsmilch hergestellt. Er muß gekühlt und vor dem Verfallsdatum verbraucht werden. Es gibt unterschiedliche Sorten. Der Fettgehalt kann bis zu 10,5% betragen.

SAURE SAHNE
Homogenisierter Milch werden Bakterienkulturen zugesetzt, um ihr ein leicht säuerliches Aroma zu geben. Sie veredelt Schmorgerichte wie Gulasch, aber auch Suppen, Saucen und Dips.

FESTE SAHNE oder CLOTTED CREAM
Diese Sahne ist eine englische Spezialität, vor allem aus der Gegend von Devon, Cornwall und Somerset. Sie hat einen sehr hohen Gehalt an Butterfett (55%) und schmeckt besonders gut zu Erdbeeren, aber auch als Füllung für Torten.

FRUCHTJOGHURT
Fruchtjoghurt gibt es mit unterschiedlich hohem Fettgehalt und in zahllosen Geschmacksrichtungen. Vor allem durch den Zusatz von Zucker hat er einen höheren Kaloriengehalt als Naturjoghurt.

CRÈME DOUBLE
Diese dickflüssige Sahne läßt sich wegen ihres Fettgehaltes von 48% sehr gut schlagen. Es gibt sie auch in homogenisierter, stichfester Form. **Schlagsahne** mit einem Fettgehalt von 35-40% verdoppelt beim Aufschlagen ihr Volumen.

CRÈME FRAÎCHE
Diese fettreiche Sahne aus Frankreich erhält durch eine Fermentierung ihren säuerlichen Geschmack. Es wird auch eine fettarme Variante angeboten. Beide schmecken köstlich zu Desserts und Pfannkuchen, in Saucen und Suppen.

TRINKJOGHURT
Frisch und ultrahocherhitzt im Handel, besteht dieses erfrischende Getränk meist aus einer Mischung von Joghurt, Milch und Fruchtsaft.

GESALZENE BUTTER
Sahne wird so lange aufgeschlagen, bis sich das Butterfett absetzt. Damit sie länger haltbar ist, wird Salz zugesetzt. Gesalzene Butter ist sehr kalorienreich und enthält vorwiegend gesättigte Fettsäuren.

FRISCHES ENTENEI
Es ist größer als ein Hühnerei, sein Geschmack ist intensiver und leicht ölig. Man kann es zum Backen verwenden, aber nicht als Frühstücksei, denn es müßte zu lange kochen.

SOLEI
Ein frisches Hühnerei wird hart gekocht und in eine Lake aus Essig und Salz eingelegt. Es schmeckt köstlich als Imbiß zwischendurch, zum Picknick oder zu kaltem Fleisch.

UNGESALZENE BUTTER
Sahne wird aufgeschlagen, bis sich das Butterfett absetzt. Gelegentlich werden Sauermilchkulturen zum Aromatisieren beigesetzt. Kaloriengehalt und Nährwert entsprechen denen von gesalzener Butter. Im Kühlschrank aufbewahrt, muß sie vor dem Verfallsdatum verbraucht werden.

KONSERVIERTES ENTENEI
Der Dotter ist dickflüssig und dunkelorangefarben. Man verwendet es für chinesisches Gebäck oder kocht es in 10 Minuten hart. Das Innere ist von mehliger Konsistenz, etwa wie gekochte getrocknete Bohnen. Im Kühlschrank ist es monatelang haltbar.

GHEE oder GEKLÄRTE BUTTER
Ungesalzene Butter, der alle festen Milchbestandteile entzogen wurden. Deshalb kann man sie sehr stark erhitzen, ohne daß sie verbrennt. Im Kühlschrank ist sie lange haltbar.

HUNDERTJÄHRIGES EI
Diese Enteneier, auch unter dem Namen **Tausendjähriges Ei** bekannt, werden mit einer Paste aus Blättern, Holzasche, Leim, Salz und Wasser bestrichen, müssen in einem fest verschlossenen Gefäß etwa 15 Tage lang reifen und danach noch einen Monat ruhen. Man serviert sie als Vorspeise.

BUTTER & EIER

EMU-EI
Diese Eier haben eine ähnliche Nährwertzusammensetzung wie Hühnereier, jedoch etwa die 10-12fache Größe. Sie eignen sich hervorragend für Omeletts.

STRAUSSENEI
Es ist noch größer als ein Emu-Ei, auch die Schale ist dicker. Man verwendet es wie Hühnereier zum Backen oder für Rührei.

HÜHNEREI
Weiße und braune Eier unterscheiden sich bezüglich des Nährwerts nicht, die Farbe deutet lediglich auf die Hühnerrasse hin, von der das Ei stammt. Die Färbung des Dotters hängt vom Futter ab. Man kann die Eier kochen, pochieren, braten, einlegen, als Rührei zubereiten und zum Backen verwenden.

WACHTELEI
Die dünnschaligen Eier haben etwa ein Drittel der Größe eines Hühnereis. Meist kocht man sie drei Minuten lang und schält sie. Sie sind köstlich in Salaten und Sülzen, aber auch eingelegt oder als Vorspeise in Form eines Miniatur-Spiegeleis auf Speck.

EI VOM SICILIAN BUTTERCUP-HUHN

EI VOM SHAVER-HUHN

EI VOM BRAHMA-HUHN

EI VOM ORPINGTON-HUHN

EI VOM WELLSUMMER-HUHN

EI VOM BANTAM-HUHN

EIER

EI VOM MARAN-HUHN

EI VOM PERLHUHN

EI VON DER INDISCHEN LAUFENTE

EI VON DER CAMPBELL-ENTE

EI VOM LAVENDER-ARCANA-HUHN

EI VON DER WILDENTE

WATSONIA
Ein australischer Käse aus Kuhmilch mit mildem Geschmack und von sahniger Konsistenz.

BEGA BROWN WAX
Ein mittelalter Kuhmilch-Käse aus Australien, ähnlich dem englischen Cheddar, mit scharfem Aroma.

FARMERS UNION VINTAGE
Ein weicher australischer Käse aus Kuhmilch mit pikantem Geschmack.

KING ISLAND BLACK WAX MATURED
Ein scharfer Kuhmilch-Käse von krümeliger Konsistenz aus Tasmanien. Er ist mindestens 18 Monate gereift.

PYENGANA CLOTH CHEDDAR
Dieser australische Kuhmilch-Käse wird in Stoff eingebunden. Er hat ein würziges Aroma und einen pikanten Nachgeschmack.

EPICURE
Dieser leicht krümelige Kuhmilch-Käse ähnelt dem Cheddar, er ist scharf im Geschmack und stammt aus Neuseeland.

KING ISLAND SURPRISE BAY
Ein tasmanischer Kuhmilch-Käse nach Art des englischen Cheddar. Die Konsistenz ist krümelig, der Geschmack würzig, aber milder als beim Black Wax Matured.

HALBFESTER SCHNITTKÄSE

SOUTH CAPE VINTAGE
Ein vollmundiger australischer Cheddar aus Kuhmilch.

RED LEICESTER
Dieser englische Kuhmilch-Käse ist fest, aber nicht trocken. Er hat eine harte Rinde und einen vollmundigen, würzigen Geschmack.

WENSLEYDALE
Ein halbfester englischer Käse aus Kuhmilch. Die Konsistenz ist leicht flockig, der Nachgeschmack süßlich.

RACLETTE
Dieser berühmte milde Käse wird in der Schweiz aus Kuhmilch hergestellt. Für das gleichnamige Rezept erwärmt man den ganzen Laib und schabt dann die weiche Masse auf vorgewärmte Teller. Dazu serviert man traditionell Gewürzgurken, Pellkartoffeln und Zwiebelsalat.

FONTINA
Der sahnige Käse aus dem Aosta-Tal in Italien wird aus Kuhmilch hergestellt. Mit seiner weichen Konsistenz und dem pikanten Aroma eignet er sich gut zum Überbacken.

SAGE DERBY
Der feste englische Käse aus roher Kuhmilch ähnelt dem Cheddar. Er hat keine Rinde. Die grüne Farbe erhält er durch reichlich frischen Salbei.

LEYDEN
Ein holländischer Käse mit harter Rinde, aus teilentrahmter Kuhmilch. Sein Aroma erhält er durch Kreuzkümmel, Kümmel oder andere Gewürze.

HAVARTI
Dieser Käse ähnelt in Geschmack und Konsistenz dem Esrom, ist aber weniger scharf. Typisch sind die feinen Löcher und Risse. Er eignet sich gut zum Überbacken.

MAASDAMER
Eine relativ neue Käsesorte aus Holland mit großen Löchern und einem nussigen Aroma. Er wird aus Kuhmilch hergestellt und ist ein guter Ersatz für Emmentaler.

GOUDA
Ein halbfester holländischer Kuhmilch-Käse mit mildem Geschmack. Mit zunehmender Reife wird das Aroma pikanter.

EDAMER
Dieser halbfeste holländische Käse wird aus teilentrahmter Kuhmilch hergestellt. Junger Edamer hat einen milden Geschmack und eine sahnige Konsistenz, bei längerer Reifung wird er schärfer und krümelig.

KASHKAVAL
Ein ungarischer Schnittkäse mit würzigem, leicht salzigem Aroma und einer trockenen, geschmeidigen Rinde. Er wird aus Schafsmilch hergestellt.

HALBFESTER SCHNITTKÄSE

KASERI
Ein griechischer halbfester Käse aus Schafsmilch, der mit seinem salzigen Aroma an italienischen Provolone erinnert.

JARLSBERG
Ein norwegischer Schnittkäse aus Kuhmilch. Er hat eine weiche Konsistenz, große Löcher und einen süßlich-nussigen Geschmack. Man kann ihn gut an Stelle von Emmentaler verwenden.

AUSTRALISCHER EMMENTALER
Er ähnelt dem Schweizer Emmentaler, wird jedoch in New South Wales aus Kuhmilch hergestellt.

AMBROSIA
Ein weicher italienischer Schnittkäse aus Kuhmilch, der ganz von feinen Löchern durchdrungen ist. Das Aroma ist mild, aber unverkennbar.

TILSITER
Dieser halbfeste Schnittkäse wird in vielen nordeuropäischen Ländern aus Kuhmilch produziert. Typisch sind die kleinen Löcher und Risse sowie das intensive Aroma.

ESROM
Ein halbfester dänischer Käse aus Kuhmilch mit kleinen Löchern und einem würzigen bis scharfen Geschmack.

MOZZARELLA
Ursprünglich stellte man diesen elastischen Frischkäse aus Büffelmilch her, heute verwendet man meist Kuhmilch (zu erkennen an der Bezeichnung *fior di latte*).

PROVOLONE
Typisch für diesen italienischen Kuhmilch-Käse ist die hohe, zylindrische Form und die Umwicklung mit Bindfaden. Die Konsistenz variiert von halbfest bis fest, der Geschmack von pikant bis streng.

FRISCHKÄSE
Ungereifter Kuhmilch-Käse. Er hat einen hohen Fettgehalt, aber es sind auch einige fettreduzierte Sorten auf dem Markt.

BOCCONCINI
Kleine Mozzarella-Kugeln, die zum Konservieren in Molke eingelegt werden. Einige kleine Käsereien verwenden zunehmend wieder Büffelmilch.

GERÄUCHERTER MOZZARELLA
Ein Käse mit allen guten Eigenschaften eines Mozzarella und einem zusätzlichen pikanten Raucharoma.

REIFER STRACCHINO
Dieser italienische Kuhmilch-Käse hat eine charakteristische Rinde über einem weichen Kern. Der Geschmack ist mild.

FRISCHKÄSE & FILATA-KÄSE

GEBACKENER RICOTTA
Frischer Ricotta kann in einer Form gebacken werden. Oft werden Eiweiß, Öl sowie Paprika oder andere Gewürze zugesetzt.

FETA
Dieser traditionelle griechische Käse kann aus Kuh-, Schafs- oder Ziegenmilch bestehen. Die Konsistenz kann halbfest bis krümelig sein, je nach Herstellungsmethode. Meist wird er in Salzlake eingelegt.

NEUFCHÂTEL
Weicher, ungereifter Kuhmilch-Frischkäse mit niedrigem Fettgehalt und erfrischendem Geschmack.

BOURSIN
Ein weicher französischer Frischkäse aus Kuhmilch, der mit Knoblauch und frischen Kräutern aromatisiert ist.

HÜTTENKÄSE-CREME
Ein Frischkäse aus Kuhmilch mit niedrigem Fettgehalt. Die kleinen Partikel des klassischen Hüttenkäses werden zerkleinert und mit einer sahnigen Creme vermischt.

HÜTTENKÄSE
Dieser fettarme Käse besteht aus Kuhmilch. Die Konsistenz ist fest und krümelig, der Geschmack mild-säuerlich.

RICOTTA
Früher stellte man diesen Frischkäse aus Molke her, heute verwendet man meist entrahmte Kuhmilch. Er hat eine weiche Konsistenz und außerordentlich wenig Kalorien.

MASCARPONE
Dieser Frischkäse wird aus purer Sahne hergestellt. Man kann ihn vor allem bei Desserts und Nudelsaucen, aber auch gut an Stelle von Sahne verwenden.

QUARK
Quark wird meist aus ungesalzener entrahmter Milch hergestellt. Er hat einen säuerlichen Geschmack.

FIORE SARDO
Auf Sardinien stellt man diesen Schnittkäse aus Schafsmilch her. Er hat eine feste Konsistenz und ein würziges Aroma. Im Alter wird er härter und schärfer, dann eignet er sich gut zum Reiben.

OSSIARI IRATY
Ein fester Käse aus Schafsmilch mit harter Rinde und glattem, von feinen Löchern durchzogenem Inneren. Das Aroma ist mild-nussig. Der Käse stammt aus den Pyrenäen.

HALOUMI
Dieser salzige Ziegenkäse von zäher Konsistenz und mit mildem Geschmack stammt aus dem Mittleren Osten. Er wird häufig gegrillt oder in Öl ausgebacken.

KEFALOTYRI
Er wird meist aus einer Mischung aus roher, unpasteurisierter Schafs- und Ziegenmilch hergestellt. Der feste Käse mit dem salzigen Geschmack eignet sich zum Kochen und Reiben.

ASH LOG
(wörtlich: Ascheblock) Traditionell wird dieser Ziegenkäse in der Asche von Weinlaub gewälzt. Je nach Reife kann er mild oder vollmundig-würzig sein.

KERVELLA
Ein hervorragender Ziegen-Frischkäse mit scharfem Aroma und leicht körniger Struktur.

SCHAFS- & ZIEGENKÄSE

RICOTTA AUS SCHAFSMILCH
Eine Ricotta-Sorte mit markantem, strengem Geschmack.

MANCHEGO
Dieser spanische Käse wird aus der Vollmilch von Schafen hergestellt, die auf La Mancha grasen. Der würzige, feste Käse wird vorwiegend zum Reiben verwendet.

BLAUSCHIMMELKÄSE
Ein sehr aromatischer Käse mit geschlossener Struktur. Im Laufe der Reife dehnen sich die Blauschimmelkulturen von innen nach außen aus.

YUULONG LAVENDER
Dieser australische Käse aus Schafsmilch verdankt dem Zusatz von feinen Lavendelstückchen sein ausgefallenes Aroma.

ZIEGEN-WEICHKÄSE
Der weiche Käse mit dem typischen etwas strengen Aroma wird meist in Pyramidenform angeboten.

ZIEGEN-FRISCHKÄSE
Der Frischkäse aus Ziegenmilch ist im Aroma wesentlich milder als der reifere Weichkäse.

CROTTIN
Ein fester, reifer Ziegenkäse mit typischer Rinde und einem scharfen, fast strengen Geschmack.

DOLCELATTE
Ein weicher, cremiger
Kuhmilch-Käse mit blauen
Adern. Dieser italienische Käse
ist eine mildere Version des
Gorgonzola.

KING ISLAND ADMIRALITY
Ein tasmanischer Kuhmilch-Käse,
ähnlich dem englischen Stilton, mit
hohem Feuchtigkeitsgehalt und
kräftigem Geschmack.

GORGONZOLA
Grün marmorierter Kuhmilch-Käse
mit cremig-weicher Struktur und
buttrigem Aroma. Zimmerwarm
servieren.

GIPPSLAND BLUE
Sehr herzhafter australischer
Blauschimmelkäse aus
Kuhmilch mit cremiger
Konsistenz und kräftigem,
vollmundigem Aroma.

STILTON
Ein halbfester englischer
Kuhmilch-Käse mit Blau-
schimmelkulturen. Die
Konsistenz ist cremig bis
krümelig, das Aroma
würzig-mild.

BLAUSCHIMMELKÄSE

BLUE CASTELLO
Ein sehr sahniger, vollmundiger Blauschimmelkäse, der in Dänemark aus Kuhmilch hergestellt wird.

DEEP BLUE
Ein traditioneller Blauschimmelkäse aus Tasmanien. Er hat einen erdigen Duft und einen angenehmen Geschmack.

BLUE BRIE
Ein milder, cremiger Blauschimmelkäse aus Kuhmilch mit der typischen weißen Rinde eines Brie.

DANABLU
Ein halbfester Blauschimmelkäse aus Dänemark mit buttrigem, leicht scharfem Aroma. Er wird aus Kuhmilch hergestellt.

KING ISLAND BASS STRAIT
Ein eher trockener tasmanischer Kuhmilch-Käse mit Blauschimmelkulturen. Die Konsistenz ist fest, das Aroma kräftig.

SHADOWS OF BLUE
Das Aroma dieses milden, weichen Blauschimmelkäses aus Kuhmilch ist intensiver als das des Blue Brie.

TARRAWINGEE WASHED RIND
Dieser halbfeste, sehr delikate Käse wird in Australien aus Schafsmilch hergestellt.

MUNGABAREENA WASHED RIND
Dieser Kuhmilch-Käse hat die Konsistenz eines Brie. Geschmack und Geruch sind sehr intensiv mit einem Hauch Eukalyptus.

TOP PADDOCK WASHED RIND
Typisch für diesen halbfesten australischen Käse ist seine orangerote Rinde. Er wird aus Kuhmilch hergestellt.

LIMBURGER
Ein halbfester, sehr würziger Käse mit starkem Geruch. Er wird in Deutschland, Belgien und im Elsaß aus Kuhmilch hergestellt.

TOP PADDOCK WINE WASHED
Der halbfeste australische Käse aus Kuhmilch wird in edlem Cabernet gebeizt. Typisch sind die klebrige Rinde und der intensive Geruch bei reifem Käse.

KÄSE MIT OBERFLÄCHENSCHIMMEL

CAMEMBERT, industriell hergestellt
Die übliche Form des ursprünglich aus Frankreich stammenden Kuhmilch-Käses.

JINDI TRIPLE CREAM
Eine australische Variante des Brie, sehr sahnig und vollmundig im Geschmack.

BRIE
Ein weicher französischer Kuhmilch-Käse, der mit der Reifung einen typischen süßlichen Geruch entwickelt.

TALEGGIO
Der italienische Weichkäse mit der zarten Rinde und dem milden Aroma eignet sich gut zum Überbacken.

PORT SALUT
Ein halbfester französischer Kuhmilch-Käse mit sahniger Konsistenz und mildem Geschmack.

ST. NECTAIRE
Der halbfeste, doppelt gepreßte französische Käse hat einen etwas modrigen Geruch und einen nussigen Nachgeschmack. Er wird aus Kuh-Rohmilch hergestellt und reift in feuchten Kellern.

GRANA PADANO
Ein sehr guter Ersatz für **Reggiano Parmigiano**. Der halbfette italienische Hartkäse wird aus teilentrahmter Kuhmilch hergestellt und schmeckt am besten zu Obst oder frisch gerieben.

PARMESAN, gerieben
Parmesan kauft man am besten am Stück und reibt ihn erst kurz vor Gebrauch. Sonst trocknet der Käse leicht aus und verliert sein Aroma.

GRUYÈRE oder GREYERZER
Dieser feste, helle Käse mit nussigem Geschmack wird in der Schweiz aus Kuhmilch hergestellt. Man ißt ihn pur oder verwendet ihn in Gratins und Fondues.

ASIAGO
Dieser Käse mit den kleinen bis mittelgroßen Löchern stammt aus den italienischen Alpen. Junger Käse ist halbfest und mild-pikant, mit zunehmender Reife wird er fester und schärfer. Dann wird er hauptsächlich gerieben verwendet.

HARTKÄSE

PECORINO ROMANO
Ein »nachgewärmter« Hartkäse, der in Rom und auf Sardinien aus vollfetter Schafsmilch hergestellt wird. Meist wird er vollreif verkauft. Er eignet sich gut zum Reiben, ist aber schärfer als Parmesan.

MIMOLETTE VIEILLE
Ein harter, rötlicher Kuhmilch-Käse mit mittelgroßen Löchern. Der vollmundige Käse stammt aus Holland, wird aber heute vorwiegend in Frankreich hergestellt.

PECORINO VIEILLE
Ein beliebter Schafskäse aus dem mittleren und südlichen Italien. Traditionell ißt man den jungen Käse zu jungen Dicken Bohnen oder knackigen Birnen. Reifer Pecorino wird meist gerieben.

REGGIANO PARMIGIANO
Der unangefochtene König der italienischen Käsesorten mit dem feinen Aroma wird ausschließlich in Parma, Reggio Emilia und Modena aus Kuhmilch hergestellt. Meist reibt man ihn, doch junger Parmigiano schmeckt auch köstlich als Dessert zu frischem Obst.

TEIFI
Dieser harte, vollfette Käse mit dem charakteristischen pfeffrig-scharfen Aroma wird in Wales aus unpasteurisierter Kuhmilch hergestellt.

KIRKHAM'S LANCASHIRE
Eine der besten englischen Landkäsesorten wird in Lancashire aus der Milch von Kirkham's-Rindern hergestellt. Der helle, leicht krümelige Käse mit dem feinen, milden Geschmack reift 4-6 Monate.

MONTGOMERY'S CHEDDAR
Ein mittelfester Käse mit feinem, fruchtigem Aroma. Er wird aus frischer, unpasteurisierter Landmilch hergestellt und reift 18 Monate lang. Er schmeckt köstlich zu frischem Brot, aber auch gekocht, auf Toasts und in Saucen.

KEEN'S CHEDDAR
Ein klassischer Cheddar aus einer kleinen Landkäserei im englischen Somerset, hergestellt aus der unpasteurisierten Milch der eigenen Rinderherde. Nach der 10-18 Monate dauernden Reifung entwickelt der Käse ein scharfes, nussiges Aroma.

KÄSE AUS GROSSBRITANNIEN & IRLAND

GABRIEL
Aus Cork in Irland kommt dieser Käse, der den Schweizer Bergkäsesorten, speziell dem Gruyère, ähnelt. Er wird aus unpasteurisierter Kuhmilch hergestellt und hat einen festen, trocken-krümeligen Teig mit zäher Rinde. Das Aroma ist vollmundig mit scharfem Nachgeschmack.

CHESHIRE
Diese älteste englische Käsesorte ist eher unter dem Namen **Chester** bekannt. In kleinen Landkäsereien wird er noch heute aus unpasteurisierter Kuhmilch hergestellt. Der leicht krümelige Käse hat ein frisches Aroma mit salzigem Nachgeschmack. Es gibt rote, zart blau geäderte und weiße Sorten, die letzteren sind etwas schärfer. Roter und weißer Cheshire eignen sich auch gut zum Überbacken.

DOUBLE GLOUCESTER
Ein Hartkäse aus Vollmilch, in kleinen Käsereien auch noch aus Rohmilch hergestellt. Nach 4–6 Monaten Reifung ist der Käse fest, aber noch geschlossen und geschmeidig. Der Geschmack ist nussig mit einem Beiklang von Zitrone.

SINGLE GLOUCESTER
Ein Käse aus entrahmter Kuhmilch, die ihm seine helle Färbung und seine zarte Konsistenz gibt. Man ißt ihn vorzugsweise jung.

SPENWOOD
Ein moderner Landkäse aus Berkshire, der aus Schafsmilch hergestellt wird. Der harte Käse hat einen cremigen Schmelz und eine zarte natürliche Süße.

EMLETT
Der Käse aus unpasteurisierter Schafsmilch mit Edelschimmel-Rinde wird in kleinen, runden Laiben verkauft. Das Aroma erinnert an Hefe und Pilze, mit zunehmender Reife wird er weicher.

WIGMORE
Dieser Käse wird in Berkshire aus unpasteurisierter Schafsmilch hergestellt und zählt zu den wenigen englischen Sorten, die noch gebeizt werden. Er ist halbfest und elastisch, sein vollmundiges Aroma erinnert an Cashewkerne.

MILLEENS
Ein Käse aus unpasteurisierter Kuhmilch, der westlich von Cork in Irland produziert wird. Der Teig ist halbfest und von feinen Löchern durchzogen. Das Aroma ist würzig mit einem Beiklang von Bohnenkraut und anderen Kräutern.

BONCHESTER
Ein schottischer Landkäse, der aus der unpasteurisierten Milch von Jersey-Rindern hergestellt wird. Er hat ein vollmundig-buttriges Aroma und eine verführerisch sahnige Konsistenz.

KÄSE AUS GROSSBRITANNIEN & IRLAND

MRS. SEATER'S ORKNEY
Der berühmte Käse von den Inseln vor Schottland ähnelt dem Cheddar. Er wird aus unpasteurisierter Kuhmilch hergestellt, hat einen krümeligen Teig und ein scharf-säuerliches Aroma. Er muß jung gegessen werden.

DUCKETTS CAERPHILLY
Dieser Käse gehört zu den regionalen Spezialitäten Englands. Er wird aus unpasteurisierter Kuhmilch hergestellt, hat eine feucht-krümelige Konsistenz und einen feinen, säuerlichen Geschmack. Weil er sehr schnell reift, kann er schon nach zwei Wochen gegessen werden.

CASHEL BLUE
Der Käse wird von der Familie Grubb hergestellt, die aus religiösen Gründen im 17. Jahrhundert aus England vertrieben wurde. Sie ließen sich in Tipperary (Irland) nieder, wo sie sich als Müller und Butterhersteller einen Namen machten. In den 1980er Jahren entwickelten ihre Nachkommen den Cashel Blue, den ersten irischen Blauschimmelkäse. Er ist feucht und cremig und hat einen scharfen, salzigen Geschmack.

LLANGLOFFLAN
Ein walisischer Landkäse aus Pembrokeshire, der aus der unpasteurisierten Milch von Jersey-Rindern und Schweizer Roten hergestellt wird. Der brüchige Käse hat einen herrlich sahnigen Schmelz mit Frucht-, Pfeffer- oder Kräuter-Aroma. Es gibt auch eine rote Sorte mit Schnittlauch und Knoblauch.

AMI DU CHAMBERTIN
Ein kleiner, runder Käse aus unpasteurisierter Kuhmilch, der im Burgund hergestellt und in Marc de Bourgogne gebeizt wird. Das Aroma ist kräftig salzig mit leichter Schärfe.

MAROILLES
Die kleinen, quadratischen Käselaibe werden in Flandern hergestellt und viele Male mit Salzlake bestrichen. Sie sollten bis zu 4 Monate lang reifen und eignen sich für eine Käseplatte ebenso gut wie für Käsepasteten und herzhafte Aufläufe.

LANGRES
Ein Landkäse aus unpasteurisierter Kuhmilch, der in der Champagne hergestellt wird. Die typische Delle in der Oberseite wird durch das Wenden der Frischkäse-Laibe verursacht. Er wird hauptsächlich für Käseplatten verwendet, läßt sich aber auch gut schmelzen und zu Dips verarbeiten.

VACHERIN MONT D'OR
Vacherin wird traditionell im Winter von den Käsereien hergestellt, die auch den **Comté** produzieren. Der flache Käse wird in Pinienrinde gehüllt. Sein Aroma erinnert an Pilze.

ST. NECTAIRE
Der halbfeste, vollfette Landkäse wird in der Auvergne aus unpasteurisierter Kuhmilch hergestellt. Typisch ist die harte Rinde, der cremige Teig und das vollmundige Kräuteraroma.

CAMEMBERT DE NORMANDIE
Der traditionelle Camembert wird aus Rohmilch hergestellt, während in der industriellen Fertigung hauptsächlich pasteurisierte Milch verwendet wird. Er hat eine weiche, weiß-pelzige Rinde und ist bei voller Reife im Inneren zart und cremig.

KÄSE AUS FRANKREICH & DER SCHWEIZ

BRIE DE MEAUX
Schon seit 774 n. Chr. stellt man auf der Île de France diesen Landkäse her. Er hat eine weiche, schaumige Rinde und bei voller Reife ein weiches, cremiges Inneres. Duft und Geschmack erinnern an Waldpilze.

CRAYEUX DE RONCQ
Der viereckige Kuhmilch-Käse wird mit örtlichem Bier gebeizt. Sein Geschmack ist scharf und salzig.

MUNSTER
Dies ist ein traditioneller üppiger Käse aus dem Elsaß mit sahnigem, hellem Teig und dünner, orange-gelber Rinde. Typisch ist das scharfe, leicht säuerliche Aroma, das besonders gut mit frischem Roggenbrot und Zwiebeln harmoniert.

FLEUR DU MAQUIS
Ein unpasteurisierter Schafsmilch-Käse von der Insel Korsika. Der aromatische Käse mit dem sahnigen Schmelz wird in Kräutern und frischen milden Chilischoten gewälzt.

POITEVIN
Ein herzförmiger Ziegenkäse mit natürlicher Rinde und von cremiger Konsistenz.

BOULETTE D'AVESNES
Die Rohmasse dieses Frischkäses wird mit Estragon, Petersilie, zerstoßenen Nelken und Paprika aromatisiert. Der Geschmack ist würzig, die Konsistenz krümelig, fest und feucht.

BANON À LA FEUILLE
Der Banon wird in der Provence aus Kuh-, Schafs- oder Ziegenmilch hergestellt. Um die Reifung und Geschmacksbildung zu fördern, wird er traditionell in Kastanienblätter gehüllt, die mit Bast verschnürt werden.

TOMME
Tommes sind traditionelle Bergkäse-Sorten, die im Winter hergestellt werden. Sie können aus Schafs-, Ziegen- oder Kuhmilch bestehen. Typisch sind die dicke Rinde und der halbfeste Teig mit den feinen Löchern.

ST. MARCELLIN
Dieser Käse von der Rhône wird aus unpasteurisierter Kuh- oder Ziegenmilch hergestellt. Die kleinen, runden Laibe haben eine runzlige Rinde und ein sahnig-zartes Inneres. Er ist hauptsächlich für Käseplatten, aber auch zum Kochen gut geeignet.

LIVAROT
Der halbfeste Käse mit der orangefarbenen Rinde wird in der Normandie aus unpasteurisierter Kuhmilch hergestellt und traditionell mit Schilfhalmen oder Papierstreifen umbunden. Die Konsistenz ist gummiartig-elastisch, der Geschmack scharf-würzig.

BONDE EN GATINE
Ein kleiner, zylindrischer Ziegenkäse, der in Holzasche gewälzt wird. Der Teig ist krümelig, das Aroma fruchtig.

CROTTIN DE CHAVIGNOL
Dieser Käse mit dem wenig schmeichelhaften Namen – wörtlich übersetzt »Pferdeapfel« – wird an der Loire aus unpasteurisierter Ziegenmilch hergestellt. Er hat ein krümeliges, weißes Inneres und einen vollmundigen Geschmack. Er schmeckt köstlich vom Grill.

KÄSE AUS FRANKREICH & DER SCHWEIZ

BLEU D'AUVERGNE
Ein traditioneller Kuhmilch-Käse aus kleineren Landmolkereien mit feucht-krümeligem Teig und kräftig-frischem, würzigem Kräutergeschmack. Er paßt gut zu Salaten.

BLEU DE GEX
Ein Blauschimmelkäse aus dem Jura, auch unter dem Namen **Bleu de Haut Jura** bekannt. Traditionell werden die großen Laibe in kleinen Käsereien oder Landkooperativen aus roher Kuhmilch hergestellt. Sein würzig-scharfes Aroma paßt hervorragend in Salate.

ROQUEFORT
Er wird in der Rouerge aus unpasteurisierter Schafsmilch hergestellt. Seit mehr als 2000 Jahren reift diese Sorte in den Kalksteinhöhlen des Cambalou-Plateaus, wo Kulturen des Edelschimmels *penicillium roquefortii* gedeihen. Der edle Käse hat eine feuchte Rinde und einen krümelig-weichen Teig. Das süßliche Aroma mischt sich mit dem scharfen Geschmack des Blauschimmels.

FOURME D'AMBERT
Ein Kuhmilch-Käse aus der Auvergne. Die Rinde ist weich und geschmeidig, der glatte, feuchte Teig ist durchsetzt mit feinem Blauschimmel. Der scharfe Käse eignet sich für Käseplatten, aber auch für Blattsalate und Dressings.

BEAUFORT D'ESTIVE
Ein Käse nach Art des **Gruyère** aus dem Haute Savoie. Man sieht die großen, runden Laibe regelmäßig in den Ski-Orten, wo er gern für Fondues verwendet wird. Er wird aus der Sommermilch von Rindern hergestellt, die auf den Blumenweiden der Berge grasen. Die Rinde ist hart und dunkel, der Teig fest und geschlossen. Er eignet sich gut zum Reiben.

EMMENTALER
Dieser klassische Hartkäse mit den charakteristischen großen Löchern wird seit 1293 in der Schweiz hergestellt. Duft und Geschmack sind mild und nussig. Er eignet sich gut zum Schmelzen und Überbacken.

KÄSE AUS FRANKREICH & DER SCHWEIZ

SALERS oder CANTAL
Der traditionelle Landkäse aus der Auvergne wird aus unpasteurisierter Kuhmilch hergestellt. Mit der dicken, dunklen Rinde und dem festen, würzigen Teig ähnelt er dem englischen Cheddar. Man kann ihn zum Kochen generell an Stelle von Cheddar verwenden.

BREBIS PYRÉNÉES
Ein großer, flach-runder Käse aus Schafsmilch mit einer dunkel-orangefarbenen Rinde und von weicher Konsistenz. Der Geschmack ist süßlich-nussig.

TOMME DE SAVOIE
Tomme de Savoie wird aus unpasteurisierter Kuhmilch hergestellt und hat ein nussiges Aroma. Er eignet sich gut zum Reiben und Grillen.

TETILLA (D.O.*)
Dieser Käse aus Galizien ist eine der wenigen spanischen Käsesorten, die zu 100% aus Kuhmilch – roh oder pasteurisiert – bestehen. Der milde, cremige Käse ist wegen seiner auffälligen Brustform unverwechselbar.

ZAMORA
Eine Mischung mehrerer Milchsorten ergibt diesen würzigen Käse aus der Gegend um Castille Leon. Er eignet sich gut für Käseplatten, aber auch zum Kochen.

MANCHEGO (D.O.*)
Er wird auf La Mancha ausschließlich aus der rohen oder pasteurisierten Milch dort lebender Schafe hergestellt. Der feste Teig ist von feinen Löchern durchzogen. Das leichte, pikante Aroma paßt gut zu knusprigem Brot.

IDIAZÁBAL
Dieser vollfette Käse wird von den Bauern und Schafhirten im Baskenland und Navarra aus unpasteurisierter Schafsmilch hergestellt. Er wird vor der Reifung erhitzt oder gepreßt und hat einen kräfig-rauchigen Geschmack. Er paßt gut zu Früchten und ist köstlich in Gratins.

RONCAL (D.O.*)
Ein fester Schafskäse aus Navarra, der vor der Reifung gepreßt oder erhitzt wird. Der Geschmack ist intensiv und scharf, aber buttrig.

*D.O. = Denominación de Origen (Spanisch), Ursprung und Qualität offiziell kontrolliert.

KÄSE AUS SPANIEN

GARROTXA
Ein heller Landkäse aus der Milch der Ziegen um Murcia und Granada. Er hat eine weiche, cremige Konsistenz und einen leicht scharfen, nussigen Geschmack.

MAHÓN (D.O.*)
Der quadratische Käse aus Kuhmilch stammt von der Insel Menorca. Er wird gepreßt, aber nicht erwärmt. Der Teig ist feucht, das Aroma scharf und milchig, mit einem leicht salzigen und säuerlichen Nachgeschmack.

IBERICO
Eine Mischung aus Kuh-, Schafs- und Ziegenmilch wird für diesen gepreßten Käse mit kurzer Reifungszeit verwendet. Mit seinem milden Aroma eignet er sich sehr gut zum Reiben und für Saucen.

PICOS BLUE
Ein ausgezeichneter halbfester Blauschimmelkäse aus Kuhmilch, der nach einjähriger Reifung in Berghöhlen in Ahornblätter gehüllt wird. Der cremige Käse mit dem vollmundigen Geschmack paßt gut zum Wein, eignet sich aber auch für Saucen.

MAJORERO
Der gepreßte Hartkäse von der kanarischen Insel Fuerteventura wird aus der Milch einer speziellen Ziegenrasse dieser Insel hergestellt. Er wird frisch und auch gereift angeboten. Die Struktur ist fest und buttrig, der Nachgeschmack rauchig.

83

Obst, Gemüse & Pilze

Heimische Beeren kündigen den Sommer an, knackige Äpfel den Herbst und Wurzelgemüse den Winter. Durch die Reifezeiten von Obst und Gemüse bekommen wir ein Gefühl für die Natur mit ihrem Zyklus der Jahreszeiten. Zumindest war es bis vor 30 Jahren so. Heute scheint es, als ob alles zu jeder Jahreszeit verfügbar sei. Schnell und einfach erreichen uns Früchte aus allen Ländern der Erde, von denen unsere Großmütter noch nicht einmal gehört hatten.

Tatsächlich gibt es kaum ein Land, dessen Früchte in modernen Supermärkten fehlen. Tropenfrüchte wie Kiwi und Mango sind uns fast so vertraut wie Äpfel und Birnen. Selbst Saisonfrüchte wie Erdbeeren werden rund ums Jahr aus Australien, Kalifornien oder Spanien eingeflogen.

Trotz der verführerischen Vielfalt ist eine sorgfältige Auswahl sehr wichtig. Bevorzugen Sie Obst und Gemüse, das gerade Saison hat. Nur dann gibt es gute Ware in Fülle und zu vernünftigen Preisen. Ferner ist es sinnvoll, beispielsweise Bananen oder Tomaten in unterschiedlichen Reifegraden zu kaufen – einige werden gleich verzehrt, andere können bei Zimmertemperatur nachreifen. Auch exotische Früchte sollten zunächst bei Zimmertemperatur nachreifen, ehe sie im Kühlschrank aufbewahrt werden. Tomaten, Avocados und Birnen dürfen nicht gekühlt werden, ehe sie voll ausgereift sind: Sie reifen nach der Kühlung nicht mehr nach. Beerenfrüchte werden immer erst direkt vor dem Verzehr gewaschen. Kartoffeln nimmt man aus dem Plastikbeutel und lagert sie an einem kühlen, dunklen Platz – am besten in einem luftigen Korb.

Getrocknete Bohnen, Erbsen und Linsen faßt man unter dem Begriff Hülsenfrüchte zusammen. Sie lassen sich gut lagern und spielen in der gesunden Ernährung eine wichtige Rolle.

MANGOLD
Beta vulgaris
Das Blattgemüse, das an Spinat erinnert, hat dunkelgrün glänzende Blätter und weiße, glatte Stiele, die beim Kauf unversehrt sein sollten. Man kann die Blätter wie Spinat zubereiten, aber auch roh mit anderen Blattsalaten mischen. Die Stiele können in Suppen oder Schmorgerichten mitgegart oder weich gedünstet und als Gratin mit Parmesan überbacken werden.

KRAUSE ENDIVIE
Cichorium endivia
Das leicht bitter schmeckende Gemüse kann gedünstet, gekocht oder roh zu Salat verarbeitet werden. Beim Kauf auf helle Herzen und knackige Blätter achten. Für Salat eignen sich vor allem die zarten, hellgrünen Blätter.

MISCHSALAT
Eine Mischung verschiedener zarter Blattgemüse, z. B. aus verschiedenen Salatsorten, Spinat, Feldsalat, Rauke, krauser und glatter Endivie, Kresse, Erbsensprossen, Radicchio und eßbaren Blüten.

SPINAT
Spinacia oleracea
Enthält viel Eisen, wenn auch nicht so viel, wie man früher annahm. Gründlich in kaltem Wasser waschen, dann in ganz wenig Wasser dünsten und für Suppen, Nudelsaucen, Currys und Schmorgerichte verwenden. Spinat kann auch roh als Salat zubereitet werden.

FELDSALAT
Valerianella locusta
Auch als **Rapunzel** bekannt. Ein sehr guter Wintersalat mit nussigem Aroma.

SENFSPROSSEN
Brassica alba
Die knackigen Sprossen mit dem pfeffrigen Geschmack werden aus gelben Senfkörnern gezogen. Man kann sie für Sandwiches gut mit Kresse kombinieren.

JUNGER SPINAT

BLATTGEMÜSE

ROTER MANGOLD
Beta vulgaris spp.
Er wird wie der weißstielige Mangold zubereitet. Beim Kochen verblaßt die intensive Farbe der Stiele.

ROSETTEN-PAK-SOI
Brassica chinensis var. *rosularis*
Das niedrige Gemüse mit den dunkelgrünen Blättern ähnelt im Geschmack seinem Verwandten, dem langstieligen Pak Soi. Auch der Gehalt an Vitamin A und C ist ähnlich. Die Blätter sind jedoch härter und brauchen eine längere Garzeit. Sie sind gut für Suppen und Pfannengerichte geeignet.

RAUKE oder RUCOLA
Eruca sativa
Die Blätter dieses Gemüses erinnern an Löwenzahn, der Geschmack ist pfeffrig. Es eignet sich für Nudelgerichte, Risotto, Pesto, Salsa, Suppen und Schmorgerichte, kann aber auch allein oder mit anderen Blattgemüsen als Salat verwendet werden.

GARTENKRESSE

BRUNNENKRESSE
Nasturtium officinale
Die kleinen Blätter mit dem pfeffrigen Geschmack geben Sandwiches, Salaten, kalten Saucen, Pesto und Suppen Aroma. Beim Kauf auf frische Ware mit gesunden grünen Blättern achten. Die Stiele werden nicht verwertet. Brunnenkresse ist reich an Eisen, Vitaminen und Spurenelementen.

ZICHORIE
Cichorium intybus
Die Blätter werden von den harten Stielen abgestreift und als Salatzutat verwendet oder als Gemüsebeilage gedünstet. Für Salat sollte man die Blätter kurz blanchieren. Als Gemüsebeilage läßt man sie in sehr wenig Wasser zusammenfallen.

SALAT
Lactuca sativa

Ursprünglich als Unkraut angesehen, wird Salat heute wegen seiner eßbaren Blätter in vielen Varianten gezüchtet. Man kann ihn roh für grüne und gemischte Salate verwenden, aber auch dünsten, füllen und pürieren.

RADICCHIO
Cichorium intybus

Aus Italien stammt diese Chicoréesorte, die in dunkelrot, rosa und fast weiß angeboten wird. Der Geschmack ist pfeffrig und angenehm bitter. Radicchio wird meist als Salat verwendet, eignet sich aber auch für Nudelsaucen und Risotto. Man kann die Köpfe auch vierteln und als Beilage zu Fleischgerichten grillen.

GRÜNER EICHBLATTSALAT

RADICCHIO

ROTER EICHBLATTSALAT

KOPFSALAT

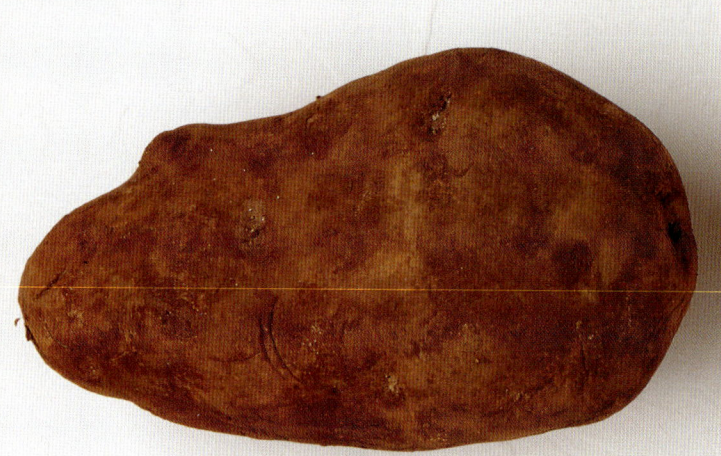

DELAWARE
Glatte Schale und weißes Fleisch. Sie ist zum Grillen, Backen, Fritieren sowie für Gratins geeignet, nicht aber für Püree.

DESIRÉE
Rosa Schale, goldgelbes Fleisch. Sie eignet sich zum Kochen, Braten, Backen und Stampfen sowie für Salate, aber nicht zum Fritieren.

PINK FIR APPLE
Rosa-beigefarbene Schale, hellgelbes Fleisch. Die exzellente Salatkartoffel eignet sich auch zum Kochen und Backen.

SPUNTA
Braune Schale, goldgelbes Fleisch. Sie eignet sich zum Braten, Fritieren, Backen und Stampfen sowie für Gratins, beim Kochen aber zerfällt sie leicht.

FRÜHKARTOFFEL
Auch als Neue Kartoffel bekannt. Sie hat eine hauchdünne Haut und süßliches Fleisch und eignet sich zum Kochen und Braten.

PATRONE
Cremefarbene Schale, gelbes, wachsartiges Fleisch. Sie eignet sich zum Kochen, Sautieren und Backen sowie für Salate, aber nicht für Pürees.

NICOLA
Cremefarbene Schale, gelbes, wachsartiges Fleisch. Sie eignet sich gut zum Kochen oder als Salatkartoffel.

SEBAGO
Cremefarbene Schale, weißes Fleisch. Die ausgezeichnete Püreekartoffel eignet sich auch zum Kochen, Backen und Braten.

KARTOFFEL
Solanum tuberosum
Man unterscheidet grundsätzlich Frühkartoffeln und Haupternte, die sich auch zum Einlagern eignet.

KARTOFFELN

BINTJE
Helle Schale, gelbes, wachsartiges Fleisch. Sie eignet sich zum Kochen, Braten, Fritieren und Stampfen sowie für Salate und Gratins.

PINK EYE
Cremefarbene Schale mit rosa-violetten Augen und hellem, wachsartigem Fleisch. Zum Kochen, Fritieren und für Salate ist sie geeignet, nicht aber für Püree.

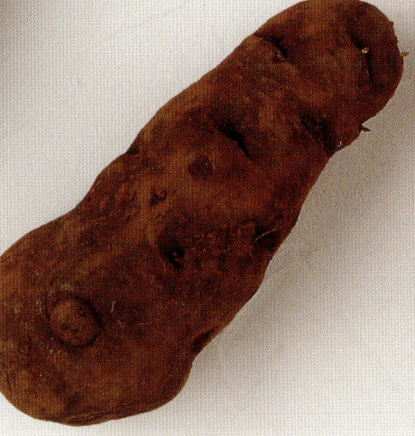

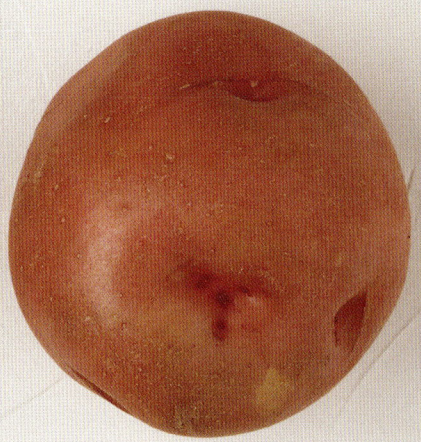

RUSSET BURBANK
Auch **Idaho** genannt. Sie hat eine braune Schale, hellgelbes Fleisch und ist zum Fritieren und Braten geeignet.

PURPLE CONGO
Dunkelviolette Schale mit violettem, mehligem Fleisch, das auch nach dem Garen seine Farbe behält. Sie eignet sich zum Kochen oder Fritieren.

PONTIAC
Rote Schale und weißes, wachsartiges Fleisch. Für die meisten Zubereitungsarten ist sie gut geeignet, besonders für Salate und Gratins.

KING EDWARD
Cremefarbene Schale mit rosa Flecken, weißes Fleisch. Sie empfiehlt sich zum Pürieren, Fritieren, Braten und Kochen.

COLIBAN
Helle, glatte Schale und mehliges Fleisch. Sie eignet sich gut zum Backen, Stampfen und Dämpfen, zerfällt aber leicht beim Kochen.

KIPFLER
Goldbraune Schale und gelbliches, wachsartiges Fleisch. Sie ist eine Salatkartoffel, die auch gekocht, sautiert oder gebacken werden kann.

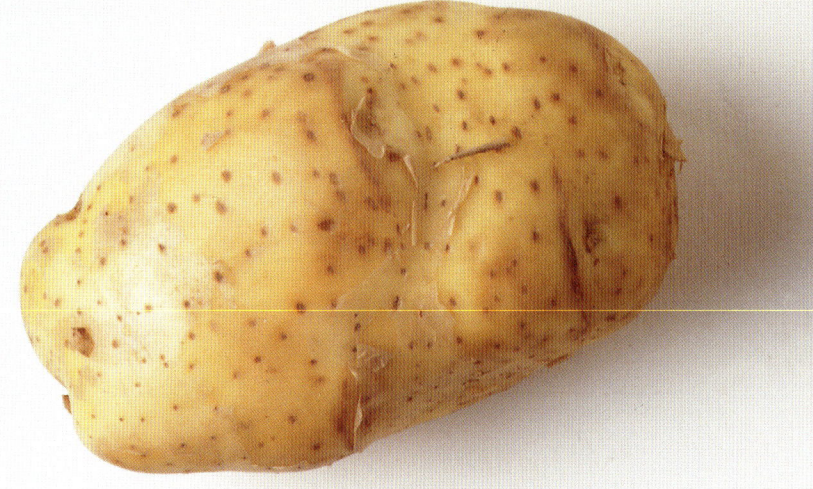

ESTIMA
Eine festkochende Kartoffel, vor allem für Salate. Sie hält beim Kochen gut die Form und eignet sich darum auch für Schmorgerichte.

NADINE
Eine frühe, festkochende Kartoffel, vor allem für Salate geeignet.

JERSEY ROYAL
Eine der besten Frühkartoffelsorten. Die dünne Schale läßt sich mit den Fingern abreiben. Das feste Fleisch ist goldgelb und aromatisch. Sie kann hervorragend gekocht werden.

FRANCINE SALAD
Eine klassische englische Frühkartoffel, die gekocht und mit Butter und Schnittlauch serviert wird.

PENTLAND JAVELIN
Eine wachsartige Kartoffel mit festem Fleisch. Sie eignet sich gut für Salate.

PICASSO
Man erkennt die Sorte an den roten Augen auf der Haut. Die Konsistenz erinnert an die Sorte Ambo. Sie ist zum Braten und Kochen geeignet.

TRÜFFELKARTOFFEL
Diese Sorte ist unverwechselbar durch ihre schwarze Schale und das rosa-weiße Fleisch. Man kocht sie ungeschält, damit das Fleisch seine Farbe und seinen süßlichen Geschmack nicht verliert. Nach dem Garen pellen und mit Butter oder Mayonnaise servieren.

MARFONA
Eine festkochende Sorte für Salate.

KARTOFFELN

LA RATTE
Eine kleine, längliche Frühkartoffel mit festem Fleisch und ausgezeichnetem, nussigem Geschmack. Sie ist zum Kochen und für Salate geeignet.

ROMANO
Eine rotschalige, festkochende Kartoffel, die sich auch lagern läßt. Sie eignet sich zum Braten und für Pommes Frites.

MARIS BARD
Eine Frühkartoffelsorte mit ungewöhnlich großen Knollen. Sie empfiehlt sich zum Kochen und Sautieren.

AMBO
Eine Frühkartoffel mit roten Augen und Tendenz zur Mehligkeit. Sie wird vor allem gekocht und gebraten.

ROSEVAL
Eine rotschalige Sorte, vor allem zum Braten geeignet.

SALAD BLUE
Das Fleisch dieser Kartoffel hat attraktive blaue Tupfen, die im Salat gut aussehen.

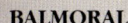

CHARLOTTE
Die kleinen Knollen werden hauptsächlich in Frankreich geerntet. Die harte Haut muß abgeschält werden, sie läßt sich nicht mit den Fingern abreiben. Sie eignet sich zum Sautieren, als Bratkartoffel ist sie jedoch zu klein.

BALMORAL
Diese alte Sorte ist mit ihrem hohen Stärkegehalt eine Allround-Kartoffel.

93

ROTE SÜSSKARTOFFEL
Ipomoea batatas
Man bereitet die Süßkartoffel, die oft mit der Yamswurzel verwechselt wird, wie Kartoffeln vor und zu. Nicht im Kühlschrank, sondern an einem kühlen, dunklen, gut belüfteten Platz lagern. Sie eignet sich für Suppen und Aufläufe. In Amerika reicht man kandierte Süßkartoffeln zum traditionellen Erntedank-Essen.

TARO
Colocusia esculenta
Große, stärkehaltige eßbare Knollen mit festem, trockenem Fleisch, das im Geschmack an Süßkartoffeln erinnert, roh jedoch bitter ist. Beim Abschälen der dicken, rauhen Schale zum Schutz der Hände Gummihandschuhe tragen. Taro wird meist wie Kartoffeln zubereitet, kann aber auch für Süßspeisen verwendet werden.

YAMSWURZEL
Oxalis crenata
Diese tropische Wurzel kann bis zu 15 cm lang werden. Nicht im Kühlschrank, sondern an einem kühlen, dunklen, gut belüfteten Ort aufbewahren. Yamswurzeln kann man wie Kartoffeln pürieren, kochen, backen oder fritieren.

KNOLLEN- & WURZELGEMÜSE

WEISSE SÜSSKARTOFFEL
Ipomoea batatas
Süßkartoffeln gibt es in vielen Sorten. Die weiße Variante hat eine cremefarbene Haut und helles Fleisch. Man bereitet sie wie Kartoffeln oder Kürbis als Gemüsebeilage oder als Zutat für Suppen und Aufläufe zu. Auch für Plätzchen, Kuchen und anderes Gebäck kann man sie verwenden.

TOPINAMBUR
Helianthus tuberosus
Topinambur ist ein entfernter Verwandter der Sonnenblume. Die stärkehaltigen Knollen werden wie Kartoffeln zubereitet. Man kann sie für Suppen, Schmorgerichte und Gratins verwenden, aber auch in hauchfeine Scheiben schneiden und Salaten beigeben. Wählen Sie Knollen mit möglichst wenig Seitentrieben, die sich leichter schälen lassen.

WEISSE RÜBE

RÜBE
Brassica rapa
Kohlrüben und Steckrüben sind eng verwandt, und sie werden oft verwechselt. Beide sind sehr vielseitig: Man kann sie im Ganzen und in Stücken kochen, pürieren oder auf dem Rost neben einem Braten garen, aber auch fein geraspelt zu Salat verarbeiten. Selbst die Blätter sind eßbar: Sie werden wie Spinat zubereitet.

ROTE BETE
Beta vulgaris
Früher baute man Rote Bete nur wegen ihrer Blätter an, heutzutage jedoch sind vor allem die Wurzeln mit ihrem hohen Zuckergehalt beliebt. Man verwendet sie als Gemüse und Salatzutat und natürlich für den berühmten **Borschtsch**. Rote Bete wird erst nach dem Kochen geschält, damit die Farbe nicht ausblutet.

KOHLRÜBE

KABA oder JAPANISCHE WEISSE RÜBE

PASTINAKE
Pastinaca sativa
Die länglichen, weißen Wurzeln der Pastinaken sind wegen ihres hohen Stärkegehalts vor allem als Wintergemüse wertvoll. Beim Kauf kleine und mittelgroße Wurzeln wählen, weil große Pastinaken leicht holzig werden. Sie eignen sich für Suppen und als Püree, aber auch in Schmorgerichten. Gehobelt oder geraspelt sind sie auch für Wintersalate zu empfehlen.

WURZELGEMÜSE

MOHRRÜBE
Daucus carota
Wählen Sie leuchtend orangefarbene Exemplare, vermeiden Sie fleckige, brüchige oder biegsame Möhren. Im Frühling lohnt es sich, nach Bundmöhren mit Grün Ausschau zu halten, die man im Gegensatz zu älteren Mohrrüben weder schälen noch schaben muß. Man kann sie gekocht oder roh als Salat servieren.

SCHWARZWURZEL
Scorzonera hispanica
Die Schwarzwurzel hat eine dunkle, erdige Schale und ein helles, glattes Fleisch mit zartem Spargelaroma. In Geschmack und Zubereitung ähnelt sie der **Haferwurzel** *(Tragopogon porrifolius)*, die jedoch eine helle Schale hat. Bei beiden Gemüsen wird die Schale erst nach dem Kochen entfernt. Man kann die geschälten Wurzeln auch sautieren.

KNOLLENSELLERIE
Apium graveolens var. *rapaceum*
Die Knollen mit der bräunlichen, warzigen Haut haben ein helles, meist festes Fleisch mit mildem Selleriegeschmack. Große Knollen sind innen manchmal hohl oder faserig. Man kann sie roh geraspelt mit Remoulade zu Rohkost verarbeiten, aber auch für Suppen, Schmorgerichte und Gratins verwenden.

STECKRÜBE
Brassica napus
Steckrüben sind vor allem in Schottland beliebt, wo man sie mit Kartoffeln zusammen gestampft als Beilage zum Nationalgericht **Haggis** reicht, einem kräftigen Fleischpudding. Wie die meisten Wurzelgemüse gehören sie in die Winterküche, z. B. in Suppen, Schmorgerichte und Pürees.

WURZELGEMÜSE

RADIESCHEN
Raphanus sativus
Das Radieschen ist, wie auch der Rettich, ein eßbares Wurzelgemüse aus der Familie der Kohlgewächse *(Brassicacaea)*. Form und Farbe können variieren, das Fleisch ist jedoch immer knackig, saftig und weiß. Auch die Schärfe kann unterschiedlich sein, daher vor dem Zugeben zu Salaten immer probieren. Wählen Sie glänzende, glatte Radieschen mit frischen Blättern. Auch die Blätter können in Salate gegeben werden. Radieschen sind gut für Sandwiches und Rohkostplatten sowie gedünstet als Gemüsebeilage.

WEISSES RADIESCHEN

ROTES RADIESCHEN

DAIKON-RETTICH
Raphanus sativus
Der weiße Rettich mit seinem frischen, süßlichen Geschmack ist in der japanischen und chinesischen Küche sehr beliebt: roh in Salaten, als Beilage zu Sashimi, gekocht in Suppen und Schmorgerichten. Achten Sie auf weiße Rettiche mit unverletzter Haut. Sehr große Rettiche werden leicht faserig.

SPROSSENGEMÜSE

SPARGEL
Asparagus officinalis
Sprossen einer in Eurasien heimischen Pflanze mit fiedrigen Blättern. Wählen Sie feste, knackige grüne oder weiße Stangen von gleichmäßiger Dicke mit geschlossenen Köpfen. Bei jungem Spargel muß man oft nur das untere, holzige Ende abschneiden, ältere Stangen werden geschält. Damit Farbe und Konsistenz erhalten bleiben, sollte man sie nur kurz kochen.

KUGELARTISCHOCKEN
Cynara cardunculus
Die Kugelartischocke ist die geschlossene Blütenknospe einer distelartigen Pflanze aus der Familie der Asterngewächse. Wählen Sie Artischocken mit glänzenden grünen, rötlichen oder bronzefarbenen Blättern, die sich für ihre Größe schwer anfühlen. Man kocht sie im Ganzen und ißt die fleischigen Unterteile der Blätter sowie den Blütenboden. Eventuell halbieren oder vierteln, dann in Wasser garen.

FENCHEL
Foeniculum vulgare var. *azoricum*
Fenchel hat ein ausgeprägtes Anisaroma. Die Knollen werden roh für Salate verwendet oder gekocht. Das Grün dient als Würzkraut, die Samen als Gewürz oder Tee. In Italien wird roher Fenchel gern als Abschluß eines Menüs serviert, um die Geschmacksnerven zu neutralisieren.

STANGENSELLERIE
Apium graveolens var. *dulce*
Stangensellerie wird zunehmend beliebter. Neben dem klassischen hellen **Bleichsellerie** findet man auch eine dunklere Sorte mit herberem Aroma. Beide werden als Zutat zu Bouillon verwendet, speziell zu Wild und Fisch, aber auch roh in Salaten.

CHICORÉE
Cichorium intybus
Die gebleichten Herzen des Chicorée haben ein zart-bitteres Aroma. In Schinken gerollt und mit Béchamelsauce übergossen, ergeben sie ein köstliches Wintergericht. Man kann sie auch roh als Salat zubereiten.

ZUCCHINO oder COURGHETTE
Cucurbita pepo
Zucchini
Zucchini gibt es in vielen Varianten von Grün über Silbrig-grau und Gelb bis fast Schwarz. Das milde Aroma braucht die Unterstützung von Knoblauch, Tomaten und Kräutern.

GURKE
Cucumis sativus
Obwohl man mit Gurken meist Salat und Rohkost assoziiert, schmecken sie auch als gedünstete Gemüsebeilage sehr gut, besonders zu Fisch und Meeresfrüchten. Wählen Sie glänzende, leuchtend grüne Exemplare. Dill ist der beste Begleiter der Gurke.

LIBANESISCHE GURKE

GEMÜSEGURKE

SALATGURKE

SOMMER- & WINTERKÜRBISSE

PATISSON-KÜRBIS
Cucurbita pepo
Die kleinen Kürbisse, wegen ihrer originellen Form auch **Ufo-Kürbis** oder **Squash** genannt, gibt es in vielen Grünschattierungen, aber auch in Gelb und Weiß. Am besten schmecken ganz junge Früchte, im Ganzen gekocht oder gebacken.

EICHELKÜRBIS
Cucurbita pepo
Ein amerikanischer Herbstkürbis mit dicker, grüner Schale und gelbem, süßem Fleisch. Man kann ihn halbieren, füllen und backen, aber auch kochen oder dämpfen. Die harte Schale läßt sich leichter nach dem Garen entfernen.

GELBER PATISSON

GRÜNER PATISSON

BITTERGURKE
Momordica charantia
Das runzlige, gurkenähnliche Gemüse wird unreif geerntet. Bittergurken werden vor allem in der südostasiatischen Küche für Pfannengerichte und Salate verwendet, in Indien bereitet man mit ihnen ein würziges Chutney zu. Die Bittergurke ist sehr bitter und kann daher nicht roh gegessen werden.

GEMÜSEKÜRBIS
Cucurbita pepo

HERBSTKÜRBIS

SOMMER- & WINTERKÜRBISSE

RIESENKÜRBIS

SPAGHETTIKÜRBIS

WINTERKÜRBIS
Cucurbita maxima
Der große Winterkürbis, auch Gartenkürbis genannt, hat im Gegensatz zu seinen im Sommer reifenden Verwandten eine dicke, ungenießbare Schale. Der ganze Kürbis läßt sich gut lagern, nach dem Anschneiden muß er aber schnell verbraucht werden: in Suppen, Schmorgerichten und Aufläufen, als Gemüsebeilage gebacken, gedünstet oder püriert. Man kann ihn auch süß-sauer einlegen.

ROTE ZWIEBEL
Schärfer als rote Gemüsezwiebeln, aber auch länger lagerfähig. Man kann sie roh und gegart essen.

KNOBLAUCH
Allium sativum
Wie die Zwiebeln, Frühlingszwiebeln, Porree, Schnittlauch und Schalotten gehört auch der Knoblauch zu den Liliengewächsen. Wegen seines kräftigen, scharfen Geschmacks und Geruchs wird Knoblauch entweder geliebt oder gehaßt. Zum Schälen legt man eine Zehe auf ein Schneidebrett und drückt kräftig mit der flachen Hand oder einer breiten Messerklinge darauf.

GEMÜSEZWIEBEL
Die großen, kupferbraunen Zwiebeln mit dem mild-süßlichen Geschmack sind ideal für Salate. Man kann sie auch braten oder backen.

FRÜHLINGSZWIEBEL
Dies sind unreife Zwiebeln, die noch keine Knolle gebildet haben. Sie sind besonders mild und eignen sich gut für Antipasti und Käseplatten, Suppen, Salate und Pfannengerichte.

FRÜHLAUCH

ZWIEBELGEWÄCHSE

ZWIEBEL
Allium cepa

Zwiebeln sind in der alltäglichen Küche unverzichtbar. Man unterscheidet frische (grüne) Zwiebeln und getrocknete Zwiebeln. Getrocknete Zwiebeln läßt man in der Erde völlig ausreifen. Sie haben eine feste Schale und lassen sich gut lagern. Frische Zwiebeln werden unreif geerntet. Es gibt zahllose Sorten und unendlich viele Verwendungsarten.

SILBERZWIEBEL
Alle Sorten frühreif geernteter Lagerzwiebeln können verwendet werden.

ROTE GEMÜSEZWIEBEL
Sie hat ein mildes, süßliches Aroma und eignet sich daher besonders zum Rohverzehr, etwa in Salaten und Antipasti.

SCHALOTTE
Allium ascalonicum

Kleine Knollen mit einem süßlicheren, weniger scharfen Aroma als andere Zwiebelsorten. Es gibt Varianten in verschiedenen Farben, darunter Rosé, Grau und Braun. Schalotten werden vorwiegend im Frühling und Sommer angeboten. In der französischen Küche spielen sie eine wichtige Rolle.

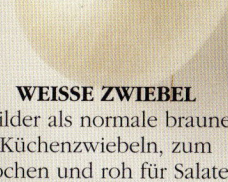

WEISSE ZWIEBEL
Milder als normale braune Küchenzwiebeln, zum Kochen und roh für Salate, aber ebenso universell. Sie ist sehr lagerfähig.

PORREE oder LAUCH
Allium porrum

Porree gehört ebenfalls zur Zwiebelfamilie, ist aber wesentlich milder. Das Wintergemüse paßt gut zu Suppen und Eintöpfen, Nudelsaucen und Risotto. Er kann als Ersatz für Zwiebeln verwendet werden, wenn ein zartes Zwiebelaroma erwünscht ist. Sehr gründlich waschen, um den Sand zwischen den Blättern zu entfernen.

LAUCHZWIEBEL
Junge Lauchzwiebeln eignen sich gut zum Einlegen. Man kann sie, ähnlich wie Frühlingszwiebeln, auch sehr gut roh verwenden.

RETTICH-SPROSSEN

MUNGOBOHNEN-SPROSSEN

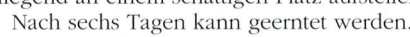

ERBSE
Pisum sativum spp.
Wir essen normalerweise die in den Schoten enthaltenen Samen. Wählen Sie gleichmäßig große, leuchtend grüne Schoten und probieren Sie die Süße der Erbsen. Frühreif geerntete Erbsen gelten als besondere Delikatesse. In wenig Wasser 4-8 Minuten kochen.

SPROSSEN
Phaseolus aureus
Kaufen Sie Sprossen, die knackig frisch aussehen und keine braunen Spitzen haben. Rasch verwerten, nur kurz kochen. Wer selbst Sprossen ziehen will, gibt eine Handvoll getrockneter Samen (vorzugsweise Mungobohnen) in ein großes Glas und befestigt mit einem Gummiband Musselin über der Öffnung. Die Samen mehrmals täglich mit warmem Wasser spülen. Das Glas auf der Seite liegend an einem schattigen Platz aufstellen.
Nach sechs Tagen kann geerntet werden.

ALFALFA-SPROSSEN

ZUCKERSCHOTE
Sehr junge Erbsen mit ausreifenden Samen. Die Schote ist eßbar, man kann sie kochen, dünsten oder für schnelle Pfannengerichte verwenden.

SOJABOHNENSPROSSEN

MANGETOUT-ERBSE
Die eßbaren Schoten umhüllen die unreifen Samen. Man ißt sie im Ganzen, gedämpft, kurz gekocht oder in Pfannengerichten. Auch roh in Salaten schmecken sie gut.

ZUCKERMAIS oder GEMÜSEMAIS
Zea mays
Mais ist eine Getreideart, deren Körner von Hüllblättern umschlossen sind. Kaufen Sie immer Kolben mit unversehrten Hüllblättern, weil sich der Zucker in den Körnern in Stärke zu verwandeln beginnt, sobald die Blätter entfernt werden. 6-8 Minuten in Salzwasser kochen oder in den Hüllblättern grillen.

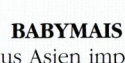

BABYMAIS
Wird meist aus Asien importiert und ist ausgesprochen mild. Wegen der Farbe und des knackigen Bisses ist er eine gute Zutat zu Pfannengerichten.

SCHOTENGEMÜSE & MAIS

OKRA
Hibiscus esculentus
Das Gemüse, das auch **Ladyfinger** oder **Gumbo** genannt wird, gehört zu den Hibiscusgewächsen und ist vor allem in der kreolischen Küche beliebt. Okra sondert einen natürlichen Verdickungsstoff ab. Durch halbstündiges Einweichen in einer Mischung aus Essig und Wasser läßt sich dieser neutralisieren.

BUSCHBOHNE

FADENLOSE GRÜNE BOHNE

GRÜNE BOHNE
Phaseolus vulgaris
Grüne Bohnen gibt es in vielen Varianten, von Blaßgrün oder Gelb bis Dunkelgrün. Man kocht und ißt die ganzen Schoten. Heute sind die meisten Sorten fadenlos, man muß nur »Kopf«- und »Schwanz«-Ende entfernen. Beim Einkauf schlaffe, farblose Bohnen meiden.

DRACHENBOHNE
Psophocarpus tetragonolobus
Das exotische Gemüse, das in tropischen Gebieten überreichlich wächst, ist mit den hiesigen Bohnen nicht verwandt. Die unreifen Samen und die jungen Schoten schmecken wie Gartenerbsen. Nährwert und Nährstoffzusammensetzung sind ähnlich wie bei Sojabohnen. Das Gemüse ist in der asiatischen Küche sehr beliebt.

WACHSBOHNE

STANGENBOHNE

SCHLANGENBOHNE
Vigna unguiculata
Auch als **Chinesische Bohne** bekannt. Die ungewöhnlich langen, schmalen, dunkelgrünen Schoten werden wie Grüne Bohnen zubereitet. Zum Servieren einen Knoten hineinschlingen.

DICKE BOHNE
Vicia faba
Dicke Bohnen sind seit prähistorischer Zeit rings um das Mittelmeer ein Grundnahrungsmittel der armen Bevölkerung. Die griechischen und römischen Aristokraten lehnten sie ab, weil sie angeblich zu Geistesgestörtheit führten. Die Schote selbst mit der weichen, pelzigen Innenschicht kann nur ganz jung gegessen werden. Normalerweise muß man die Kerne aus den Schoten lösen und, wenn sie älter sind, auch einzeln schälen.

SPITZKOHL

ROTKOHL

KOHLGEMÜSE

KOPFKOHL
Brassica oleracea var. *capitata*
Der Kopfkohl ist verwandt mit Brokkoli, Blumenkohl, Kohlrabi und Rosenkohl. Wählen Sie feste Köpfe, die sich für ihre Größe schwer anfühlen, mit knackigen, glänzenden Blättern. Roh zu Salaten verarbeiten oder nur wenige Minuten im geschlossenen Topf kochen und sorgfältig abgießen.

CHINAKOHL

FRÜHER WEISSKOHL

WIRSINGKOHL
Wirsingkohl mit den markant strukturierten, dunkelgrünen Blättern ist im Sommer erhältlich. Er läßt sich nicht gut lagern. Man kann ihn dünsten, füllen oder für Pfannengerichte verwenden.

WEISSKOHL
Die festen Köpfe mit den knackigen Blättern kann man gut zu Salaten und auch zu Sauerkraut verarbeiten. Weißkohl läßt sich lange lagern.

GRÜNKOHL
Brassica oleracea var. *acephala*
An langen, harten Stielen sitzen fein gekräuselte Blätter. Neben dem dunkelgrünen Kohl gibt es auch Sorten mit silbrig-blauen und violetten Blättern. Am besten in Brühe kochen.

BLUMENKOHL
Brassica oleracea var. *botrytis*

Er ist mit dem Brokkoli verwandt und schmeckt im Winter am besten. Beim Einkauf auf weiße, fest geschlossene Köpfe achten und solche mit Bruchstellen oder geöffneten Röschen meiden. Solo als Gemüsebeilage servieren, in Suppen oder Eintöpfen verwenden oder roh für Salate und Rohkost. Miniatur-Köpfe mit Käsesauce sind eine schöne Vorspeise.

BROKKOLI
Brassica oleracea var. *italica*

Brokkoli gilt als eines der gesündesten Gemüse schlechthin. Achten Sie auf leuchtend grüne, geschlossene Köpfe ohne gelbe Verfärbungen. Die Stiele können – geschält und in Stücke geschnitten – mit den Röschen gegart werden.

KOHLGEMÜSE

KOHLRABI
Brassica oleracea var. *gonglyoides*
Wird oft für ein Wurzelgemüse gehalten, doch ist die Knolle tatsächlich eine Schwellung des Stiels. Zum Kochen die Blätter abschneiden und den Kohlrabi ungeschält im Ganzen garen. Man kann ihn auch schälen und für Suppen und Eintöpfe verwenden. Roh und gekocht ist er auch in Salaten köstlich.

ROSENKOHL
Brassica oleracea
var. *gemmifera*
Bei diesem Wintergemüse bilden sich die winzigen Kohlköpfe an den Stielen in den Blattachseln. Am besten schmecken kleine, fest geschlossene Röschen, die nur kurz gegart werden. Er eignet sich gut für Suppen und Eintöpfe. Man kann die Röschen auch raspeln und als Rohkost genießen.

BLÄTTERKOHL
Brassica campestris
Dieses Gemüse mit seinem relativ milden Geschmack kann man gut für Pfannengerichte und Nudelsaucen verwenden. Ganze junge Blätter eignen sich als Salatzutat, größere Blätter müssen zerkleinert werden.

CHRYSANTHEMENBLÄTTER
Es gibt verschiedene eßbare Sorten, darunter **Shungiku** (Japan) und **Tung Hao** (China). Zarte Blätter kann man in Salate geben, festere müssen vor dem Gebrauch blanchiert werden. Rasch verbrauchen, die Blätter bilden schnell Bitterstoffe aus.

JAPANISCHE CHRYSANTHEMEN-BLÄTTER

CHINESISCHE CHRYSANTHEMEN-BLÄTTER

MIZUNA
Ein japanisches Gemüse mit knackig grünen Blättern und weißen Stielen. Der Geschmack erinnert an Senf. Junge Blätter als Salatzutat verwenden, größere für Pfannengerichte.

KOHLGEMÜSE

GAI LARN oder CHINABROKKOLI
Brassica alboglabra

Von dieser Kohlsorte ißt man nur die Stiele. Die großen, harten Blätter werden entfernt, die Stiele in 5 cm lange Stücke geschnitten und kurz al dente gegart. Dazu paßt chinesische Austernsauce.

PAK SOI
Gelegentlich auch als **Pak Choi** bezeichnet. Das chinesische Gemüse mit den weißen Stielen hat ein mildes Kohlaroma. Blätter und Stiele werden gern für Suppen und Pfannengerichte verwendet, man kann es auch solo als Gemüsebeilage zubereiten oder roh für Salate verwenden.

CHOY SUM
Brassica campestris

Dieses beliebte chinesische Gemüse wird oft mit kleinen gelben Blüten angeboten. Die Blütenstiele sind zart, sie werden zusammen mit den Blüten zubereitet. Das Gemüse wird für sich oder mit anderen gemischt gekocht, gedämpft oder für Pfannengerichte verwendet.

JUNGER CHOY SUM

PAPRIKA
Capsicum annuum

Paprika ist roh und gegart köstlich. Rohe Paprika enthalten sehr viel Vitamin C, schon 20 g decken den Tagesbedarf eines Erwachsenen. Es gibt rote, gelbe, orangefarbene, braune, violette und grüne Sorten. Wählen Sie glänzende Früchte, die sich für ihre Größe schwer anfühlen, und meiden Sie solche mit Runzeln, Rissen oder weichen Stellen. Paprika reift nach dem Pflücken nach. Die ausgereiften roten Sorten sind milder als die noch unreifen grünen. Paprikapulver wird aus getrockneten, gemahlenen Paprikaschoten hergestellt.

ROTE GEMÜSEPAPRIKA
Sie sind fleischig und mild. Man kann sie in Salaten, würzigen Saucen, Schmorgerichten, Nudel- und Reisgerichten verwenden. Zum Häuten bei großer Hitze in den Backofen legen, bis die Haut Blasen wirft. Dann 20 Minuten bei milder Hitze weitergrillen.

ORANGEFARBENE GEMÜSEPAPRIKA
Sie sind fleischig, mild und haben ein süßliches Aroma. Sie eignen sich gut für Salate, würzige Saucen, Schmorgerichte, Nudel- und Reisgerichte. Zum Häuten bei großer Hitze in den Backofen legen, bis die Haut Blasen wirft. Dann 20 Minuten bei milder Hitze weitergrillen.

GELBE SPITZPAPRIKA
Weniger fleischig als Gemüsepaprika mit süßlich-mittelscharfem Aroma und wachsartigem Biß. Sie eignen sich für würzige Saucen, aber auch für Salate, Salsa, Schmorgerichte, Nudel- und Reisgerichte oder zum Füllen.

KENIA-CHILI
Sie ist mit der Cayenne- und der Tabasco-Chili verwandt, die Farbe variiert von Dunkelrot über Orange und Gelb bis Cremeweiß. Das Fleisch ist dünn, der feurigsüßliche Geschmack kann unterschiedlich scharf sein.

POBLANO-CHILI
Die dickfleischige, mittelscharfe Chili gehört zu den beliebtesten Sorten Mexikos, wo sie zur Intensivierung des Aromas oft geröstet wird. Man kann sie füllen *(chiles rellenos)*, in Saucen und Schmorgerichten mitkochen oder für Suppen und Eintöpfe verwenden.

THAI-CHILI
Es gibt Varianten in verschiedenen Grün- und Rottönen. Die Sorte ist fleischig, mittelscharf, hat eine dünne Haut und zahlreiche Samen. In der südostasiatischen Küche wird sie zum Schärfen von Speisen verwendet, aber auch – in Scheiben geschnitten – als Garnierung für Nudelgerichte und Salate. Man kann eine Thai-Chili durch drei Serrano-Chillies ersetzen.

SERRANO-CHILI
Die Farbe variiert von leuchtend Grün bis Feuerrot, der Geschmack ist beißend scharf. Rote Früchte sind etwas süßlicher als grüne, man verwendet sie meist als Garnierung. Sie eignen sich für Salsas, zum Einlegen *(en escabeche)* und geröstet als Zutat für Saucen.

FRUCHTGEMÜSE

ROTE SPITZPAPRIKA
Eine dickfleischige, süßlich-milde Sorte, die im Geschmack der roten Gemüsepaprika ähnelt. Für Salate und Salsas, Schmorgerichte, Nudel- und Reisgerichte ist sie sehr zu empfehlen.

GELBE GEMÜSEPAPRIKA
Dickfleischig mit sehr süßem, fruchtigem und mildem Geschmack. Sie eignet sich für Salate, Schmorgerichte, Salsas, Nudel- und Reisgerichte, kann aber auch gegrillt oder gebraten werden.

GRÜNE GEMÜSEPAPRIKA
Dickfleischig mit bittersüßem, mildem Geschmack. Sie hat weniger Süße als rote und gelbe Gemüsepaprika, darum sollte sie nicht als Ersatz für diese verwendet werden. Man kann sie füllen, roh für Salate verwenden und in Schmor- und Reisgerichten mitkochen.

JALAPEÑO-CHILI
Unreife Früchte sind grün, reife rot. Sie sind dickfleischig und haben einen frischen, mittelscharfen Geschmack, der bei reifen Früchten milder ist. Sie empfehlen sich für warme und kalte Saucen, eingelegt *(en escabeche)* oder geröstet. Mit einer Füllung aus Käse, Fleisch oder Fisch werden sie zu Bier oder Wein gereicht.

HABANERO-CHILI
Die schärfste Chili-Sorte auf dem Markt, etwa 30-50 Mal schärfer als Jalapeño-Chillies. Zum Verarbeiten unbedingt Handschuhe anziehen. Sie paßt gut zu Tomaten und in exotische Gerichte, vor allem solche mit tropischen Früchten. Sie eignet sich für Würzsaucen, Chutneys und Marinaden sowie zum Einlegen *(en escabeche)*.

CAYENNE-CHILI
Dünnfleischige Chili mit klarer, manchmal beißender Schärfe. Sie eignet sich für Würzsaucen und Suppen, aber auch als Garnierung.

ANAHEIM-CHILI
Eine relativ fleischige, milde bis mittelscharfe Chilisorte, die mit zunehmender Reife süßer wird. Durch Rösten wird das Aroma verbessert. Sie sollte in Saucen, zum Einlegen und Füllen sowie zum Garnieren und Würzen verwendet werden.

CHILI
Capsicum frutescens
Die unreifen kleinen Früchte sind grün, die reifen rot. Man verwendet sie zum Schärfen von Speisen sowie zur Herstellung von Cayenne-Pfeffer, Tabasco-Sauce und asiatischen Sambals.

**THAILÄNDISCHE
AUBERGINE**
Solanum ferox

AUBERGINE
Solanum melongena

Auberginen mit ihrer glatten, glänzenden Haut gibt es in vielen Varianten. Achten Sie auf unversehrte Früchte, die sich für ihre Größe schwer anfühlen. Moderne Züchtungen enthalten kaum Bitterstoffe. Zur Sicherheit kann man die Früchte aber in Scheiben schneiden und mit Salz bestreut 30 Minuten stehenlassen. Dann abspülen und abtupfen. Meist findet man im Handel Auberginen mit dunkelvioletter Haut. Es gibt aber auch grüne, weiße und gestreifte Sorten. Außer den länglich-birnenförmigen Früchten findet man eiförmige und runde Varianten.

FRUCHTGEMÜSE

AVOCADO

CHAYOTE
Sechium edule
Durch das wachsende Ernährungsbewußtsein unserer Zeit ist das Interesse an dieser birnenförmigen milden, leicht verdaulichen Frucht neu erwacht. Unter fließendem kaltem Wasser schälen, weil sich der klebrige Fruchtsaft nur schwer von den Händen entfernen läßt. Wie junge Kürbisse zubereiten.

AVOCADO
Persea spp.
Die Schale der runden oder birnenförmigen Avocados kann runzelig oder glatt und glänzend sein, die Farbe variiert von Dunkelgrün bis Braunviolett. Das hellgrüne Fruchtfleisch ist butterzart. Avocados haben einen hohen Anteil an einfach ungesättigten Fettsäuren, aber auch viele Kalorien. Zum Nachreifen zusammen mit einer Banane in eine Papiertüte legen und bei Zimmertemperatur aufbewahren, bis die Frucht im Stielbereich auf Druck leicht nachgibt.

RUNDE SALATTOMATE

FLASCHENTOMATE oder EIERTOMATE

RISPENTOMATE oder STRAUCHTOMATE

TOMATE
Lycopersicon esculentum
Die ersten Tomaten, die nach Europa kamen, waren gelb, darum nannten die Italiener sie pomodoro oder »goldener Apfel«. Tomaten enthalten viel Wasser, wenig Kalorien, jedoch reichlich Vitamin A, B und C. Im Spätsommer werden die besten Früchte geerntet. Roh oder gekocht können sie für Salate, Gemüsebeilagen, Säfte und Saucen verwendet werden.

GELBE TOMATEN

KIRSCH-TOMATEN

FRUCHTGEMÜSE

FLEISCHTOMATE
Lycopersicon esculentum
Die fleischigen, großen Früchte mit dem ausgeprägten Aroma eignen sich besonders für Salate. Reife Früchte im Kühlschrank lagern, aber eine Stunde vor dem Verzehr herausnehmen. Am besten kauft man Tomaten in unterschiedlichen Reifegraden, so daß immer einige frisch verbraucht werden können.

GEWÄCHSHAUS-TOMATE
Lycopersicon esculentum
Im Gewächshaus gezogene Tomaten sind im Hinblick auf den Nährwert identisch mit anderen Tomaten, doch ist ihr Geschmack meist fade und wäßrig.

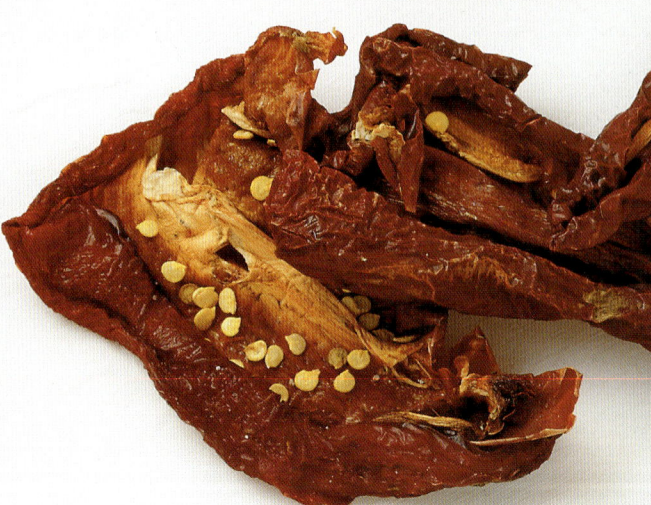

FUERTE-AVOCADO
Persea americana
Diese Avocadosorte mit mittelgroßem Stein stammt aus Mexiko. Die Haut ist dünn und grün, das Fleisch hell cremefarben bis gelblich. Von voll ausgereiften Früchten läßt sich die Haut leicht abziehen.

GETROCKNETE TOMATE
Getrocknete Tomaten muß man vor der Zubereitung nicht lange einweichen. Man dünstet sie einfach, bis sie zart sind.

GETROCKNETE GEMÜSEPAPRIKA
An einem kühlen, dunklen Ort aufbewahren. Mit heißem Wasser übergießen und etwa zwei Stunden stehenlassen, dann dünsten.

GETROCKNETE AUBERGINE
Kühl und dunkel lagern. Vor der Zubereitung mit heißem Wasser übergießen, quellen lassen und kochen.

PILZE

STROHPILZ
Volvariella volvacea

Diese köstlichen Pilze sind in Asien sehr beliebt. Dort werden sie frisch angeboten, entweder aus freier Kultur oder aus der Zucht auf Strohballen. In Europa erhält man sie getrocknet oder in Dosen eingemacht.

PFIFFERLING
Cantharellus cibarius

Die trompetenförmigen Pilze mit gelbem Stiel und Hut sowie welligem Rand sind in Europa und in Thailand sehr beliebt. Getrocknete Pfifferlinge 30 Minuten in kaltem Wasser einweichen. Das Einweichwasser zur Zubereitung von Risotto auffangen.

GETROCKNETER SHIITAKE (links)
Lentinus edodes

Diese Pilze findet man häufiger getrocknet als frisch, weil sich durch die Trocknung das Aroma intensiviert. Wählen Sie möglichst Pilze mit großen, fleischigen Kappen. Je nach Dicke der Kappen 20-60 Minuten in heißem Wasser quellen lassen. Das Einweichwasser für Bouillon aufbewahren.

GETROCKNETE MORCHEL (unten)
Morchella conica

In den Vertiefungen der konischen Hüte verstecken sich gern kleine Steinchen – gründlich kontrollieren! Getrocknete Morcheln sind aromatischer als frische. 20-30 Minuten in heißem Wasser quellen lassen, das Einweichwasser für Risotto oder Bouillon verwenden.

GETROCKNETER STEINPILZ (unten)
Boletus edulis

Diese duftende Pilzart ist in der französischen und italienischen Küche, aber auch in der Thai-Küche sehr beliebt. Die Pilze je nach Hutdicke 20-30 Minuten in heißem Wasser quellen lassen. Das Einweichwasser für Suppe, Bouillon oder Risotto auffangen.

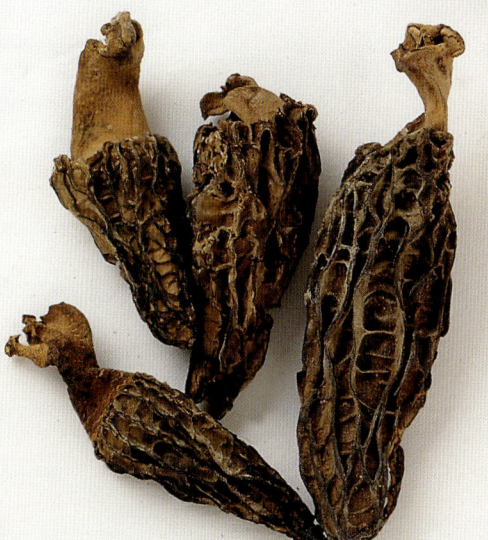

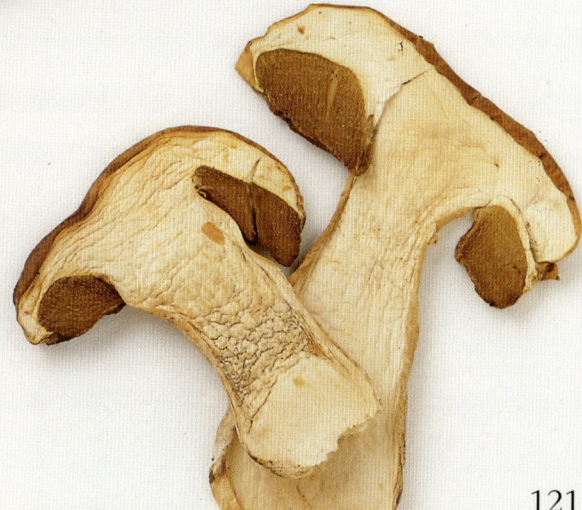

AUSTERNPILZ

ENOKITAKE oder SAMTFUSSRÜBLING

RIESEN-SHIITAKE

SHIITAKE

NAMEKO

GROSSER ZUCHT-CHAMPIGNON

PILZE

Es gibt auf der Welt mehr als 2000 eßbare Pilzsorten. Kommerziell angebaut werden vor allem Champignons aller Art. Es gibt Sorten mit geschlossenen und offenen, mit weißen und braunen Köpfen. Pilze sind reich an Mineralien, Eisen und Vitaminen der B-Gruppe. Durch die zunehmende Beliebtheit ausländischer Gerichte haben sich bei uns auch Sorten wie der Shiitake durchgesetzt, der schon seit 2000 Jahren in Japan kultiviert wird. Auch Austernpilze, Nameko, Shimeji, Enokitake, Steinpilze, Egerlinge und Trüffel sind in gut sortierten Gemüsegeschäften erhältlich. Kaufen Sie frische Pilze mit trockener Oberfläche, meiden Sie Exemplare, die schrumpelig oder schleimig aussehen. Pilze werden weder gewaschen noch geschält, sondern nur mit einem feuchten Tuch abgerieben. Man ißt sie roh oder kurz gegart. Stiele für Füllungen, Suppen und Bouillons aufbewahren.

KLEINER ZUCHT-CHAMPIGNON

TRÜFFEL

TOTENTROMPETE
Craterellus cornucopioides
Diesen Waldpilz findet man im Herbst. Zum Putzen wird er der Länge nach aufgeschnitten. Der erdige Geschmack paßt gut zu Eiern und Geflügel, getrocknet gibt er Eintöpfen eine feine Würze.

RÖTEL-RITTERLING
Lepista
Ursprünglich ein Waldpilz, wird heute aber auch kultiviert. Er hat einen würzigen Geschmack und einen auffällig blau-violetten Stiel. Roh gegessen kann er allergische Reaktionen hervorrufen, daher wird er immer gegart.

SEMMEL-STOPPELPILZ
Hydnum repandum
Der Waldpilz – auch **pied de mouton** (frz. für Hammelfuß) genannt – wächst im Spätsommer und Herbst unter Laubbäumen. Die stachelförmigen Lamellen werden vor der Zubereitung abgeschabt. Das Aroma ist mild, er eignet sich gut für Suppen, Eintöpfe und Saucen, besonders in Kombination mit anderen Pilzen.

EIERSCHWAMM
Cantharellus cibarius
Diesen Waldpilz findet man im Herbst. Er hat eine orange-braune Färbung und ein pfeffriges Aroma mit einem Nachgeschmack nach Aprikosen. Er benötigt eine etwas längere Garzeit als die meisten anderen Pilze. Man kann ihn auch roh essen.

PILZE

SCHÜPPLING
Pholiota spp.
Der Pilz mit dem schokoladenbraunen Hut und dem hellen Stiel wird meist verkauft, ehe sich der Kopf schirmförmig öffnet. Die Pilze sehen dann aus wie kleine Spazierstöcke mit braunem Knauf. Der nussige Geschmack paßt gut zu Fleischgerichten.

GRAUE KANTHARELLE
Cantharellus spp.
Der im Herbst erntereife Waldpilz ist wegen seiner Vielseitigkeit sehr beliebt. Der aromatische Geschmack paßt vor allem gut zu Fisch und Risotto.

GELBSTIELIGER PFIFFERLING
Cantharellus infundibuliformis
Ein Waldpilz, der im Herbst heranreift. Auffällig sind die braunen, trompetenförmigen Hüte auf leuchtend gelbem Stiel. Er wird wie der gewöhnliche Pfifferling zubereitet.

GETROCKNETE HÜLSENFRÜCHTE

Unter dem Namen Hülsenfrüchte faßt man einerseits die Pflanzen zusammen, deren Samen in einer Hülse enthalten sind, aber auch die eßbaren Samen selbst, z. B. Bohnen, Erbsen und Linsen. Getrocknete Hülsenfrüchte sind seit Jahrhunderten ein Grundnahrungsmittel im Mittelmeerraum, in Mexiko, im Mittleren Osten, China, Nordafrika, Mittel- und Südamerika oder Indien. Hülsenfrüchte sind sättigend, nahrhaft, wohlschmeckend und preiswert. Es gibt Hülsenfrüchte in unzähligen Farben, Formen und Größen. Weil sie fettarm, aber ernährungsphysiologisch wertvoll sind, werden sie auch in der westlichen Welt immer beliebter.

In Indien, wo der Großteil der Bevölkerung vegetarisch ißt, stellt Dhal eine wichtige Quelle für Ballaststoffe und Proteine dar. Ursprünglich verstand man unter dem Begriff »Hülsenfrüchte« nur getrocknete Schälerbsen, heute faßt man alle getrockneten Erbsen und Bohnen darunter zusammen.

Im Gegensatz zu anderen Hülsenfrüchten brauchen Linsen keine Einweichzeit und nur eine kurze Garzeit. Gegarte Linsen kann man in geschlossenen Gefäßen im Kühlschrank bis zu fünf Tagen lagern oder bis zu drei Monaten einfrieren.

Das Volumen vergrößert sich beim Garen um das zwei- bis dreifache, je nach Kochzeit. Für Salate wählt man eine relativ kurze Garzeit, für Gemüsebeilagen und Eintöpfe eine mittlere und für Suppen und Linsenpüree eine lange.

Hülsenfrüchte kauft man am besten in Geschäften, die davon große Mengen umsetzen, etwa asiatische, griechische oder arabische Lebensmittelhändler. Auch Bioläden, Gemüsehändler und große Supermärkte haben oft ein gutes Angebot.

LAGERUNG

Hülsenfrüchte werden gut verschlossen an einem kühlen, dunklen Ort aufbewahrt und sollten innerhalb von sechs Monaten verbraucht werden. Ältere Früchte werden hart und benötigen längere Kochzeiten.

ZUBEREITUNG

- Zuerst die Früchte verlesen, dabei beschädigte Exemplare und kleine Steinchen entfernen. Gründlich abspülen.
- Hülsenfrüchte über Nacht einweichen, damit die Haut nicht platzt und sie beim Kochen nicht zerfallen. Nur wenige Sorten mit dünner Haut (Adzuki-Bohnen, Schwarzaugen-Bohnen und Mungobohnen) brauchen eine kürzere Einweichzeit, Linsen und Schälerbsen braucht man gar nicht einzuweichen. Wenn die Erbsen oder Bohnen zerfallen dürfen, kann man sie auch »schneller« einweichen: Mit Wasser bedecken und 1-2 Minuten kochen. Vom Herd nehmen und eine Stunde quellen lassen. Dann nach Rezept verarbeiten.
- Zum Garen die eingeweichten Hülsenfrüchte mit reichlich kaltem Wasser bedecken, aufkochen und bei milder Hitze garen. Kein Salz zugeben: Es verhärtet die Schalen und verlängert so die Kochzeit.
- Hülsenfrüchte für knackige Salate brauchen eine etwas kürzere Garzeit als solche für Suppen und Eintöpfe.

ADZUKI-BOHNE
Phaseolus angularis
Kleine, rötlich-braune, ovale Bohnen mit mildem, nussigem Geschmack und relativ dünner Haut. Kochzeit: 30-45 Minuten.

SCHWARZE KIDNEYBOHNE
Phaseolus vulgaris
Die mittelgroßen, ovalen Bohnen mit dem erdig-süßen Geschmack sind auch als **Lablab-Bohnen** bekannt.
Kochzeit: etwa 60 Minuten.

CANNELLINI-BOHNE
Phaseolus vulgaris
Die milden, zarten Bohnen sind vor allem in der Toskana beliebt. Nicht umsonst gilt Florenz als die Stadt der *mangia fagiolo* (Bohnenesser). Kochzeit: etwa 40 Minuten.

KICHERERBSE
Cicer arietinum
Typisch für die mittelgroßen »Erbsen« ist die kleine Spitze. Sie fallen beim Kochen kaum auseinander und haben einen würzig-nussigen Geschmack.
Kochzeit: etwa 60 Minuten.

LUPINE
Lupinus luteus
Die flachen Samen müssen lange in Salzwasser eingeweicht und gekocht werden, um die Bitterstoffe und giftigen Alkaloide zu entfernen. Nach dem Kochen erneut in kaltem Salzwasser ziehen lassen. Große Kerne bis zu sieben Tage einweichen.

MUNGOBOHNE
Phaseolus aureus
Die Bohnen werden ungeschält, geschält und geschrotet angeboten. Die kleinen grünen Bohnen mit dem milden Geschmack werden mit Butter und Gewürzen serviert oder zu Mehl gemahlen. Sie eignen sich auch zum Ziehen von Sprossen. Kochzeit: 25-40 Minuten.

HÜLSENFRÜCHTE

SCHWARZAUGEN-BOHNE
Vigna sinensis

Die mittelgroßen, nierenförmigen Bohnen haben einen milden, süßlichen Geschmack. Ihre Haut ist sehr dünn, daher müssen sie nicht eingeweicht werden. Kochzeit: 40-60 Minuten.

BORLOTTI-BOHNE
Phaseolus vulgaris

Die braunen Bohnen mit den weinroten Flecken sind auch als **Römische Bohnen** bekannt. Beim Kochen verblaßt die Farbe. Der Geschmack ist süßlich. Kochzeit: etwa 40 Minuten.

DICKE BOHNE
Vicia faba

Auch **Saubohne** oder **Pferdebohne** genannt. Sie sind vor allem in der Küche des Mittleren Ostens und des Mittelmeerraumes beliebt. Der Geschmack des cremigen Inneren ist mild-nussig. Kochzeit: etwa 40 Minuten.

SAATPLATTERBSE
Lathyvus sativus

Der nussige Geschmack ähnelt der von Dicken Bohnen, die Kerne sind jedoch kleiner, und ihre Haut ist dünner. Im Nahen Osten werden sie häufig verwendet. Kochzeit: 45-60 Minuten.

FLAGEOLET
Phaseolus vulgaris

Kleine grüne Bohnenkerne mit mildem Geschmack, die man in Frankreich gern zu gegrillter Lammkeule mit Knoblauch serviert. Man kann sie frisch und in Dosen kaufen. Kochzeit: etwa 40 Minuten.

LIMA-BOHNE
Phseolus limensis

Die großen, flachen Bohnenkerne haben ein cremiges Inneres und einen köstlichen Geschmack. Damit die Haut nicht platzt, sollte man sie sehr langsam zum Kochen bringen. Kochzeit: etwa 40 Minuten.

WEISSE BOHNE
Phaseolus vulgaris

Weiße Bohnen gibt es in verschiedenen Größen, die sich geschmacklich nur wenig unterscheiden. Die kleineren Sorten verwendet man in England für Baked Beans. Kochzeit: etwa 45-60 Minuten.

WACHTELBOHNE
Phaseolus vulgaris

Diese braun gefleckte Sorte ist eng mit der roten Kidneybohne verwandt. Sie hat einen erdigen Geschmack und ein mehliges Inneres. Beim Kochen verblaßt die Farbe zu einem hellen Rosa. Kochzeit: 45-60 Minuten.

ROTE KIDNEYBOHNE
Phaseolus vulgaris

Die mittelgroßen, länglichen Bohnenkerne gibt es in verschiedenen Größen und in Farben von rosa bis dunkelrot. Die Konsistenz ist cremig, der Geschmack kräftig. Kochzeit: 45-60 Minuten.

Die Sojabohne gehört zu den nahrhaftesten Naturprodukten. Sie enthält wichtige Proteine und Öle, Vitamin A und B, Kalium, Kalzium, Magnesium, Zink und Eisen. Rohe Sojabohnen sollte man nicht essen, weil sie Trypsin-Blocker enthalten: Stoffe, die die Eiweißaufnahme des Körpers stören.

Frische Sojabohnen sind nicht so beliebt wie getrocknete. Doch selbst auf den Speisekarten von Nobelrestaurants kann man sie inzwischen entdecken.

Tiefgefrorene Sojabohnen (oben) findet man in asiatischen Lebensmittelgeschäften. Sie werden wie gefrorene Erbsen oder Bohnen als Gemüsebeilage, für Suppen oder Nudelsaucen verwendet.

Getrocknete Sojabohnen müssen lange eingeweicht und gekocht werden, um die Trypsin-Blocker zu neutralisieren. Daher hat man in Asien viele leicht verdauliche Sojaprodukte entwickelt. Dazu gehören:

• **Tofu (unten),** Sojamilch, die durch Zusatz eines Gerinnungsmittels stockt und die Konsistenz von cremigem oder halbfestem Käse erhält.

• **Tempeh** wird aus fermentierten Sojabohnen hergestellt. Die Konsistenz ist fester als die des Tofu.

• **Miso** ist eine fermentierte Bohnenpaste, die für Suppen, Saucen und als Würze eingesetzt wird.

• **Dunkle Sojasauce** besteht aus fermentierten Sojabohnen und geröstetem Getreide.

• **Helle Sojasauce** ist milder im Geschmack als dunkle Sojasauce.

• **Tamari** ist eine fermentierte Sojasauce ohne Getreidezusatz. Sie ist würziger als Sojasauce.

• **Sojamehl** enthält viel Eiweiß und wenig Kohlenhydrate. Zum Backen mit anderen Mehlen mischen.

• **Sojamilch** enthält viel Eiweiß, kein Cholesterin, wenig Fett und Kalzium. Letzteres wird oft zugesetzt. Sie wird auch zur Tofu-Herstellung verwendet.

• **Sojaöl** dient zur Herstellung von Margarine, raffiniertes Sojaöl wird als Speiseöl verwendet.

• **Sojabohnensprossen** sind blanchiert oder gekocht leichter verdaulich als roh.

BOHNENSUPPEN-MISCHUNG
Eine fertige Mischung kleiner Bohnen und Linsen enthält z. B. rote Kidneybohnen, Wachtelbohnen, weiße Bohnen, Lima- und Borlotti-Bohnen, rote und braune Linsen sowie Schälerbsen. 6 Stunden oder über Nacht einweichen.

SOJABOHNE
Glycine max
Ganze Sojabohnen sind schwer verdaulich. Durch industrielle Verarbeitung kann man jedoch viele Produkte aus ihnen herstellen, z. B. Sojasauce, Tamari, Miso und Tofu. Kochzeit: etwa 60 Minuten.

GRÜNE/BRAUNE LINSE
Lens esculenta
Flache, runde Kerne in grünlichen und bräunlichen Tönen mit kräftigem Geschmack. *Kochzeit: 20, 40 oder 60 Minuten.

GANZE ROTE LINSE
Lens esculenta
Die lachsfarbenen ganzen Linsen garen schnell; man muß darauf achten, daß sie nicht zu Brei zerfallen. Beim Kochen verblaßt die Farbe. *Kochzeit: 6, 10 oder 20 Minuten.

CHANNA
Pisum sativum
Diese indische Variante der gelben Schälerbse ist etwas kleiner und hat ein nussiges Aroma. In Südindien werden die Erbsen auch geröstet, gemahlen und als Gewürz verwendet.
Kochzeit: 40-60 Minuten.

SCHWARZE URDBOHNE
Phaseolus mungo
Das Innere dieser kleinen milden Bohnen ist cremeweiß. Eingeweicht und gemahlen werden sie auch zum Aromatisieren indischer Pfannkuchen *(dosas)*, Papadums und Currys verwendet.
Kochzeit: 40-60 Minuten.

HÜLSENFRÜCHTE

GRÜNE ERBSE
Pisum sativum
Die blaßgrünen Erbsen mit dem erdigen Geschmack zerfallen beim Kochen leicht. Sie eignen sich gut zum Andicken von Suppen und Eintöpfen.
Kochzeit: etwa 50 Minuten.

GRÜNE SCHÄLERBSE
Pisum sativum
Diese getrockneten grünen Gartenerbsen werden geschält und halbiert. Beim Kochen zerfallen sie. Sie sind gut geeignet für Suppen und Eintöpfe.
Kochzeit: 45-60 Minuten.

GELBE SCHÄLERBSEN
Pisum sativum
Abgesehen von der Farbe gibt es keinen Unterschied zu den grünen Schälerbsen.
Kochzeit: 45-60 Minuten.

PUYLINSE
Lens esculenta
Kleiner und rundlicher als die üblichen Linsen. Die schiefergrauen Linsen haben einen interessanten pfeffrigen Geschmack. Sie sind recht teuer, aber zu besonderen Anlässen ihr Geld wert. *Kochzeit: 20, 30 oder 60 Minuten.

GESCHÄLTE ROTE LINSE
Lens esculenta
Die klassische indische **Dhal-Linse** hat einen mild-würzigen Geschmack, sie eignet sich gut für Suppen und Pürees. Beim Garen verfärbt sie sich gelb.
Kochzeit: 20 Minuten.

LINSENSUPPEN-MISCHUNG
Eine fertige Mischung verschiedener Linsen, anderer Hülsenfrüchte und Getreide. Sie kann z. B. rote Linsen, gelbe Schälerbsen, braunen Reis, Gerstenkörner und Buchweizenschrot enthalten. Einweichen ist nicht erforderlich.

WEISSE URDBOHNE
Phaseolus mungo
Hierbei handelt es sich um geschälte schwarze Urdbohnen.
Kochzeit: 40-60 Minuten.

PIGEONERBSE
Cajanus cajan
Eine geschälte gelbe Erbse mit erdigem Geschmack, in der afrikanischen, karibischen und indischen Küche verwendet. Kochzeit: 40-60 Minuten.

GELBE MUNGOBOHNE
Phaseolus aureus
Dies sind getrocknete grüne Mungobohnen, die geschält und halbiert wurden. Kochzeit: 40-60 Minuten.

* Für Salate gilt die kürzeste angegebene Kochzeit, für Gemüsebeilagen und Eintöpfe die mittlere und für Suppen und Pürees die längste.

RED DELICIOUS
Ein roter Apfel mit angenehm milder Süße, stammt ursprünglich aus Amerika.

WEISSER KLARAPFEL
Eine russische Sorte mit erfrischend herbem Aroma, besonders gut für Apfelkompott, Apfelmus und Gebäck.

JACQUIN
Eine französische Sorte mit fester Schale und knackigem weißem Fleisch.

FRANZÖSISCHER BRAEBURN
Der duftende feste Apfel mit der erfrischenden Säure stammt ursprünglich aus Neuseeland, wird heute aber auch in Frankreich angebaut.

BRAMLEY'S SEEDLING
Ein Kochapfel mit unregelmäßiger Form und hohem Säuregehalt. Das feste, saftige Fleisch zerfällt beim Kochen zu einem lockeren, schaumigen Apfelmus.

COLONEL YATE
Ein englischer Dessertapfel mit erfrischend saftigem, süßem Fleisch.

GOLDEN DELICIOUS
Typisch sind seine fünf Höcker rings um die Blüte. Der saftige, mildsüße Eßapfel ist auch geeignet für Apfelkuchen und anderes Gebäck.

PINK LADY
Diese relativ neue duftende Sorte entstand als Kreuzung aus Golden Delicious und Lady Williams. Der Geschmack ähnelt dem Golden Delicious. Er ist ein guter Eßapfel.

GRANNY SMITH
Der Geschmack der festen saftigen Früchte variiert von süß bis herb. Der exzellente Eßapfel ist auch zum Kochen, Entsaften, Einmachen und Dörren geeignet.

FIRMGOLD
Diese Kreuzung aus Golden Delicious und Red Delicious hat ein festes, süßliches Fleisch. Der Apfel eignet sich zum Essen, aber auch zum Kochen und Backen.

APFEL
Malus comunis
Eine Sommerfrucht, die auch noch nach Wochen frisch schmeckt und fest bleibt. Der Apfel ist ein guter Vitamin- und Mineralienlieferant. Beim Kauf sollte man auf feste Früchte mit glänzender Schale achten. Äpfel verlieren auch nach längerer Lagerung keine Vitamine, vor allem wenn sie im Kühlschrank aufbewahrt werden.

FUJI
Trotz des festen Fleisches und süßen Geschmacks ist dieser Apfel nicht so saftig wie andere Sorten. Er zerfällt beim Kochen nur wenig.

ÄPFEL & BIRNEN

NEUSEELÄNDISCHER BRAEBURN
Vermutlich entstand die Sorte durch Kreuzung aus Granny Smith und Lady Hamilton. Ein knackig-fester, saftiger Eßapfel mit sehr hellem Fleisch. Der Geschmack ist süßlich mit leicht säuerlichem Unterton.

EMPIRE
Dunkelroter knackiger und saftiger Apfel, der sich zum Essen und Kochen gleichermaßen eignet.

KAISER-ALEXANDER-BIRNE
Die Farbe der rauhen Schale variiert von Braungrün bis Zimtbraun. Das Fruchtfleisch ist körnig, aromatisch und saftig. Die Sorte eignet sich gut zum Pochieren in Wein oder als Zugabe zu würzigen Gerichten.

NASHI
Pyrus pyriformis
Eine asiatische Birnensorte in der Form eines Apfels, jedoch mit typischem Birnengeschmack. Dünne Scheiben mit Käse servieren oder unter würzige Salate mischen. Wählen Sie feste, schwere Früchte mit unversehrter Schale. Die Nashi kann bei Zimmertemperatur wochenlang gelagert und anschließend im Kühlschrank aufbewahrt werden.

CORELLA-BIRNE
Die kleine feste Birne mit tropisch-süßem Aroma hat nur ein winziges Kerngehäuse. Man kann sie frühreif und hart oder vollreif und weich essen. Sie paßt gut zu Käse oder in Salate.

BIRNE
Pyrus communis
Die saftigen Früchte, die zu den Rosengewächsen gehören, werden geerntet, wenn sie voll entwickelt sind. Danach reifen sie von innen nach außen nach. Kaufen Sie glatte Früchte mit unversehrter Schale, lassen Sie sie bei Raumtemperatur nachreifen und bewahren Sie sie dann im Kühlschrank auf.

PACKHAM'S BIRNE
Eine saftige Sorte mit fein-süßem Geschmack. Die Haut kann sich bei zunehmender Reife gelb verfärben, kann aber auch grün bleiben.

WILLIAMS'
Eine köstliche Birne mit glatter Schale und süßlichem Moschusduft.

DOYENNÉ DU COMICE
Die große, manchmal unregelmäßig geformte Birnensorte wurde 1849 in Frankreich gezüchtet. Mit ihrem saftigen, duftenden Fleisch gehört sie zu den besten Sorten.

ROTE ANJOUBIRNE
Diese Sorte stammt aus Oregon in den USA. Ihr saftiges buttergelbes Fruchtfleisch hat einen ausgezeichneten Geschmack.

ANJOUBIRNE
Diese süße, saftige Sorte hat eine grüne Schale mit kleinen braunen Punkten.

CONFERENCE
Diese Birne kam zu ihrem Namen, nachdem sie 1855 auf der Birnenkonferenz in Chiswick den ersten Preis erhielt. Sie hat ein zartes, saftiges Fruchtfleisch und einen köstlichen Duft.

BLANQUILLA
Eine Sorte spanischer Herkunft mit saftigem, süßem Fruchtfleisch unter grüner Schale.

ROCHA-BIRNE
Diese mittelgroße duftende Birne mit dem weichen, saftigen Fleisch stammt aus Portugal. Sie kann bei Zimmertemperatur etwa eine Woche gelagert werden und eignet sich vor allem für Desserts, Gebäck und Aufläufe.

BIRNEN

LIMONERA
Eine frühe italienische Birnensorte, die bei voller Reife ein schweres, süßliches Aroma entwickelt.

GUYOT
Eine saftige französische Sorte mit knackig-festem Fruchtfleisch.

FORELLE
Die späte südafrikanische Birnensorte wird zu den besten der Welt gerechnet. Sie ist goldgelb mit rotem Schimmer. Wenn man sie frühreif verzehrt, ist sie erfrischend knackig und saftig.

ZITRONE
Citrus limon

Wählen Sie glänzende, feste Früchte von gutem Gewicht, und waschen Sie die Schale gründlich mit warmem Wasser ab, um Insektizide zu entfernen. Feingeriebene oder in Streifen geschnittene Schale eignet sich als Würze für pochierte Früchte oder Sirups. Der Saft unterstreicht das Aroma von Geflügel, Fisch, Puddings, Suppen, Getränken und Marinaden. Beträufelt man rohe Früchte und Gemüse mit Zitronensaft, verfärben sie sich nicht.

LIMETTE
Citrus aurantifolia

Wählen Sie feste, glänzende Früchte, die sich für ihre Größe schwer anfühlen. Anders als bei Zitronen ist die Grünfärbung der Schale hier ein Zeichen der Reife. Man verwendet sie wie Zitrone. In der asiatischen, besonders der Thai-Küche, sowie in der Küche Mexikos und Tahitis spielt sie eine große Rolle. Den Saft kann man gut einfrieren. Spezielle Sorten wachsen auf Tahiti und den Westindischen Inseln.

CLEMENTINE
Citrus spp.

Die Kreuzung aus Tangerine und nordafrikanischer Wildorange hat eine dünne Schale, die sich leicht entfernen läßt. Clementinen sind meist kernlos, sehr süß und saftig.

TANGERINE
Citrus reticulata

Sie ist mit der Orange verwandt, aber zarter im Aroma. Bevorzugen Sie schwere Früchte mit unversehrter, festsitzender glänzender Schale. Tangerinen kann man pur essen, aber auch für Obstsalate, Gebäck und Marmelade verwenden. Die getrocknete Schale findet in der chinesischen Küche Verwendung.

ZITRUSFRÜCHTE

BLUTORANGE

ORANGE
Citrus sinensis
Die Orange ist um die ganze Welt gereist: Mit ihrem hohen Vitamin-C-Gehalt war sie für Seeleute die wichtigste Vorbeugung gegen Skorbut. Bis heute ist frisch gepreßter Orangensaft fester Bestandteil eines gesunden Frühstücks. Man kann sie aber auch einfach als Obst essen, in Obstsalaten, zu Fleischgerichten, in Desserts, Soufflés und Marmeladen verarbeiten. Es gibt drei Hauptsorten: Navel-Orangen, Sevilla-Orangen und Valencia-Orangen.

NAVEL ORANGE

KUMQUAT
Fortunella japonica
Die Pflanze, deren kleine Früchte wie Miniatur-Orangen aussehen, wird gern als Zierpflanze gehalten. Kaufen Sie nur feste, unversehrte Früchte und bewahren Sie sie im Kühlschrank auf. Gekocht schmecken Kumquats gut zu Wild- und Fleischgerichten. Man kann sie zu Marmelade verarbeiten oder einmachen und zu Eiscreme servieren. Vollreife Früchte kann man auch roh essen.

POMELO
Citrus grandis
Die Früchte, die wie große Grapefruits aussehen, sollten schwer sein und eine glänzende, makellose Schale haben. Sie werden bei Zimmertemperatur gelagert. Das Fruchtfleisch schmeckt pur, zu Müsli und Frühstücksflocken, in süßen und herzhaften Salaten.

TANGELO
Citrus tangelo
Die Kreuzung aus Grapefruit und Tangerine läßt sich gut in Segmente teilen. Man kann sie pur essen, aber auch unter süße oder herzhafte Salate mischen. Der ausgepreßte Saft schmeckt als Getränk, er eignet sich auch für Salatdressings, Marinaden oder zur Zubereitung von Gelee.

ZITRUSFRÜCHTE

UGLI
Citrus spp.
Die Kreuzung aus Grapefruit, Tangerine und Sevilla-Orange ist etwas kleiner als eine Grapefruit, hat eine narbige, gelblich-grüne Schale und saftiges Fruchtfleisch.

ROSAFARBENE GRAPEFRUIT

GRAPEFRUIT
Citrus paradisi
Es gibt verschiedene Sorten mit gelbem, rosafarbenem und rotem Fleisch. Man ißt sie meist zum Frühstück, halbiert und mit etwas Zucker bestreut. Sie läßt sich auch gut auspressen oder kleingeschnitten für Obstsalate und Marmelade verwenden. Gelbfleischige Grapefruits sind meist herb-säuerlich mit leicht bitterem Nachgeschmack, rosafarbene Grapefruits sind milder im Aroma.

GELBE GRAPEFRUIT

WASSERMELONE
Cucumis citrullus
Die großen Melonen mit der grünen Schale haben rosafarbenes oder rotes Fruchtfleisch mit zahlreichen schwarzen Kernen. Das weiße Fruchtfleisch direkt unter der Schale kann man sauer einlegen und zu Currys oder kaltem Fleisch essen. Wassermelonen reifen nach der Ernte nicht nach. Wählen Sie daher Früchte mit süßem Duft, die bei leichtem Druck auf das Stielende nachgeben. Angeschnittene Melonen im Kühlschrank aufbewahren. Man kann sie auch gut für Fruchtsalate verwenden oder für Getränke, Sorbets und Mousse pürieren.

MELONEN

CANTALOUPE-MELONE

MELONE
Cucumis melo
Die Wassermelonen *(Cucumis citrullus)* stammen ursprünglich aus den afrikanischen Steppen, heute werden sie jedoch im ganzen Mittelmeerraum angebaut. Zuckermelonen *(Cucumis melo)* dagegen sind im Orient beheimatet. Die zu dieser Gruppe gehörenden Netzmelonen verströmen einen süßlich-schweren, moschusartigen Geruch, während die glattschaligen Honigmelonen kaum duften.

GELBE HONIGMELONE   **WEISSE HONIGMELONE**

GALIA-MELONE
Kleine, rundliche Frucht mit netzartiger Zeichnung auf der Schale und weißem Fruchtfleisch, das sehr süß und saftig ist. Gekühlt servieren. Sie paßt auch gut in Obstsalate.

NETZ- oder CANTALOUPE-MELONE
Kleine, runde Melone mit rauher, netzartig gemusterter Schale. Das duftende Fleisch ist orangegelb, der süße Geschmack erinnert an Honig. Die Sommerfrucht schmeckt gut gekühlt am besten. Sie ist auch in Obstsalaten ein Genuß.

ISRAELISCHE GALIA-MELONE
Eine größere Variante der Galia-Melone mit etwas dunklerem Fruchtfleisch.

MELONEN

OGEN-MELONE
Benannt nach dem Kibbuz in Israel, in dem sie zuerst gezüchtet wurde. Die kleinen, runden Früchte haben eine glatte, feste Schale mit grüner Streifenzeichnung. Das grüne Fruchtfleisch ist recht süß. Man rechnet pro Person eine Frucht. Zum Servieren schneidet man eine Kappe ab und schabt die Kerne heraus.

SAPO-MELONE
Diese länglich-ovale Melonensorte hat eine dunkelgrüne Schale mit gelbbrauner Musterung und ein saftiges weißes Fruchtfleisch.

CHARENTAIS-MELONE
Die blaßgrüne Schale der kleinen Melone trägt ein auffälliges dunkelgrünes Streifenmuster. Das orangefarbene Fleisch hat einen exotisch-süßen Geschmack und einen schweren Duft. Klassisch ist die Kombination von Charentais-Melone und Parmaschinken als Vorspeise.

GLEN PROSEN
Rubus idaeus
Eine mittelfrühe recht feste Himbeere, die vorwiegend zum Kochen verwendet wird

GLEN MOY
Rubus idaeus
Eine frühe feste Himbeersorte mit ausgeprägtem Aroma

CHILLIWACK
Rubus idaeus
Eine Sommerhimbeere mit süßem, fruchtigem Geschmack

LEO
Rubus idaeus
Die großen orangeroten Früchte dieser späten Sorte haben einen intensiven Geschmack.

JULIA
Rubus idaeus
Eine hochwertige großfruchtige mittelfrühe Sorte mit vollem Aroma. Sie eignet sich gut für Desserts.

WILDE HIMBEERE
Rubus idaeus
Kleine, süße und saftige Früchte, die sich gut für Desserts eignen. In Schottland auch als Füllung für Federwild.

GELBE HIMBEERE
Rubus idaeus
Eine gelbe Variante der wilden Himbeere

WEISSE JOHANNISBEERE
Ribes sativum
Die weiße Schwester der roten Johannisbeere hat ein süßsaures Aroma. Sie ist köstlich für Desserts und Gebäck.

ROTE JOHANNISBEERE
Ribes sativum
Aus den herben Beeren kann man gutes Gelee zubereiten.

PREISELBEERE
Vaccinium oxycoccos
Die herben Beeren müssen mit Zucker gekocht werden, damit sie genießbar werden.

SCHWARZE RIESENJOHANNISBEERE
Ribes nigrum
Eine besonders große Variante der schwarzen Johannisbeere

SCHWARZE JOHANNISBEERE
Ribes nigrum
Die säuerlichen Beeren eignen sich gut als Füllung für süßes Gebäck oder – kurz in Zuckerwasser gekocht – für sommerliche Puddings.

BLAUBEERE
Vaccinium spp.
Die süßen Beeren sind köstlich in Marmeladen und Gebäck (z. B. Muffins).

ELSANTA
Fragaria virginiana
Eine beliebte süße Erdbeersorte

WALDERDBEERE
Fragaria virginiana
Die winzigen Früchte haben ein besonders intensives Aroma.

MARA DE BOIS
Fragaria virginiana
Eine Kreuzung aus Walderdbeeren und Kultursorten

BEEREN

TAYBEERE
Rubus var.
Eine Kreuzung aus Himbeere und Brombeere mit kräftigem Aroma

LOGANBEERE
Rubus loganbaccus
Ebenfalls eine Kreuzung aus Himbeere und Brombeere, jedoch mit herberem Geschmack, der sich besonders für Desserts und Marmelade anbietet.

SUNBEERE
Rubus var.
Eine Himbeersorte mit außerordentlich intensivem Aroma

BOYSENBEERE
Rubus var.
Eine Kreuzung aus frühen Brombeeren und Himbeeren, die große Früchte mit frischem Himbeeraroma hervorbringt.

SILVANBEERE
Rubus fruticosus
Eine frühe Brombeersorte mit großen aromatischen Früchten

ROTE LOGANBEERE
Rubus loganbaccus
Kleinfruchtige Kreuzung aus Himbeeren und Brombeeren, ideal für Marmelade

LOCH NESS
Rubus fruticosus
Eine große, feste Brombeere

KING'S ACRE
Rubus var.
Kreuzung aus Himbeere und Brombeere mit großen Früchten. Sie eignen sich sehr gut für Desserts.

WALDO
Rubus fruticosus
Eine duftende Kulturbrombeere mit glänzenden Früchten

BEDFORD GIANT
Rubus fruticosus
Die bekannteste Kulturbrombeersorte, zum Roh-Essen und Kochen gleichermaßen gut geeignet.

ADRIENNE
Rubus fruticosus
Eine frühe dornenlose Brombeersorte mit besonders kräftigem Geschmack

WILDE BROMBEERE
Rubus fruticosus
Die Urform der Brombeere, vor allem für Marmelade geeignet.

STACHELBEERE
Ribes grossularia
Unreife Früchte sind hart und sauer. Mit zunehmender Reife werden sie weich und süßer.

ROTE STACHELBEERE
Ribes grossularia
Eine rote Variante der Stachelbeere

LEVELLIER
Ribes grossularia
Eine großfruchtige, kaum behaarte Kulturstachelbeere

PFLAUME
Prunus

STEINOBST

VICTORIA
Eine köstliche gelbfleischige Pflaume zum Roh-Essen, aber auch für Kuchen und Aufläufe.

BLACK DIAMOND
Runde, festfleischige, sehr dunkle Pflaume mit bernsteinfarbenem Fleisch.

HERMAN
Kleine, saftige Pflaumen mit fast schwarzer Haut und gelbem Fruchtfleisch

REINECLAUDE
Diese Pflaumensorte bleibt grün, auch wenn sie vollreif ist. Die Früchte schmecken süß und saftig.

GAVIOTA
Die spanische Pflaumensorte ändert mit zunehmender Reife die Farbe von Gelb über Orange bis zu einem rötlichen Blau. Das weiche, saftige Fleisch hat ein sehr fruchtiges Aroma.

TRAGEDY
Eine bläulich-rote Pflaumensorte mit herbsüßem Geschmack

BLACK PRINCE
Eine kleine Pflaumensorte mit sehr dunkler Haut und festem, grünem Fleisch.

EARLY LAXTON BROGDALE
Eine englische rote Pflaumensorte mit gelbem Fleisch. Wegen des relativ hohen Säuregehalts ist sie vor allem zum Kochen geeignet.

GLASKIRSCHE
Hellgelbe, rötlich angehauchte Süßkirsche, ausgezeichnet für Bowlen.

STELLA
Eine großfruchtige, sehr saftige und aromatische Sorte aus England.

SANTA ROSA
Eine spanische Sorte mit dunkelroter Haut, die mit zunehmender Reife heller wird. Das Fruchtfleisch ist orangegelb, süß und sehr saftig.

KIRSCHE
Prunus

HAY
Eine kleine, weiche Pflaumensorte mit viel Süße

PICOTA
Eine spanische Sorte, die sich vor allem zum Kochen gut eignet.

GAUCHER
Festfleischige, saftige englische Sauerkirsche mit ausgewogenem Aroma

BROTFRUCHT
Atrocarpus communis
Die großen Früchte mit dem cremigen Fleisch werden vor allem in der karibischen Küche wie ein Gemüse verwendet.

PLANTE
Musa paradisiaca
Festes, stärkehaltiges Mitglied der Bananenfamilie mit geringer Süße, auch **Kochbanane** genannt. Wird in karibischen Gerichten wie ein Gemüse mitgekocht.

GRANATAPFEL
Punica granatum
Unter der dicken, lederartigen Schale befinden sich zahlreiche, durch Membrane abgegrenzte Kammern mit saftigem, süßem Fruchtfleisch. Granatäpfel werden bei Raumtemperatur gelagert, sie sehen auch sehr dekorativ aus. Im östlichen Mittelmeergebiet ißt man die »Kerne« in Obstsalaten, gemischten grünen Salaten, zu Geflügel, Fisch und Reisgerichten.

ANDERE FRÜCHTE

DURIAN
Durio zibethinus
Der reife Durian verströmt einen unangenehm fauligen Geruch, darum nennt man ihn auch **Stinkfrucht**. Das Fleisch erinnert an Ananas, er wird in asiatischen Gerichten mitgekocht.

LOQUATE
Eriobotrya japonica
Die Frucht aus Japan hat eine gelbe bis orangefarbene Haut. Das duftende Fleisch ist fest, weiß oder hellgelb und säuerlich. Kaufen Sie nach Möglichkeit feste Früchte, die noch am Zweig sitzen. Kühl aufbewahren und vor dem Verzehr die Haut abziehen.

ROTE ISRAEL-LITCHI
Litchi sinensis
Eine duftende Frucht mit weißlich-transparentem Fleisch, ursprünglich aus China

THAI-LITCHI
Litschi sinensis
Diese Sorte hat einen verführerischen Duft und einen zarten, exotischen Geschmack.

RAMBUTAN
Nephelium lappaceum
Eine enge Verwandte der Litchi, deren Fruchtfleisch wie Weintrauben schmeckt. Wählen Sie leuchtend rote Früchte. Man kann sie roh essen, an Obst- und Fischsalate geben, zu asiatischen Gerichten und Käse servieren. Im Kühlschrank aufbewahren.

MANGOSTANE
Garcinia mangostana
Eine Frucht aus Malaysia, deren dicke Schale ein weißes, süßes, erfrischend saftiges Fruchtfleisch umschließt. Sie ähnelt zwar der Litchi, ist aber nicht mit ihr verwandt. Sie schmeckt köstlich in Obstsalaten oder zu Eiscreme.

KAPSTACHELBEERE oder PHYSALIS
Physalis peruviana
Dies ist eine Verwandte der Lampionblume, die man aus Trockengestecken kennt. Die Frucht sitzt in einer papierartigen Hülle, die sich bei voller Reife öffnet. Der Geschmack ist kräftig süß-sauer. Die Beeren werden gern kandiert und als Dessertobst serviert oder als Dekoration für Desserts verwendet.

SALAK
Salacca edulis
Diese pflaumengroße Palmfrucht ist mit der Kokosnuß verwandt. Wegen ihrer schuppigen Schale nennt man sie auch **Schlangenfrucht**. Im Inneren liegen drei Segmente aus festem weißem Fruchtfleisch, die je einen Kern enthalten. Der Geschmack ist säuerlich-nussig.

QUITTE
Cydonia oblongo
Diese Verwandte der Äpfel und Birnen stammt aus Asien. Roh ist das harte, bittere Fleisch ungenießbar, doch wenn man die Frucht wäscht, schält und entkernt, kann man daraus köstliche Marmelade herstellen. In Marokko serviert man sie auch zu Schmorgerichten mit Lammfleisch.

KAKI
Diospyros
Kakis stammen aus Japan. Man sollte sie stets voll ausgereift essen, sonst sind sie unangenehm sauer. Die verwandte **Sharon-Frucht** ist kernlos und wesentlich süßer, sie wurde in Israel gezüchtet. Man kann sie wie einen Apfel essen, wenn sie noch fest ist.

ANDERE FRÜCHTE

GRANADILLA
Passiflora edulis
Diese Passionsfrucht-Sorte erhielt ihren Namen in Spanien, weil sie einem Granatapfel sehr ähnlich sieht. Man halbiert sie, schabt die Kerne heraus und gibt sie als Belag auf Käsekuchen oder auf Desserts. Die Schale ist nicht genießbar.

KIWANO
Cucumis metuliferus
Auch als Horngurke bekannt. Das grüne Fruchtfleisch eignet sich gut für Salatmarinaden, man kann es mit Sirup süßen oder mit Likören mischen.

KAKTUSFEIGE
Opuntia ficus indica
Christoph Kolumbus brachte diese Frucht aus Südamerika mit nach Europa. Heute wächst sie rings ums Mittelmeer und in anderen milden Klimaregionen. Wegen der spitzen Stacheln ist die Frucht mit Vorsicht zu genießen. Kaufen Sie am besten feste, orangefarbene bis rote Früchte. Die Schale wird abgezogen, das Fruchtfleisch verwendet man für Obstsalate und Süßspeisen.

PITAHAYA
Hylocereus guatemalensis
Diese Kaktusfrucht ist in den tropischen Regenwäldern Südamerikas beheimatet. Man verwendet sie wie Kaktusfeigen.

ZUCKERBANANE

APFELBANANE

CAVENDISH-BANANE

BANANE
Mus paradisiaca
Bananen wachsen in »Händen«, die einzelnen Früchte nennt man »Finger«. Kaufen Sie feste, gelbe Früchte. Vollreife Früchte haben vereinzelte braune Flecken auf der Schale. Grüne Bananen reifen bei Zimmertemperatur nach. Ausgereifte Bananen kann man im Kühlschrank lagern oder einfrieren. Die Schale wird braun, doch das Fruchtfleisch bleibt einwandfrei. Die Plante ist eine grünliche **Kochbanane**, die hauptsächlich für herzhafte Gerichte verwendet wird.

GUAVE
Psidium guajava
Die Guave ist mit dem Zimtapfel verwandt. Die grüne Schale verfärbt sich bei voller Reife zu einem warmen Gelb, das duftende, lachsfarbene Fruchtfleisch ist saftig. Meist werden Guaven zu Saft und Gelee verarbeitet. Kaufen Sie feste, makellose Früchte. Reife Guaven im Kühlschrank lagern.

TAMARILLO
Cyphomandra betacea
Die glatte, eiförmige, rotbraune Frucht mit dem herben Fruchtfleisch ist auch als **Baumtomate** bekannt. Kaufen Sie große, feste Früchte mit unversehrter, glänzender Schale und lagern Sie sie im Kühlschrank. Man kann das Fruchtfleisch aus der Schale löffeln, aber auch in Obstsalate, Gebäck, Aufläufe, Soufflés, Sorbets und Getränke geben. Selbst Chutney, Marmelade und Gelee läßt sich aus Tamarillos herstellen. Blanchiert serviert man sie als Beilage zu Fleischgerichten.

SAPODILLA
Manilkara zapota
Auch Breiapfel genannt. Die grüne oder bräunliche Haut muß entfernt werden, ehe man das süße Fruchtfleisch essen kann. Wählen Sie feste, einwandfreie Früchte, die bei Zimmertemperatur nachreifen. Wenn sie weich sind, werden sie im Kühlschrank gelagert. Man kann das Fleisch aus der Schale löffeln, in Obstsalate geben oder pürieren und für Sorbets oder Saucen verwenden.

STERNAPFEL
Chrysophyllum cainito
Die Schale dieser Verwandten des Breiapfels kann von Gelb über Rosa bis Dunkelrot variieren. Das weiße Fruchtfleisch liegt sternförmig im Inneren. Früchte mit fester, unverletzter Haut läßt man bei Zimmertemperatur nachreifen. Zu Käse servieren oder direkt aus der Schale löffeln. Auch für Obstsalate oder als Püree in Eiscreme, Sorbets, Getränken und Fruchtsaucen geeignet.

ANDERE FRÜCHTE

PEPINO
Solanum muricatum
Der Geschmack dieser saftigen Frucht ist eine Synthese aus Melone und Birne. Die Schale ist weich und gelblich-grün mit dunkelroten Streifen, das Fruchtfleisch ist hellgelb. Die Frucht reift bei Zimmertemperatur nach. Voll ausgereifte Früchte haben eine gelbe Schale und einen süßen Duft, sie werden im Kühlschrank gelagert. Pepinos ißt man roh, in Obstsalaten, zum Käse oder in herzhaften Gerichten. Für Sorbets und Getränke kann man sie auch pürieren.

KARAMBOLE oder STERNFRUCHT
Averrhoa carambola
Man kann die Karambole auch in unreifem Zustand essen, und die sternförmigen Scheiben sehen in Obstsalaten hinreißend aus. Kaufen Sie nur makellose Früchte und bewahren Sie sie im Kühlschrank auf.

FEIGE
Ficus carica
Die zu den Maulbeergewächsen gehörenden Feigen kommen in vielen Farben vor: Weiß, Grün, Braun, Violett und Schwarz. Man ißt sie roh zu Schinken, Käse oder im Obstsalat. Pochiert oder karamelisiert schmecken sie gut zu Eiscreme. Kaufen Sie duftende, weiche Früchte mit unverletzter Schale, die Sie im Kühlschrank aufbewahren.

SAPOTE
Diospyros digyna
Die weiße oder grüne Schale verfärbt sich bei vollreifen Früchten dunkelbraun, das Fruchtfleisch variiert von Rot bis Schwarz. Man löffelt das Fruchtfleisch aus der Schale oder püriert es für Eiscreme, Fruchtdesserts und Saucen.

KIWI
Actinidia sinensis
Unter der rauhen braunen Schale verbirgt sich ein leuchtend grünes Fleisch mit vielen winzigen Kernen. Feste Früchte reifen bei Zimmertemperatur nach, reife Kiwis lagert man im Kühlschrank. Kiwis löffelt man meist aus der Schale, sie schmecken aber auch gut zu Eis, auf Käsekuchen, im Obstsalat oder zu Käse.

BANANEN-PASSIONSFRUCHT

PASSIONSFRUCHT
Passiflora spp.
Manche Passionsfruchtsorten werden auch **Granadilla** (kleiner Granatapfel) genannt. Der Name Passionsfrucht rührt von den Blüten der rankenden Pflanze her, in denen spanische Jesuitenprediger ein Symbol der Leiden und Kreuzigung Christi sahen. Die feste, ledrige Schale kann grün, gelb oder braun sein. Die eßbaren Samen liegen in einem gelben gallertartigen Mark mit süß-säuerlichem Geschmack.

PANAMA-PASSIONSFRUCHT

PURPUR-GRANADILLA

JACKFRUCHT
Artocarpus heterophyllus

Das Fleisch dieser großen Frucht mit der harten, warzigen Schale wird unreif wie Gemüse und reif wie Obst behandelt. Reife Früchte erkennt man an der Gelbfärbung der Schale. Ganze Früchte werden an einem kühlen Ort aufbewahrt, angeschnittene Früchte im Kühlschrank. Die zahlreichen großen Samen kann man wie Eßkastanien kochen oder rösten.

ANANAS
Ananas comosus

Diese Früchte reifen nach der Ernte nicht mehr nach, darum sollte man stets duftende Ananas mit frischen, grünen Blättern kaufen. Manche Sorten bleiben auch bei voller Reife grün. Im Kühlschrank lagern und rasch verbrauchen. Die Ananas schmeckt im Obstsalat, in chinesischen Gerichten, gegrillt zu Fleischgerichten, gebacken in Kuchen und Aufläufen sowie püriert in Sorbets und Getränken.

ANDERE FRÜCHTE

PAPAYA
Carica papaya
Reife Früchte erkennt man an der gelb-orangefarbenen Schale, nur wenige Sorten bleiben grün. Das Fruchtfleisch kann gelb, rosa- oder orangefarben sein. Wählen Sie einwandfreie, süß duftende Früchte. Grüne Papayas werden vor allem in der Thai-Küche gern für Chutneys und Currys verwendet. Das fruchteigene Enzym Papain macht Fleisch zart, es verhindert aber auch das Gelieren in Marmeladen und Gelees.

CHERIMOYA oder ZIMTAPFEL
Annona cherimola
Unter der dicken, manchmal warzigen Schale verbirgt sich ein köstliches Fleisch, das wie eine Mischung aus Erdbeeren und Ananas schmeckt. Man kann die Frucht halbieren und das Fleisch herauslöffeln. Auch in Obstsalaten, Gebäck oder zu Eiscreme schmeckt es köstlich. Kaufen Sie unversehrte Früchte und lagern Sie sie im Kühlschrank.

SOLO-PAPAYA

RHABARBER
Rheum rhaponticum
Rhabarber zählt eigentlich zu den Gemüsen, aber er wird meist wie Obst verarbeitet. Man verwendet nur die Stiele, die Blätter werden entfernt. Achten Sie auf feste, knackige Stiele, die sich im Kühlschrank bis zu vier Tagen halten. Rhabarber wird in mundgerechte Stücke geschnitten und gedünstet oder gekocht, bis er zart ist. Man kann ihn für Kompott, Eiscreme und Sorbets sowie für Kuchen und Aufläufe verwenden.

JABOTICABA
Myrciaria
Die brasilianischen Früchte sehen aus wie große schwarze Trauben oder kugelrunde schwarze Oliven. Unter der herben Schale verbirgt sich duftendes Fleisch, dessen Geschmack an Litchis erinnert. Kaufen Sie feste, glänzende und unversehrte Früchte, die im Kühlschrank aufbewahrt werden sollten. Sie schmecken allein, in Obstsalaten und zu Käse ausgezeichnet.

TRAUBEN

WALTHAMCROSS-TRAUBEN

TRAUBEN
Vitis vinifera
Die Traube gehört zu den ältesten Kulturfrüchten, sie hat als Dessertobst ebenso viel Bedeutung wie für die Weinherstellung. Es gibt sie in vielen Sorten und zahlreichen Farben von blassem Grün über helles Blaurot und tiefes Dunkelrot bis hin zu Schwarz. Trauben reifen nicht nach, daher sollten Sie sie vor dem Kauf probieren. Frische Trauben werden im Kühlschrank aufbewahrt, aber erst unmittelbar vor dem Servieren gewaschen. Mit einer Schere kann man sich eine Portion abschneiden, und es bleibt kein häßliches Skelett in der Obstschale zurück. Klassisch sind Trauben zum Käse. Sie passen aber auch gut in Obstsalate und herzhafte Salate sowie in Saucen. Auch als Garnierung kalter Platten haben sie Tradition. Die wichtigste Verwendung ist natürlich die Herstellung von Wein. Getrocknete Trauben – Rosinen, Korinthen und Sultaninen – sollten als Backzutat in keinem Vorratsschrank fehlen. Getrocknete Muskatellertrauben schmecken köstlich zum Käse als Dessert.

SCHWARZE MUSKATTRAUBEN

157

MESSINA BLACK SEEDLESS
Paßt gut zu Weichkäse.

MESSINA GREEN SEEDLESS
Köstlich zu Ziegenkäse und in
Obstsalaten, außerdem zu Seezunge
»Véronique«.

THOMPSON SEEDLESS
Eine beliebte süße, saftige Sorte. Man kann
sie frisch und getrocknet essen.

TRAUBEN

SUGRANE
Eine kernlose Sorte aus Spanien mit fester Schale und herbem Aroma. Gut zum Backen.

DAN-BEN HANNAH ISRAELI
Eine schwarze Traube mit herber Schale und süßem, saftigem Fruchtfleisch. Sie enthält Kerne.

FLAME
Eine klassische rote Tafeltraube: süß und kernlos

APFEL
Bis zu sechs Monaten haltbar. Als Knabberei oder zum Backen. In kochendem Wasser 30 Minuten oder in kaltem Wasser über Nacht einweichen. Für Müsli, Gebäck sowie Füllungen für Geflügel und Schweinefleisch.

APRIKOSE
Bis zu 12 Monaten haltbar. Angenehm herber Geschmack. In kochendem Wasser 30 Minuten oder in kaltem Wasser über Nacht einweichen. Sie ist für Obstsalate, Müsli, Pilaw und Füllungen verwendbar, püriert für Saucen, Gebäck oder Eis.

BANANE
Bis zu 12 Monaten haltbar. In kochendem Wasser 30 Minuten einweichen, dann zum Backen verwenden. Trockene Bananen kann man mahlen und das so erhaltene Pulver zum Backen oder für Puddings verwenden.

PREISELBEERE
Bis zu 12 Monaten haltbar. In kochendem Wasser 30 Minuten quellen lassen, dann für Saucen, Füllungen, Desserts und Gebäck verwenden.

KORINTHE
Bis zu 12 Monaten haltbar. Die kleinen, kernlosen getrockneten Trauben eignen sich für Pilaw, süßes Gebäck und Desserts. Man kann sie vor der Verwendung zum Backen in Likör quellen lassen.

DATTEL
Bis zu sechs Monaten haltbar. Es gibt trockene, halbtrockene und weiche Sorten. Sie ist als Knabberei, zum Füllen mit Käse oder Marzipan, als Dessert zum Käse oder auch zum Backen zu verwenden.

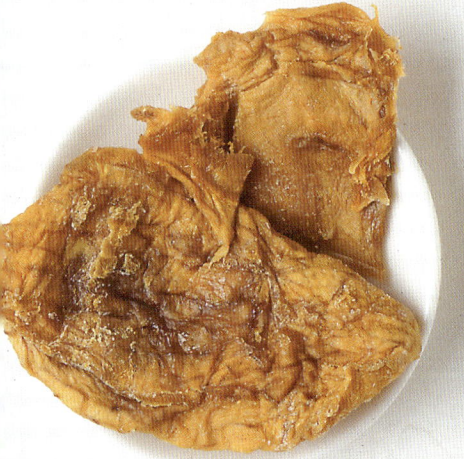

MANGO
Bis zu sechs Monaten haltbar. In kochendem Wasser 30 Minuten, in kaltem Wasser über Nacht einweichen. Für Gebäck, Eis und Desserts, außerdem püriert für Saucen und zum Aromatisieren von Soufflés und Eiscreme.

MISCHOBST
Bis zu 12 Monaten haltbar. Rosinen oder Sultaninen sind fast immer enthalten, Mischungen mit Zitronat eignen sich vor allem zum Backen.

MUSKATELLERTRAUBE
Bis zu 12 Monaten haltbar. Die trockenen dunkelhäutigen, fleischigen Früchte werden oft in ganzen Trauben getrocknet. Sie sind köstlich und dekorativ zu Käseplatten, aber auch zu Schweinefleisch und Wildgeflügel, für Pilaw und Füllungen.

TROCKENFRÜCHTE & NÜSSE

HEIDELBEERE
Bis zu sechs Monaten haltbar. Die trokkenen Beeren in kochendem Wasser 30 Minuten einweichen und für Gebäck verwenden. Püriert als Sauce zu herzhaften Gerichten und Desserts, aber auch zum Aromatisieren von Soufflés.

KIRSCHE
Bis zu sechs Monaten haltbar. Die trokkenen Früchte in kochendem Wasser 30 Minuten einweichen und für Gebäck verwenden. Püriert eignen sie sich als Sauce zu herzhaften Gerichten und Desserts und zum Aromatisieren von Soufflés.

ZITRUSSCHALE
Bis zu 12 Monaten haltbar. Die getrocknete Schale von Zitrusfrüchten – zumeist Orangen und Zedratzitronen – findet vor allem in der Weihnachtsbäckerei Verwendung.

FEIGE
Bis zu 12 Monaten haltbar. In Wasser etwa 20 Minuten lang weich dünsten. Sie schmecken zum Frühstück, zum Käse oder zu einem Glas Wein. Als Dessert in Wein quellen lassen.

INGWER
Bis zu 12 Monaten haltbar. Frischer Ingwer wird gewürfelt und in Zuckersirup kandiert. Er schmeckt köstlich in Früchtebrot oder schweren Kuchen mit viel Butter. Ingwer harmoniert besonders gut mit Birnen und Schokolade.

KIWI
Die Kiwi kann man in getrockneter Form bis zu sechs Monaten aufbewahren. In kochendem Wasser 30 Minuten, in kaltem Wasser über Nacht einweichen. Sie eignet sich zum Backen, für Saucen, Desserts und herzhafte Gerichte.

PAPAYA
Bis zu sechs Monaten haltbar. In kochendem Wasser 30 Minuten, in kaltem Wasser über Nacht quellen lassen. Sie eignet sich zum Backen, püriert als Sauce zu Desserts und herzhaften Gerichten sowie zum Aromatisieren von Soufflés.

PFIRSICH
Bis zu 12 Monaten haltbar. Er schmeckt als Knabberei oder im Müsli. In kochendem Wasser 30 Minuten oder in kaltem Wasser über Nacht einweichen, dann weich dünsten. Er empfiehlt sich für arabische Fleischgerichte.

BIRNE
Bis zu sechs Monaten haltbar. Sie schmeckt getrocknet als Knabberei oder im Müsli. In kochendem Wasser 30 Minuten oder in kaltem Wasser über Nacht quellen lassen, dann weich dünsten.

ANANAS
Bis zu 12 Monaten haltbar. Sie ist eine köstliche Knabberei. In kochendem Wasser 30 Minuten, in kaltem Wasser über Nacht einweichen. Sie eignet sich gut für üppige Früchtekuchen, aber auch püriert als Sauce.

PFLAUME
Diese gesunde Knabberei ist bis zu sechs Monaten haltbar. In kochendem Wasser 30 Minuten, in kaltem Wasser über Nacht einweichen, dann weich dünsten. Man kann sie unter Obstsalate mischen oder pürieren und als Sauce verwenden.

BACKPFLAUME
Bis zu sechs Monaten haltbar. Leicht geschmort schmecken sie köstlich zum Frühstück. Sie eignen sich auch zu Schweinefleisch und Wild, püriert als Sauce zu Desserts oder als Geschmacksgrundlage für Soufflés und Eiscreme.

MANDELN, mit Schale
Prunus dulcis
Um das Aroma zu schützen, sollten ganze Mandeln an einem kühlen, trockenen und dunklen Ort aufbewahrt werden. Mandeln wachsen an Bäumen, die in Südeuropa heimisch sind.

MANDELKERNE
Prunus dulcis
Wie ungeschälte Mandeln aufbewahren, im Kühlschrank lagern oder einfrieren. Man verwendet sie für Konfekt und Gebäck, aber auch für herzhafte Gerichte aus der Küche des Mittleren Ostens.

MANDELN, gerieben
Prunus dulcis
Geriebene, blanchierte Mandeln sollte man einfrieren. Man verwendet sie für feines Gebäck sowie für Marzipan und Konfekt. Außerdem benötigt man sie zur Herstellung von Mandelbutter.

PARANÜSSE, ungeschält
Bertholettia excelsa
Kühl, dunkel und trocken aufbewahren. Die Nüsse mit dem cremigen Geschmack wachsen an einem Baum in südamerikanischen Wäldern. Jede Nuß ist ein Samen mit harter Schale.

PARANUSSKERNE
Bertholettia excelsa
Im Kühlschrank oder Tiefkühlfach aufbewahren. Die geschälten Nüsse serviert man zu Desserts oder zum Käse, man verwendet sie aber auch zum Backen, speziell für reichhaltige Früchtekuchen.

CASHEWNÜSSE, roh
Kühl, trocken und dunkel, im Kühlschrank oder im Tiefkühlfach aufbewahren. Die Nüsse stammen aus Brasilien, werden aber auch in Indien angebaut. In der asiatischen Küche sind sie sehr beliebt. Sie sind mild-süß mit zartem Biß.

TROCKENFRÜCHTE & NÜSSE

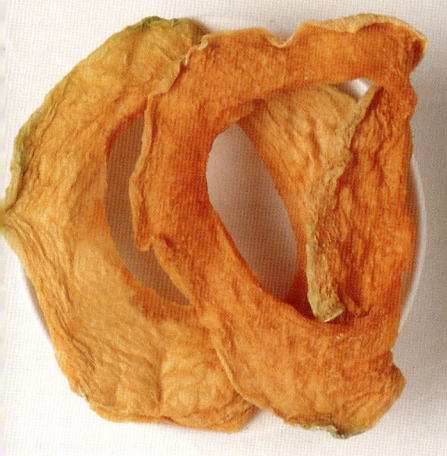

MELONE

Bis zu sechs Monaten haltbar. Eine leckere Knabberei, die sich auch als Zutat zum Müsli eignet. In kochendem Wasser 30 Minuten, in kaltem Wasser über Nacht einweichen, dann weich dünsten. Für Süßspeisen verwenden oder pürieren.

ROSINEN

Bis zu 12 Monaten haltbar. Rosinen sind große, fleischige, zumeist kernlose getrocknete Trauben. Sie werden hauptsächlich zum Backen und für Desserts verwendet. Man kann sie vor Gebrauch in Likör quellen lassen.

SULTANINEN

Bis zu 12 Monaten haltbar. Die getrockneten Trauben mit heller Schale schmecken köstlich zum Knabbern, aber auch als Backzutat, für Müsli, Salate, Pilaw, Currys, Füllungen und Schmorgerichte.

MANDELN, gehobelt
Prunus dulcis

Blanchierte Mandelkerne werden in papierdünne Scheibchen gehobelt. Im Kühlschrank oder Tiefkühlfach aufbewahren. Als Dekoration vor dem Backen auf Kuchenteig streuen oder rösten.

MANDELN, blanchiert
Prunus dulcis

Im Kühlschrank lagern oder einfrieren. Mit kochendem Wasser überbrühen, um die braune Haut zu entfernen. Nach dem Abgießen läßt sich die Haut leicht abstreifen. Sie werden zum Backen verwendet.

MANDELSTIFTE
Prunus dulcis

Im Kühlschrank lagern oder einfrieren. Die blanchierten Mandelkerne werden in relativ dicke Stifte geschnitten. Man kann sie zum Backen verwenden, aber auch für Salate, Füllungen, Reis- und Nudelgerichte.

ESSKASTANIEN oder MARONEN
Castanea mollissima

Eine stärkehaltige Nuß mit geringem Kaloriengehalt und viel Ballaststoffen. Sie eignen sich für Suppen, Füllungen und Gemüsegerichte. Püriert verwendet man sie für Desserts (Soufflés oder Eiscreme).

KOKOSNUSS
Cocos nucifera

Im Kühlschrank aufbewahren. Das Fleisch der tropischen Palmfrucht schmeckt frisch und getrocknet. Kokosmilch ist ein erfrischendes Getränk, sie wird aber auch vielfach in der asiatischen Küche benutzt.

KOKOSFLOCKEN
Cocos nucifera

In einem fest schließenden Gefäß kühl, dunkel und trocken aufbewahren. Die Flocken werden zum Backen und für Desserts verwendet, außerdem für viele indische Gerichte.

HASELNUSS, ungeschält
Corylus avellana
Haselsträucher wachsen überall auf der Erde. Die Nüsse sind für süßes Gebäck ebenso beliebt wie für herzhafte Gerichte. Man stellt aus ihnen auch Haselnußöl und Haselnußbutter her.

HASELNUSSKERNE
Corylus avellana
Im Kühlschrank oder Tiefkühlfach lagern. Um die Haut zu entfernen, werden die Nüsse 10 Minuten im Backofen geröstet, bis sie zu duften beginnen. Dann läßt die Haut sich mit einem Geschirrtuch leicht abreiben.

HASELNUSS, gemahlen
Corylus avellana
Am besten einfrieren. Man benutzt sie zum Backen von Kuchen, Torten und Plätzchen, für Desserts wie Soufflé und Eiscreme sowie zur Herstellung von Pralinen und Konfekt.

ERDNUSS, roh
Arachis hypogaea
Im Kühlschrank oder Tiefkühlfach aufbewahren. Meist läßt sich die Haut leicht abstreifen, sonst werden die Nüsse kurz blanchiert. Man stellt daraus vor allem Erdnußbutter her.

ERDNUSS, geröstet
Arachis hypogaea
Im Kühlschrank oder Tiefkühlfach aufbewahren. Man gibt sie gehackt in Salate, Saucen (etwa indon. Sateh-Sauce) und Geflügel, Fleisch, Fisch, Nudel- und Reisgerichte. Auch zum Backen kann man sie verwenden.

PECANNUSS, ungeschält
Carya illinoiensis
Die Fruchtkerne des Hickorybaums ähneln den Walnüssen, und man kann sie auch ganz ähnlich verwenden. Pecannüsse haben jedoch einen etwas milderen Geschmack als Walnüsse.

PISTAZIE, gesalzen
Pistacia vera
Pistazien stammen aus Syrien, werden heute aber weltweit angebaut. In der cremefarbenen Schale, die an einer Seite eine natürliche Öffnung hat, sitzt ein grüner Kern.

PISTAZIE, geröstet
Pistacia vera
Am besten einfrieren. Man benutzt sie für Desserts wie Eiscreme und Soufflé, aber auch als Zutat zu Kuchenteig und für Pralinen.

PISTAZIE, gemahlen
Pistacia vera
Im Tiefkühlfach aufbewahren. Die blanchierten Pistazien werden für Desserts, Eiscreme und Soufflé verwendet, außerdem als Teigzutat für Gebäck und für die Pralinenherstellung.

NÜSSE

MACADAMIANUSS, geschält
Macadamia integrifolia
Im Kühlschrank oder Tiefkühlfach aufbewahren. Man kann sie im Ganzen knabbern oder gehackt in Salate, Kuchenteig, Plätzchen, Desserts und Eiscreme geben.

MACADAMIANUSS, gemahlen
Macadamia integrifolia
Am besten einfrieren. Eine edle Zutat für Kuchen- und Plätzchenteig, außerdem für Eiscreme und Pralinen.

ERDNUSS, ungeschält
Arachis hypogaea
Kühl, dunkel und trocken lagern. Erdnüsse wachsen paarweise in locker sitzenden, spröden Schalen, die sich leicht mit den Fingern aufbrechen lassen. Das Aroma paßt zu herzhaften und süßen Gerichten.

PECANNUSS, geschält
Carya illinoiensis
Im Kühlschrank lagern oder einfrieren. Man kann die Kerne pur knabbern, im Ganzen für Pecannußkuchen und Früchtebrot verwenden sowie gehackt in Kuchen- und Plätzchenteig geben.

PECANNUSS, gemahlen
Carya illinoiensis
Im Tiefkühlfach aufbewahren. Sie eignen sich als Teigzutat für Kuchen und Plätzchen, werden aber auch zur Herstellung von Eiscreme und Pralinen verwendet.

PINIENKERN
Pinaceae
Diese Samenkörner findet man zwischen den »Schuppen« der großen Pinienzapfen. Sie haben ein süßliches Aroma und einen zarten Biß. Geröstet streut man sie über Salate, Pilaw und Nudelgerichte.

WALNUSS, ungeschält
Juglans
Kühl, dunkel und trocken lagern. Haut und Schale von amerikanischen Walnüssen sind dunkel, das Fruchtfleisch selbst ist hell und sehr kräftig im Geschmack. Europäische Walnüsse sind milder.

WALNUSS, geschält
Juglans
Walnüsse kann man gut als Snack servieren, aber auch zu Käse und Portwein als Dessert. Halbiert oder grob gehackt geben sie Salaten, Früchtebrot, Nudelsaucen, Gebäck und Bratenfüllungen würzigen Biß.

WALNUSS, gemahlen
Juglans
Im Tiefkühlfach aufbewahren. Die edle Zutat für Kuchen- und Plätzchenteig ist auch für Füllungen und Pralinen sehr beliebt.

Mehl, Getreide, Cerealien & Nudeln

»Unser tägliches Brot« – das ist viel mehr als aufgeschnittene Scheiben in Plastiktüten. In der westlichen Welt ist es das Grundnahrungsmittel schlechthin.

In vielen Ländern gilt Brot als geachtetes, wenn nicht heiliges Gut. In Italien heißt es, auf den Boden gefallene Krümel solle man mit den Wimpern aufheben. In Spanien küßt man heruntergefallenes Brot, ehe man es wieder auf den Tisch legt.

Brot braucht nicht schlecht zu werden. Man kann daraus Brotsalate wie den italienischen *panzanella* oder den libanesischen *fattoush* bereiten, Knüste für ein Käsefondue würfeln oder dicke Scheiben auf einer rustikalen Suppe schwimmen lassen.

Noch vor wenigen Jahren war Reis in westlichen Haushalten eben einfach nur Reis. Heute wählen wir unsere Zutaten mit mehr Wissen und Sorgfalt aus. Wir kaufen Arborio-Reis für Risotto, Jasmin-Reis zu thailändischen Gerichten und Basmati-Reis zu indischen Currys.

Auch die Nudeln haben sich erheblich verändert. Heute gibt es über 700 verschiedene Formen, von den bekannten Spaghetti über Muscheln (Conchiglie) und Spiralen (Fusili) zu Schleifen (Farfalle) – die Liste ist schier endlos. Viele Geschäfte bieten auch frische Pasta in allerlei Varianten an, gefüllt und ungefüllt, gefärbt oder aromatisiert. Gut sortierte Geschäfte halten auch asiatische Nudeln bereit. Wer sie probiert, wird begeistert sein. Getrocknete Nudeln halten sich im Vorratsschrank monatelang, frische Nudeln sollten sofort verbraucht oder eingefroren werden.

Asiatische Nudeln, Couscous, Polenta und die große Vielfalt an weiteren Speisegetreiden wie Gerste und Bulgur finden immer mehr Anhänger.

BRAUNER LANGKORNREIS
Sehr nahrhaft. Die ungenießbare äußere Hülle ist entfernt, doch die braune Kleieschicht bleibt erhalten. Der locker und körnig auskochende Reis eignet sich gut für Pilaw und Reissalate.

BRAUNER RUNDKORNREIS
Sehr nahrhaft. Die ungenießbare äußere Hülle ist entfernt, die braune Kleieschicht bleibt jedoch erhalten. Die Reiskörner kleben beim Kochen zusammen, darum eignet sich dieser Reis vor allem für Puddings und Aufläufe.

WEISSER LANGKORNREIS
Die Körner werden poliert, wobei die Kleieschicht entfernt wird. Er bleibt nach dem Kochen locker und körnig und eignet sich besonders gut für Pilaw und Reissalate.

WEISSER RUNDKORNREIS
Die Körner kleben beim Kochen zusammen, darum eignet er sich vor allem für Puddings, Aufläufe und Milchreis.

WEISSER KLEBEREIS
Eine spezielle, besonders stärkehaltige Sorte Rundkornreis. Er wird hauptsächlich in Asien für Desserts und Süßspeisen verwendet, berühmt wurde er als Füllung für japanische Sushi.

BASMATI-REIS
Ein langkörniger Reis mit aromatischem Duft, der sich erst während der Lagerung entwickelt. Beim Kochen bleibt er locker und körnig, darum wird er vorwiegend für Pilaw und Reissalate verwendet.

JASMIN-REIS
Ein zarter, fein duftender Langkornreis, der in der asiatischen Küche sehr beliebt ist. Man kann ihn auch für Pilaw und Reissalate verwenden.

WILDREIS-MISCHUNG
Diese Mischung hat ein besonders nussiges Aroma, zudem sieht sie als Beilage oder Zutat zum Salat sehr appetitlich aus. Solche Mischungen enthalten Reissorten mit gleicher Kochzeit.

ARBORIO-REIS
Der Reis mit den großen, runden Körnern ist ein Klassiker für Risotto. Beim Rühren in der Brühe gibt er Stärke ab. Ursprünglich wurde er nur in der italienischen Po-Ebene angebaut, heute ist er weltweit zu bekommen.

KÖRNER, MEHLE, GETREIDEPRODUKTE

CARNAROLI, super fino
Eine weitere gute Sorte für Risotto. Beim ständigen Rühren in der Brühe löst sich die im Reis gebundene Stärke.

VIALONE NANO, semi fino
Die Körner sind etwas kleiner als die des Carnaroli. Der Reis, der beim Rühren in Brühe Stärke abgibt, wird ebenfalls gern für Risotto verwendet.

CALASPARRA
Dieser Reis wird an der Ostküste Spaniens angebaut und eignet sich hervorragend für Paella. Man kann ihn notfalls durch **Arborio, Carnaroli** oder **Vialone Nano** ersetzen.

SCHWARZER THAI-REIS
Die Kleieschicht dieser Reissorte ist wasserlöslich, darum verfärbt sich beim Kochen das Wasser dunkel. Das Aroma der festen, knackigen Körner erinnert an Gras. Er wird zusammen mit Kokosmilch oder Kokosraspel für Desserts verwendet.

WEISSER THAI-REIS
Der langkörnige Reis wird beim Kochen etwas klebrig und entwickelt einen typischen Duft. In Thailand, wo Reis als Symbol der Reinheit gilt, wird er stets ohne Salz und Gewürze gekocht und als separate Beilage gereicht.

SUSHI-REIS
Die Körner sind mit Maissirup und -stärke überzogen. Dadurch kleben sie beim Kochen fest zusammen und eignen sich perfekt für Sushi. Im Geschmack ähneln sie dem Klebereis.

REISKLEIE
Die äußere braune Schicht der Reiskörner sowie ein kleiner Anteil des Keims hat einen hohen Ballaststoff-Gehalt und wirkt gegen Cholesterin. Man mischt die Kleie unter Kuchen- und Brotteige.

GEMAHLENER REIS
Eine gröbere Form des Reismehls, die aus leicht gerösteten Körnern hergestellt wird. Weil es kein Gluten enthält, muß man es zum Kochen und Backen mit anderen Mehlen mischen. Es eignet sich zum Andicken sowie zur Herstellung von Süßigkeiten.

REISMEHL
Im Handel findet man weißes und braunes Reismehl. Das seidig-glatte Mehl wird vorwiegend zum Andicken und zur Herstellung von Reisnudeln oder als Weizenmehlersatz verwendet.

REISFLOCKEN
Diese Flocken bestehen aus getrocknetem, gepreßtem Parboiled-Reis. Man kann sie für süßen und herzhaften Reisbrei verwenden, jedoch nicht als Frühstücksflocken.

REIS-CRISPS
Die knusprigen, trockenen Flocken werden aus Reis hergestellt. Man ißt sie vor allem zum Frühstück, aber man kann sie auch unter Brot- und Kuchenteige mischen.

WILDREIS
Zizania aquatica
Botanisch gesehen ist dies kein Reis, sondern eine Grasart, die im Wasser wächst. Lange Körner haben die beste Qualität. Kürzere Körner schmecken ähnlich und sind wesentlich preiswerter.

MAISSCHROT
Zea mays
Dieses Maisprodukt ist gröber gekörnt als **Polenta**. Man kann das Schrot in Wasser einweichen und daraus einen Brei nach Art des englischen Porridge kochen.

MAISMEHL
Es wird aus den stärkehaltigen Maiskernen hergestellt und ist auch als Maisstärke im Handel. Es enthält kein Gluten und trübt Saucen als Verdickungsmittel nicht ein. In der asiatischen Küche wird es viel benutzt. Zum Backen mit anderen Mehlen mischen.

POLENTA
Ein körniges Mehl aus gelbem oder weißem Mais. Man kocht es auf kleiner Flamme in Wasser zu einem festen Brei, den man heiß und weich ißt oder abkühlen läßt, in Scheiben schneidet und grillt oder brät.

POLENTA, weiß
Wird aus weißem Mais hergestellt und wie gelbe Polenta verarbeitet.

INSTANT POLENTA
Wird wie weiße und gelbe Polenta verwendet. Weil das Produkt vorbehandelt ist, braucht es eine geringere Kochzeit.

POPCORN-MAIS
Zea mays everta
Die getrockneten Körner dieser Maissorte platzen auf, wenn sie erhitzt werden. Man kann ein spezielles Popcorngerät benutzen, eine zugedeckte Pfanne und etwas Öl erfüllen jedoch den gleichen Zweck.

KÖRNER, MEHLE, GETREIDEPRODUKTE

CORNFLAKES
Für die knusprigen, trockenen Frühstücksflocken werden verschiedene Maissorten gemahlen, gepreßt und geröstet. Meist werden die Flocken zusätzlich mit Nährstoffen angereichert. Man ißt sie mit Milch oder Joghurt.

ROGGEN
Secale cereale
Wird vor allem zum Backen von Brot verwendet. Er enthält weniger Gluten als Weizen, darum ist Roggenbrot fester in der Krume und schwerer verdaulich. Er ist auch in Pumpernickel und Knäckebrot enthalten.

ROGGENFLOCKEN
Hierfür werden ganze Roggenkörner gedämpft und gepreßt. Man kann sie zum Frühstück für Porridge oder Müsli verwenden oder vor dem Backen auf Brotteig streuen.

ROGGENMEHL
Feiner ausgemahlen als Roggenschrot. Neben Vollkornmehl werden auch feinere Qualitäten angeboten. Man mischt es zum Backen von Brot und herzhaftem Kleingebäck mit glutenhaltigen Mehlen.

GERSTE
Hordeum vulgare
Sie wird vor allem zur Herstellung von Bier und Whisky verwendet, eignet sich aber auch gut als Einlage für Suppen, Eintöpfe und Schmorgerichte.

PERLGRAUPEN
Dies sind geschälte und polierte Gerstenkörner, die man vor allem als Verdickungsmittel in Suppen, Eintöpfe und Schmorgerichte gibt.

GERSTENFLOCKEN
Gerstenkörner werden gedämpft und gepreßt. Man ißt die Flocken zum Frühstück, kann sie aber auch für Gebäck und als Verdickungsmittel für Suppen und Eintöpfe verwenden.

GERSTENMEHL
Ein feines Mehl aus geschälter Gerste mit niedrigem Glutengehalt. Zum Backen muß man es mit anderen Mehlen mischen. Gerstenmehl ist auch als Verdickungsmittel geeignet.

PFEILWURZELMEHL oder ARROWROOT
Die Stärke wird aus den Wurzelstöcken der tropischen Pfeilwurz gewonnen. Man verwendet sie für Plätzchen und Süßspeisen. Saucen, die mit Pfeilwurzelmehl eingedickt werden, bleiben klar und transparent.

WEIZEN
Triticum vulgare
Die ganzen, ungeschälten Weizenkörner kann man kochen und in Salate geben. Weizen darf erst nach dem Kochen gesalzen werden.

WEIZENFLOCKEN
Ganze Weizenkörner werden gedämpft und gepreßt, ähnlich wie Haferflocken. Man ißt sie zum Frühstück, z. B. im Müsli, kann sie aber auch vor dem Backen auf Brotteig streuen.

BULGUR
Weizenkörner werden zuerst geschält und gedämpft, dann zerkleinert und getrocknet. Vor allem in der Küche des Mittleren Ostens werden sie gern für vegetarische Gerichte wie Tabbouleh verwendet.

WEIZENKEIME
Dies sind ganz junge Weizenkörner. Man verwendet sie – roh oder geröstet – im Müsli oder als Backzutat. Sie eignen sich auch gut zum Panieren von Fisch, Fleisch und Geflügel. Im Kühlschrank lagern oder einfrieren.

VOLLWEIZENMEHL
In diesem Mehl sind auch Kleie und Keime enthalten, daher kann es ranzig werden. Man sollte es nur in kleinen Mengen einkaufen und nach Möglichkeit im Kühlschrank aufbewahren.

WEISSMEHL
Für dieses Mehl werden nur Teile des Weizenkorns verwendet, daher enthält es weniger Nährstoffe als Vollweizenmehl. Weißmehl gibt es in unterschiedlichen Feinheits- oder Ausmahlungsgraden.

UNGEBLEICHTES MEHL
Für dieses Mehl werden die Weizenkörner vor dem Mahlen nicht gebleicht.

HARTWEIZENGRIESS
Dies ist das gemahlene Nährgewebe des Hartweizens, der vorzugsweise zum Herstellen von italienischen Nudeln verarbeitet wird, aber auch für indische Dosas, Gemüsepilaw und Couscous. Man kann ihn auch zum Backen verwenden.

HARTWEIZENMEHL
Dieses Mehl wird aus Hartweizen hergestellt. Es ist der klassische Grundstoff für italienische Nudeln.

KÖRNER, MEHLE, GETREIDEPRODUKTE

MAROKKANISCHER COUSCOUS
Die kleinen Kügelchen aus Hartweizengrieß sind mit Mehl ummantelt. Echter marokkanischer Couscous muß mindestens eine Stunde lang im Dampf garen. Es gibt auch eine Instant-Sorte, die in wenigen Minuten gar ist und ihr Volumen um ein Vielfaches vergrößert.

ISRAELISCHER COUSCOUS
Hergestellt wie marokkanischer Couscous, haben die Partikel jedoch nur die Größe von Pfefferkörnern. Man bereitet ihn auf die traditionelle, etwas langwierige Weise im Dampf zu, kann ihn aber auch wie Risotto kochen.

LIBANESISCHER COUSCOUS
Die Herstellung entspricht der des marokkanischen Couscous, doch sind die Kügelchen erbsengroß. Er wird mindestens eine Stunde lang im Dampf gegart. Man kann ihn auch, wie Risotto, in Brühe garen.

ATTA-MEHL
Es wird aus Weizenkörnern hergestellt und ist etwas dunkler und gröber als übliches Weizenmehl. In der indischen Küche backt man daraus z. B. Chapatis. Es gibt feine, relativ helle sowie dunkle, gröbere Sorten.

BUCHWEIZEN
Fagopyrum esculentum
Ganzer, ungerösteter Buchweizen enthält kein Gluten. Man kann daraus Pilaws zubereiten oder ihn als Zutat für Füllungen verwenden.

KASHA
Dieser geröstete Buchweizen ist vor allem in Rußland sehr bliebt. Er hat einen nussig-frischen Geschmack und einen elastisch-festen Biß.

BUCHWEIZENMEHL
Es gibt helle und dunkle Sorten. Die kleinen schwarzen Flecken rühren von dem relativ hohen Kleieanteil her. Man verwendet das Mehl für Blinis, es eignet sich aber auch zum Backen, wenn man es mit anderen Mehlen mischt.

TRITICALE
Triticum secale
Triticale ist das erste von Menschen gezüchtete Getreide, eine Kreuzung aus Weizen und Roggen. Es wird zu Frühstücksflocken verarbeitet, eignet sich aber auch für Brot und Kuchen.

QUINOA
Quinoa ist eine sehr alte eiweißhaltige Getreideart aus den Anden. Heute wird es als »Supergetreide der Zukunft« gepriesen. Man bereitet es wie Reis zu, muß aber vorher die bittere Harzschicht abwaschen.

MATZEMEHL
Für dieses Mehl werden dünne Fladen ungesäuerten, getrockneten Brotes zerkleinert. Traditionell ißt man es in jüdischen Haushalten vor dem Passah-Fest. Anstelle von Weizenmehl kann man es zum Andicken von Saucen sowie zum Backen verwenden.

MATZEMEHL, fein
Das feiner ausgemahlene Matzemehl benutzt man für traditionelle jüdische Gerichte, wie z. B. Gefilte Fisch, Matzekuchen und Pfannkuchen. Es eignet sich auch zum Andicken von Suppen und zum Panieren.

SAGO
Metroxylon sagu
Kleine Stärkekügelchen, die aus dem Mark im Stamm einer Palmenart hergestellt werden. Man verwendet Sago vor allem als Verdickungsmittel und für Süßspeisen.

SOJAMEHL
Das Mehl enthält doppelt soviel Eiweiß wie Weizenmehl, aber nur wenig Kohlenhydrate. Zum Backen muß man es mit anderen Mehlen mischen. In Japan wird es für Knabbergebäck verwendet.

TAPIOKA-KUGELN
Manihot utilissima
Diese Stärke, die aus den Wurzeln der Cassava-Pflanze hergestellt wird, kann man als Ersatz für Pfeilwurzelmehl oder Maisstärke verwenden. Die Kügelchen – größer als Sago – sind beliebt zum Andicken von Süßspeisen.

TAPIOKA, gemahlen
Das feine Mehl wird zum Andicken von Suppen, für Obstbeläge auf Kuchen und für Tortenguß verwendet. Man kann es durch Pfeilwurzelmehl oder Maisstärke ersetzen.

HIRSE
Panicum milaceum
Man kennt sie vor allem als Vogelfutter. Hirse hat einen nussigen Geschmack, ähnlich wie Polenta. Geröstete Hirse duftet wie gebackener Mais oder Popcorn.

HIRSESCHROT
Die relativ grob geschrotete Hirse kann man gut für Gebäck verwenden und auch unter das Frühstücksmüsli mischen. Mit einer einfachen Getreidemühle kann man es leicht selbst in kleinen frischen Portionen herstellen.

URDMEHL
Das Mehl wird aus gewaschenen und geschälten schwarzen Urdbohnen hergestellt. Es wird vor allem in der südindischen Küche verwendet.

KÖRNER, MEHLE, GETREIDEPRODUKTE

HAFER
Avena sativa
Von den Samenkörnern des Hafers wird nur ein geringer Teil des äußeren Samenhülle entfernt. Sie sind sehr nahrhaft. Durch Einweichen über Nacht verkürzt sich die Kochzeit.

HAFERFLOCKEN
Gedämpfte und gewalzte Haferkörner. Zum Quellen mit knapp dem dreifachen Volumen kochenden Wassers übergießen und 10 Minuten stehenlassen. Sie sind für Plätzchen, Müsli und Brotteig geeignet.

HAFERGRÜTZE
Ganze Haferkörner werden in mittelfeine bis feine Stücke zerkleinert. Man verwendet sie für Porridge und Grütze, zum Backen und für das schottische Nationalgericht Haggis.

LEINSAMEN
Er wird hauptsächlich für die Herstellung von Leinöl verwendet, kann aber auch unter Brotteige geknetet werden.

LEINSAMENSCHROT
Dies sind die Rückstände der Körner nach der Ölpressung. Es enthält wenig Fett und viel Eiweiß. Obwohl es meist als Viehfutter verwendet wird, ist es durchaus für den menschlichen Verzehr geeignet.

KARTOFFELMEHL
Hierfür werden getrocknete Kartoffeln gemahlen. Das Mehl wird hauptsächlich zum Andicken von Suppen und Saucen verwendet, es eignet sich aber auch zum Backen von Kuchen und Plätzchen.

KLEIE-FLOCKEN
Ein ballaststoffreiches Frühstücksprodukt, das aus den faserigen Außenschichten von Getreidekörnern hergestellt wird.

WEIZENKLEIE
Die feingemahlene äußere Faserschicht des Weizenkorns, die vor der Verarbeitung zu Weißmehl abgeschliffen wird. Man kann die kleinen ballaststoffreichen Flocken mit anderen Frühstücksflocken mischen, aber auch in Brotteig einarbeiten.

BESAN
Dieses Mehl wird aus einer kleinen **Kichererbsen**-Sorte hergestellt. Vor allem in der indischen Küche wird es für kleine gebratene Teigfladen, aber auch zum Andicken und für Süßspeisen verwendet.

CAPELLINI
Sehr dünne Nudeln, die am besten zu leichten Saucen oder Bouillon passen. Man nennt sie auch *capelli d'angelo* (Engelshaar).

FEDELINI
Nur geringfügig dicker als Capellini

SPAGHETTINI
Sie sind dicker als Capellini, aber dünner als Spaghetti. Für leichte Saucen

SPAGHETTI
Die wohl beliebtesten aller Nudeln harmonieren mit cremigen Saucen ebenso wie mit stückigen. Die dünnen Nudeln gibt es in verschiedenen Geschmacksrichtungen.

LINGUINE
Die flachen Linguine harmonieren mit den meisten Saucen. Es gibt auch grüne und Vollkornsorten. Auch als **Tagliatelle** oder **Bavette** bekannt

FETTUCCELLE
Eine breitere Version der Linguine

TAGLIERINI
Sehr schmale, flache Streifen aus köstlichem Eiernudel-Teig, die meist in Bouillon oder leichten Saucen serviert werden.

TAGLIOLONI oder LINGUINE FINI
Eine dünnere Variante der Linguine

LANGE NUDELN

VERMICELLI
Die Dicke dieser Nudeln liegt etwa zwischen Spaghetti und Spaghettini.

BUCCATINI
Diese langen, hohlen Nudeln sind der ideale Begleiter cremiger, üppiger Saucen.

PERCIATELLI
Eine andere hohle, saucensüffige Sorte.

FUSILLI BUCATI LUNGHI
Lange Hohlnudeln, die wie Korkenzieher spiralförmig gedreht sind.

ZITE
Lange, relativ dicke Hohlnudeln. Auch unter dem Namen **Ziti** im Handel.

LASAGNETTE
Lange, bandförmige Nudeln mit Wellenrand. In der Breite liegen sie zwischen Pappardelle und Fettuccine.

LAGHANELLE CON SALVIA
Breite Streifen handgefertigter Pasta aus Hartweizen, die mit Salbei aromatisiert sind. Köstlich zu fleischhaltigen Saucen.

FETTUCCINE/TRENETTE
Bandförmige, etwa 5 mm breite Nudeln in verschiedenen Geschmacksrichtungen, die besonders gut mit Sahnesaucen harmonieren.

TAGLIATELLE
»Nester« *(nidi)* aus langen, bandförmigen Eiernudeln. Sie sind etwas schmaler als Fettuccine.

PAPPARDELLE
Die breitesten Eier-Bandnudeln werden oft in Form von »Nestern« *(nidi)* verkauft. Die Nudeln mit glatten oder gewellten Rändern passen vor allem zu rustikalen Saucen. Es gibt auch eine grüne Variante *(con spinaci)*.

LINGUINE MIT SPINAT UND BASILIKUM

LINGUINE MIT SEPIA (TINTENFISCH-TINTE)

MACCHERONI ALLA CHITARRA
Die langen, eckigen Eiernudeln stammen ursprünglich aus den Abruzzen und sind nach dem Gerät benannt, durch das der Teig gepreßt wurde. Man findet sie auch unter den Namen **Tonnarelli** oder **Spaghetti alla chitarra**.

CAPELLINI MIT SAFRAN
Die Rohmasse der hauchdünnen Eiernudeln ist mit Safran aromatisiert – Fisch und Meeresfrüchte sind ideale Kombinationspartner.

EIERNUDELN

LASAGNE
Die Eiernudeln werden zu Platten ausgerollt, und man verwendet sie zur Zubereitung des gleichnamigen Ofengerichts. Man kann Lasagne frisch und getrocknet kaufen.

LASAGNE VERDI
Der rohe Nudelteig ist mit püriertem Spinat aromatisiert und eingefärbt.

FETTUCCINE/TRENETTE
»Nester« *(nidi)* aus bandförmigen Eiernudeln, die vorzugsweise zu Sahne- und Buttersaucen gereicht werden, z. B. für *Fettuccine all'Alfredo*. Sie sind in verschiedenen Geschmacksrichtungen erhältlich.

TAGLIOLINI
Hauchdünne, lange Fäden aus Eiernudel-Teig

CANNELLONI
Dicke, hohle Röhren aus Eiernudel-Teig, die gefüllt und im Ofen überbacken werden.

CAVATAPPI
Kleine, korkenzieherförmige Nudeln

CASARECCIA
Auch unter dem Namen **Strozzapreti**
(Pastoren-Würger) im Handel

PASTA AL CEPPO
Aufgerollte, kleine Nudelplättchen

FARFALLE
Nudeln in Schleifen- bzw. Schmetterlingsform. Es gibt sie auch in Grün *(con spinaci)*.

FARFALLINE
Winzige, schleifenförmige Nudeln

FARFALLONI
Große Schleifennudeln

FUSILLI
Spiralförmige Nudeln. Es gibt auch grüne Varianten *(con spinaci)* und solche aus Vollkornmehl *(tipo integrale)*.

ELICOIDALI
Diese dünnere Variante der Rigatoni trägt ihren Namen wegen der spiralförmig geriffelten Außenseite. Es gibt auch eine Vollkornvariante *(tipo integrale)*.

MACCHERONI
Kurze, dünne Nudelröhrchen

KURZE NUDELN

PENNE LISCE
Kurze, glatte Hohlnudeln mit abgeschrägten Enden

PENNE RIGATE
Kurze, geriffelte Hohlnudeln mit abgeschrägten Seiten. Es gibt auch grüne Sorten *(con spinaci)* und solche aus Vollkornmehl *(tipo integrale)*.

MEZZE PENNE RIGATE
Etwas dickere, kurze Hohlnudeln mit abgeschrägten Enden

PENNONI
Dicke, an den Enden abgeschrägte, glatte Hohlnudeln

PENNONI RIGATI
Dicke, geriffelte Hohlnudeln mit abgeschrägten Enden

PENNE MEZZANE
Kurze, dünne Hohlnudeln mit abgeschrägten Enden

GNOCCHI
Kleine, gewölbte Nudeln in der Form von Muscheln oder Wolken. Nicht zu verwechseln mit den Klößchen aus Kartoffeln oder Mehl.

GNOCCHETTI SARDI
Eine kleinere Variante der Gnocchi, die von der Insel Sardinien stammt

ROTELLE
Nudeln in Radform

KURZE NUDELN

RIGATONI
Dicke, geriffelte Hohlnudeln

PIPE RIGATE
Geriffelte, hohle Nudeln, deren Form
an kleine Schneckenhäuser erinnert

GNOCCHETTI DI ZITA LUNGHI RIGATI
Kurze, dicke, geriffelte Hohlnudeln

ORECCHIETTE
Kleine, unregelmäßig gewölbte Nudeln (»Öhrchen«)
ORECCHIETTE MISTI
Kleine, ohrenförmige Nudeln in grün (Spinat), rot (Chili) und naturfarben (ohne Zusätze)
ORECCHIOTTE
Große, ohrenförmige Nudeln, die sich gut zum Füllen und Überbacken eignen

CONCHIGLIE RIGATE
Geriffelte Nudeln in Muschelform
CONCHIGLIONI RIGATI
Sehr große, geriffelte Muschelnudeln

SPACCATELLA
Gebogene, seitlich offene Hohlnudeln

FRICELLI
Relativ kurze, handgerollte Nudeln

MILLERIGHE
Mittelgroße, fein geriffelte Hohlnudeln

SUPPENNUDELN

RISSONI
Nudeln in Form und Größe von Reiskörnern, ähnlich wie Puntalette und Orzo

ACINI DI PEPE
Nudeln in Form und Größe von Pfefferkörnern

STELLINE
Winzige, sternförmige Nudeln, auch als **Stellette** im Handel

ALFABETO
Kleine Buchstabennudeln

FILINI
Kurze, dünne Nudelfäden, auch als **Fedelini tagliati** bekannt

PASTA MISTA
Eine Mischung kurzer Nudeln

DITALI
Sehr kurze Stücke von Hohlnudeln, auch als **Tubetti** bekannt

CONCHIGLIETTE PICCOLE
Kleine Muschelnudeln

CORALLINI
Kleine, perlenförmige Hohlnudeln

AGNOLOTTI

FAGOTTINI

TORTELLONI

GEMISCHTE TORTELLINI

RAVIOLI

FRISCHE NUDELN UND GNOCCHI

Frische Eiernudeln werden aus ungebleichtem Weizenmehl oder Hartweizenmehl und Eiern – vorzugsweise von freilaufenden Hühnern – hergestellt. Sie zergehen auf der Zunge, man kann sie nicht *al dente* kochen. Am besten passen dazu Saucen, die in Aroma und Konsistenz zart sind. Wenn Sie keine zuverlässige Quelle für wirklich frische Nudeln haben, sind trockene Nudeln meist die sicherere Wahl. Abgepackte »frische« Nudeln sind nicht immer so frisch, wie sie glauben machen wollen.

Gefüllte Nudeln werden aus frischem Nudelteig hergestellt. Es gibt sie in vielen Formen und Größen sowie mit den unterschiedlichsten Füllungen: Rindfleisch mit schwarzen Oliven, Atlantiklachs mit Ingwer, Schinken und Pilze, sogar Känguruh mit Spargel.

Man mag darüber streiten, ob **Gnocchi** zu den Nudeln zählen. Sie können aus Mehl und Wasser, Kartoffeln und Mehl, Spinat, Ricotta und Mehl oder Polenta bestehen. Meist läßt man sie in siedendem Wasser gar ziehen und serviert sie mit einer Sauce. Man kann sie auch in eine *Gratinform* legen und mit Käse oder einer Sauce überbacken.

GEFÜLLTE & AROMATISIERTE NUDELN

TRIANGOLI

PANZOTTI

GNOCCHI

SORRENTINI

185

GETROCKNETE SPINATNUDELN
Weizennudeln mit Spinataroma

GETROCKNETE WEIZENMEHLNUDELN (MIEN)
Leichte Nudeln mit kurzer Garzeit, meist in verschlungenen Blöcken

GLASNUDELN
Sie werden aus Sojamehl hergestellt und kommen meist portionsweise gebündelt in den Handel. Gut für Salate und Pfannengerichte.

CHINESISCHE WEIZEN-MEHLNUDELN (HO FEN)
Flache Bandnudeln, an denen Sauce sehr gut haftet

WANTAN-BLÄTTER
Die quadratischen Blätter gibt es in verschiedenen Größen und Stärken. Sie werden gefüllt und anschließend gedämpft, fritiert oder als Suppeneinlage verwendet. Kaufen Sie möglichst dünne Blätter und lagern Sie sie im Tiefkühlfach. Man kann sie auch für andere Nudelzubereitungen, etwa Ravioli, verwenden.

FRISCHE WEIZENMEHLNUDELN (YANG CHUE)

FRISCHE GELBE EIERNUDELN (HOKKIEN)

ASIATISCHE NUDELN & TEIGBLÄTTER

DICKE BANDNUDELN AUS REISMEHL

FRISCHE WEIZENMEHL-NUDELN

REISNUDELN
Sie werden aus Reismehl und Wasser hergestellt und kommen als Bandnudeln, Fadennudeln oder Vermicelli in den Handel. Ihr transparentes Aussehen behalten sie auch nach dem Kochen. Sie sind leicht mit Glasnudeln aus Sojamehl zu verwechseln. Schmecken am besten mit würzigen Saucen.

GETROCKNETE EIERNUDELN
Diese Nudeln in verschiedenen Stärken werden aus Weizenmehl, Eiern und Wasser hergestellt. In Pfannengerichten halten sie die Sauce sehr gut, sie eignen sich auch als stärkehaltige Beilage. Man kann sie sogar fritieren.

DÜNNE EIERNUDELN
Die dünnen getrockneten chinesischen Nudeln kann man lose kaufen und für Suppen und Schmorgerichte verwenden. Zusammen mit Würzpasten in kleinen Tüten werden sie als Instant-Portionsgerichte verkauft.

REIS-VERMICELLI

187

RAMEN
Diese japanischen Nudeln aus Weizenmehl, Eiern und Wasser eignen sich besonders für Nudelsuppen. Die Kochzeit beträgt nur 2-3 Minuten.

REISPAPIER
Die hauchdünnen Blätter aus Reismehl, Wasser und Salz werden auf Matten in der Sonne getrocknet und bekommen dadurch ihr feines Schachbrettmuster. Man kann sie nur getrocknet kaufen. Sie werden einzeln wenige Sekunden lang in warmem Wasser eingeweicht, dann verwendet man sie als Umhüllung für Frühlingsrollen. Weicht man die Blätter in Bier ein, werden die Rollen besonders schön braun und knusprig.

MEN KOBO ZARU SOBA

SHINSU SOBA

GETROCKNETE SOBA-NUDELN
Die dünnen, aber sättigenden Nudeln werden in Japan aus Buchweizen- und Weizenmehl hergestellt. Es gibt grüne und braune Sorten, die vor allem in Pfannengerichten und Suppen attraktiv aussehen. Sie schmecken auch kalt sehr gut.

HARADA CHA SOBA

Frische & konservierte Fische & Meeresfrüchte

Fisch und Meeresfrüchte zählen zu den gesündesten Lebensmitteln der modernen Ernährung. Sie sind reich an Proteinen, fettarm und enthalten lebenswichtige Vitamine. So überrascht es auch nicht, daß Fisch zu besonderen Anlässen häufig an erster Stelle steht.

Gut sortierte Supermärkte, Feinkostgeschäfte und Fischhandlungen warten heute mit einer abwechslungsreichen Palette frischer Fische und Meeresfrüchte aus aller Welt auf. Das Hauptmerkmal bei Fisch ist seine Frische! Dies ist auch der Grund, warum Fisch am Tag der Zubereitung gekauft werden sollte. Weiße Fischfilets glänzen perlmuttartig, und ihr Fleisch ist fest und feucht. Bei ganzen Fischen achtet man auf glänzende, blanke Augen, rote Kiemen und glänzende Schuppen. Meeresfrüchte wie Miesmuscheln, Venusmuscheln und Austern sollten fest verschlossen sein: Solche, die auf leichten Fingerdruck oder nach einem kurzen, kräftigen Schlag mit dem Griff eines Messers noch geschlossen bleiben, sollten unbedingt aussortiert werden.

Zu den Krustentieren zählen sowohl Krabben, Krebse und Hummer als auch Garnelen und Shrimps. Gekochte Hummer und Krabben sollten sich in bezug auf ihre Größe schwer anfühlen und intakte Scheren und Fühler haben. Meeresfische und -früchte müssen frisch und nur leicht nach Meer riechen.

Das Räuchern ist eine natürliche und eine der schmackhaftesten Konservierungsmethoden. Man unterscheidet die Kalt- von der Heißräucherung. Bei letzterer wird der Fisch nicht nur geräuchert, sondern auch gegart.

GLATTBUTT
Scophthalmus rhombus

Ähnlich wie der **Steinbutt** ist der Glattbutt ein scheibenförmiger Plattfisch, dessen Fleisch fest und sehr schmackhaft ist. Er ist Bestandteil der klassischen Fischküche und wird häufig mit einer Sahnesauce gereicht. Glattbutt ist das ganze Jahr über erhältlich und wird im Ganzen oder filetiert angeboten.

SEEZUNGE
Solea solea

Die Seezunge ist der begehrteste und feinste Plattfisch und lebt auf dem Meeresgrund des Nordostatlantiks, der Nordsee, der westlichen Ostsee und im Mittelmeer. Man schätzt sie wegen ihres exzellenten Geschmacks und ihres zarten, fein strukturierten Fleischs. Die Haut wird vor dem Garen fast immer abgezogen. Die Hauptgräte läßt sich nach dem Garen leicht abnehmen. Seezungen sind das ganze Jahr über erhältlich.

SCHOLLE
Pleuronectes platessa

Die Scholle zählt zu den preiswerten Plattfischen und besitzt ein saftiges weißes Fleisch von mildem Geschmack. Sie ist das ganze Jahr über erhältlich, sowohl im Ganzen als auch filetiert, und schmeckt am besten paniert, in Butter gebraten oder als Filets pochiert.

ECHTE ROTZUNGE
Microstomus kitt
Die Rotzunge ist ein Plattfisch mit einem breit-ovalen Körper, ihr Fleisch ist fest und cremefarben. In Geschmack und Konsistenz erinnert sie an die Seezunge. Die Rotzunge ist allerdings etwas günstiger und das ganze Jahr über erhältlich, sowohl im Ganzen als auch filetiert. Rotzungen bereitet man möglichst einfach zu.

STEINBUTT
Scophthalmus maximus oder *Psetta maxima*
Der Steinbutt ist der König der Plattfische und wird wegen seines festen, weißen, äußerst schmackhaften und saftigen Fleisches sehr geschätzt. Bei Feinschmeckern ist er sehr begehrt und recht teuer. Steinbutt ist das ganze Jahr über erhältlich und wird im Ganzen oder als Filets angeboten. Es gibt spezielles Kochgeschirr für Steinbutt, die sogenannte **Turbotière**, in der der Fisch im Ganzen zubereitet werden kann.

WEISSER HEILBUTT
Hippoglossus hippoglossus
Der Weiße Heilbutt ist der größte Plattfisch und kann bis zu 300 kg schwer werden. Bevorzugt werden aber kleinere, bis etwa 18 kg schwere Fische, da deren Fleisch von besserer Qualität ist. Es ist durchaus mit dem des Steinbutts vergleichbar, aber nicht ganz so saftig.

Der Schwarze Heilbutt ist bedeutend kleiner und wird meist im Ganzen zubereitet. Steaks, Filets und Stücke von größeren Fischen können gegrillt, gebraten, pochiert oder gebacken werden. Heilbutt ist das ganze Jahr über erhältlich.

FISCH

195

ROT- oder MEERBARBE
Mullus barbatus
Rotbarben sind rosa- bis goldfarben und werden immer im Ganzen angeboten. Ihr Fleisch ist fest und sehr aromatisch. Zuerst wird die Barbe an der dicksten Stelle eingeschnitten und dann gebraten oder gegrillt. Ihre Gräten sind scharf, jedoch dick und einfach zu entfernen. Rotbarben schmecken im Sommer am besten.

STREIFEN- oder BRANDBRASSE
Pagellus centrodontus
Es gibt viele Arten von Brassen. Im Ostatlantik, von Senegal bis zur schottischen Küste, lebt die Schwarze Streifenbrasse *(Spondyliosoma cantharus)*, ein runder, heller Fisch mit festem Fleisch. Sie wird im Ganzen angeboten und eignet sich besonders zum Grillen, Dämpfen oder Braten und schmeckt ausgezeichnet mit Kräutern und schwarzem Pfeffer.

SACKBRASSE
Sparus pagrus
Die Sackbrasse gilt als recht seltener Fisch und kommt im Ostatlantik sowie im Mittelmeer vor. Sie besitzt ein festes und delikates Fleisch und schmeckt am besten aus der Pfanne oder vom Grill.

KNURRHAHN
Triglidea spp.
Man unterscheidet den **Roten** vom **Grauen Knurrhahn**. Diese und der **Rote Seekuckuck** besitzen ein delikates, festes Fleisch. Sie werden im Ganzen angeboten. Außer von Juli bis September sind sie das ganze Jahr über erhältlich.

MEERÄSCHE
Mullus capito, Mugil cephalus, Crenimugil labrosus, Liza ramada

Bei den verschiedenen Arten von Meeräschen unterscheidet man im wesentlichen die **Großköpfige** von der **Dünnlippigen** und der **Springmeerässche**. Ihr Fleisch ist sehr schmackhaft, saftig und fest. Ihr Rogen wird gesalzen und für das griechische Taramasalata verwendet. Meeräschen gibt es das ganze Jahr über.

MAKRELE
Scomber scombrus

Ein fettreicher Fisch mit saftigem, rosa-bräunlichem Fleisch. Sie eignet sich besonders zum Braten und Grillen, da ihre Haut schön knusprig wird. In der Regel werden Makrelen im Ganzen angeboten oder als Filets mit Haut. Sie besitzen lange Gräten, die sich einfach entfernen lassen. Wegen ihres hohen Fettgehaltes eignen sich Makrelen hervorragend zum Räuchern.

HERING
Clupea harengus

Heringe haben weiches, sehr schmackhaftes Fleisch, das reich an Eiweiß, Vitaminen und Fett ist. Als Frischfisch werden sie fast immer im Ganzen angeboten und eignen sich besonders zum Braten und Grillen. Meistens werden sie jedoch geräuchert **(Bücklinge)** oder in Salz eingelegt **(Salzheringe, Rollmops)**. Heringe sind das ganze Jahr über erhältlich und schmecken am besten im Sommer.

GOLDBRASSE oder DORADE
Sparus aurata

Goldbrassen zählen neben den Zahnbrassen zu den schmackhaftesten Brassen. Sie haben ein breites Goldband zwischen den Augen, das häufig bis zu den Backen reicht. Ihr Fleisch ist fest, saftig und von weißer Farbe. Sie ist fester Bestandteil der mediterranen Küche und ganzjährig erhältlich.

KABELJAU
Gadus morhua
Kabeljau wird europaweit sehr geschätzt. Sein Fleisch ist fest, nach dem Garen etwas blättrig und sehr schmackhaft. Der Kabeljau kann bis zu 2 m lang werden und wird meist als Filets und in Stücken angeboten oder, bei kleineren Fischen, auch im Ganzen. Seine großen Gräten lassen sich einfach entfernen. Kabeljau ist auch häufig getrocknet im Handel **(Stockfisch)**. Gesalzener und getrockneter Kabeljau wird **Klippfisch** genannt und ist besonders in Portugal und Spanien beliebt. Der Rogen von Kabeljau ist sehr delikat und wird auch für die Herstellung von griechischem Taramasalata verwendet. Kabeljau ist das ganze Jahr über erhältlich und eignet sich für fast alle Zubereitungsarten.

FISCH

SEEHECHT
Merluccius vulgaris
Der Seehecht ist ein Tiefseefisch und zählt zu der Familie der **Dorsche**. Er ist besonders in der portugiesischen und spanischen Küche beliebt. Sein zartes Fleisch ist leicht rosafarben und blättrig. Er schmeckt ausgezeichnet fritiert oder gebraten mit Knoblauch und Tomaten. Seehecht wird im Ganzen oder als Filets und Steaks angeboten.

WOLFSBARSCH oder SEEBARSCH
Labrax lupus
Der Wolfsbarsch lebt im Nordatlantik und im Mittelmeer und wird im Ganzen, in Stücken oder als Filets zubereitet. Sein Fleisch ist weiß, äußerst schmackhaft und meist sehr teuer. Wie die meisten Edelfische bereitet man den Wolfsbarsch möglichst einfach zu. Rückengräte und Hauptgräte lassen sich nach dem Garen mühelos entfernen.

ROCHEN
Rajidae ssp.
Der Rochen zählt zu der Familie der Haie und ist ein Knorpelfisch. Meist werden nur die Flügel gegessen. Aber auch die sogenannten Bäckchen, die in seinem flachen Körper sitzen, sind sehr delikat. Die Flügel lassen sich einfach vom Körper abtrennen und werden meist ohne Haut angeboten. Rochenflügel eignen sich zum Grillen, Fritieren und Pochieren oder zur Herstellung von Fischfonds. Rochen schmeckt im Winter am besten.

SCHELLFISCH
Melanogrammus aeglefinus
Der Schellfisch ähnelt dem **Kabeljau** und ist wegen seines festen, feinen und sehr schmackhaften Fleisches sehr beliebt. Er wird in Filets oder in Stücken angeboten und wird häufig geräuchert (siehe Geräucherter Schellfisch). Er ist das ganze Jahr über erhältlich und schmeckt besonders gut fritiert.

SEETEUFEL oder LOTTE
Lophius piscatorius
Der Seeteufel ist ein Tiefseefisch mit einem großen, häßlichen Kopf. Wegen seines Aussehens wird meist nur der wesentlich kleinere Schwanzteil angeboten. Sein Fleisch ist fest und saftig und wird häufig mit Hummer verglichen. Am besten schmeckt er gebraten, geschmort, pochiert oder gegrillt. Seeteufel läßt sich sehr vielseitig zubereiten und harmoniert sowohl mit Currygewürz als auch mit den typischen Zutaten der mediterranen Küche. Seeteufel ist das ganze Jahr über erhältlich.

GERÄUCHERTE SPROTTEN
Kleiner Fisch, der geräuchert in Deutschland unter der Bezeichnung »**Kieler Sprotten**« beliebt ist und zu Roggenbrot und Butter gegessen wird.

ANGELSCHELLFISCH
Der auch unter der Bezeichnung **Finnan Haddock** bekannte Angelschellfisch kommt aus Findon in Aberdeenshire, Schottland, zu uns. Er wird kalt geräuchert und eignet sich besonders zum Pochieren und Grillen. Angelschellfisch wird in Großbritannien gerne mit Butter zum Frühstück gereicht.

ROH GERÄUCHERTER SCHELLFISCH
Kalt geräuchertes, feinstes Schellfischfilet

GERÄUCHERTER SCHELLFISCH
Bei dieser Räuchervariante wird das Filet kalt geräuchert und mit einer Marinade bestrichen, wodurch das Fleisch einen glänzenden, farblich intensiven Ton erhält.

GERÄUCHERTER FISCH

GERÄUCHERTES FORELLENFILET
Heiß geräuchertes, saftiges und zartes Forellenfilet, das mit geriebenem Meerrettich, Butter und Brot gereicht wird.

GERÄUCHERTER HEILBUTT
Geräucherter Heilbutt wird häufig, wie Räucherlachs, fein aufgeschnitten angeboten und mit schwarzem Pfeffer und Zitrone gereicht.

FISCH

ZANDER
Stizostedion lucioperca
Der Zander zählt zu den Barschen und ist ein Süßwasserfisch. Er besitzt einen langen, hechtähnlichen Körper und wird bei uns meist frisch als Filets oder im Ganzen angeboten. Zander schmeckt ausgezeichnet in Fischeintöpfen, gebraten oder in einer Salzkruste. Er eignet sich auch zum Pochieren und für Zubereitungen im Mikrowellenherd.

AAL
Anguillidae spp.
Während ihrer Wachstumszeit im Süßwasser nennt man junge Aale »Gelbaale«. Sie besitzen einen schlangenähnlichen Körper und schmecken am besten gesotten oder geschmort. Der ausgewachsene silberglänzende Blankaal besitzt ein festes, weißes und sehr schmackhaftes Fleisch. Besonders gut schmeckt er mit Sauerampfersauce oder geschmort mit Kräutern. Aal ist das ganze Jahr über erhältlich.

HECHT
Esox lucius
Hechte sind grätenreiche Süßwasserfische mit festem, weißem Fleisch, aus dem die bekannten **Hechtklößchen** in Weißweinsauce zubereitet werden. Im Ganzen eignet er sich besonders zum Backen und Schmoren. Die Filets werden mit der Haut mehliert und in Butter gebraten.

WILDLACHS oder ATLANTISCHER LACHS
Wildlachse sind sehr begehrt, etwas kleiner und deutlich teurer als Zuchtlachse. Wegen der langen Wanderungen vom Meer bis in die Flüsse hinauf, wo die Wildlachse laichen, ist ihr Fleisch fester und muskulöser.

PAZIFISCHE SARDINE
Clupea pilchardus
Sardinen zählen zur Heringsfamilie, und ihr Fleisch ist fettreich und sehr schmackhaft. Sie eignen sich besonders zum Grillen, da ihre Haut schön knusprig wird, ihr Fleisch dabei aber zart und saftig bleibt.

STINT
Osemrus eparlanus
Stinte haben einen schlanken, durchscheinenden Körper und zählen wie Lachse zu den **Salmoniden**. Sie werden fritiert im Ganzen gegessen.

WELS oder WALLER
Pimelodus catus
Dieser Süßwasserfisch ist fast grätenfrei, sein Fleisch ist weiß und zart im Geschmack. Welsscheiben werden meist gesotten, gebraten oder gegrillt.

MEER- oder LACHSFORELLE
Salmo trutta
Meer- oder Lachsforellen sind größere Wanderfische und besitzen ein sehr schmackhaftes Fleisch. Sie werden im Ganzen gebraten oder pochiert und auch kalt serviert.

KATZENHAI
Scyliorhinus stellaris
Katzenhaie werden bis zu 1 m lang und kommen meist enthäutet, ohne Kopf und Schwanz auf den Markt. Ihr festes, schmackhaftes Fleisch schmeckt ausgezeichnet in Butter gebraten, als Curry und in Kebabs.

MERLAN oder WITTLING
Merlangius merlangus
Der Wittling hat einen langgestreckten Körper, und sein weißes Fleisch ist zart, blättrig und sehr delikat. Er wird im Ganzen oder paniert gebraten oder fritiert.

MEERAAL oder CONGER
Conger conger
Der Meeraal wird bis zu 3 m lang und hat ein festes und wohlschmeckendes Fleisch. Er wird wie Kabeljau zubereitet.

SANDZUNGE
Soleidae spp.
Die Sandzunge ist im warmen Atlantik bis zu den Britischen Inseln verbreitet und wird wie die Seezunge zubereitet.

KLIESCHE oder SCHARBE
Pleuronectes limanda
Ihr Körper ist breit-oval mit kleinem Mund. Unter den Plattfischen zählt sie zu den preisgünstigsten. Ihr Fleisch ist schmackhaft und zart. Ein idealer Portions-Frischfisch, der aber viele kleinere Gräten aufweist. Klieschen bereitet man am besten in der Pfanne oder auf dem Rost zu.

FLUNDER
Platichthys flesus
Ein günstiger flacher Speisefisch mit saftigem, weißem Fleisch.

FISCH

POLLACK oder STEINKÖHLER
Pollachius pollachius
Ein günstiger Speisefisch mit langgestrecktem Körper und weißem Fleisch. Wird vorwiegend für Fischstäbchen und -frikadellen verwendet.

KARPFEN
Cyprinus carpio
Dieser Süßwasserfisch stammt ursprünglich aus Asien, ist aber auch in europäischen Gewässern beheimatet. Er wird meist gezüchtet und besitzt ein grätenreiches, aber sehr schmackhaftes Fleisch. Am besten legt man den ausgenommenen, gesäuberten und geschuppten Fisch für etwa 3-4 Stunden in leicht gesalzenes Wasser, damit er den manchmal »teichigen« Beigeschmack verliert.

GOLDFORELLE
Salmo aguabonita
Die Goldforelle ist eine besonders schön gefärbte **Regenbogenforelle**. Sie hat einen langgestreckten Körper, der seitlich etwas abgeflacht ist.

SEELACHS- oder KÖHLERFILET
Pollachius virens
Seelachs besitzt einen ausgeprägten pikanten Geschmack und eignet sich besonders zum Braten und Panieren.

SPROTTE oder BREITLING
Relativ kleiner Vertreter der Heringsfamilie. Geräuchert sind sie bei uns als »**Kieler Sprotten**« bekannt. Man ißt sie aber auch frittiert im Ganzen.

BRASSE
Acanthopagrus spp.
Fisch mit feinem, weißem Fleisch. Brassen sind im Ganzen und als Filets erhältlich. Kleinere Fische können als Portionsfische serviert werden.

BRASSENFILET

FISCH

BLAUNASE
Hyperoglyphe antarctica
Die Blaunase ist im südwestlichen Pazifik beheimatet und gilt als begehrter Speisefisch. Sie wird als Filet, Steak und in Stücken angeboten. Kleinere Fische werden im Ganzen angeboten. Vor dem Garen wird die Haut eingeschnitten, damit die Hitze besser in das dicke und saftige Fleisch dringen kann.

BLAUNASENSTEAK **BLAUNASENFILET**

THUNFISCH
Thunnus spp.
Der Thunfisch ist in warmen Gewässern beheimatet. Sein Fleisch ist sehr schmackhaft und weist einen hohen Fettgehalt auf. Frischer Thunfisch wird meist als Steaks angeboten und wird für Sashimi verwendet. Als Thunfischarten sind der Weiße, der Rote und der Gestreifte Thun sowie der Gelbflossen-Thunfisch bekannt.

THUNFISCHSTEAK

THUNFISCHSTÜCKE FÜR SASHIMI

SASHIMI
Sashimi hat einen festen Platz in der japanischen Küche und erfreut sich inzwischen auf der ganzen Welt großer Beliebtheit. Dünne Scheiben rohen Fischs werden auf einer Platte mit Sojasauce, Wasabi (grüner Meerrettich) und eingelegtem Ingwer angerichtet.

LACHSSTÜCKE FÜR SASHIMI

LACHSSTEAK

LACHS oder SALM
Salmon salar
Lachse werden immer häufiger in großen Fischfarmen im Norden der USA, in Kanada und Norwegen gezüchtet. Zuchtlachse werden im Ganzen, als Filets, Steaks und in Stücken (Pavé) angeboten. Lachs eignet sich zum Pochieren ebenso gut wie zum Grillen, Braten und Dämpfen.

FISCH

TIGERFLACHKOPF
Neoplatycephalus richardsoni
Der Tigerflachkopf ist ein Mitglied der großen Familie der Flachköpfe und ist in südostpazifischen Gewässern beheimatet. Er hat ein feines, weißes und festes Fleisch, das sich sehr gut im Ganzen wie auch filetiert zubereiten läßt. Weitere Flachkopffische: Schwarzer Flachkopf, Gesprenkelter Flachkopf, Tiefsee-Flachkopf, Sand-Flachkopf

FLACHKOPFFILET
Das Fleisch von Flachkopffischen ist sehr trocken, so daß man die Filets am besten pochiert, dämpft oder für Fischeintöpfe verwendet. Für Pfannengerichte überzieht man die Filets mit Ei oder Semmelbrösel, damit sie beim Braten nicht austrocknen. Die Schwanzstücke der Filets schmecken am besten.

ALFONCINO
Centroberyx affinis
Der Alfoncino ist im Atlantischen und Pazifischen Ozean beheimatet und wird meist in Filets ohne Haut, aber auch im Ganzen angeboten. Wegen ihrer kräftigen Schuppen werden die eher kleinen Alfoncinos meist nicht im Ganzen zubereitet. Die Filets eignen sich aber sehr gut zum Braten und Fritieren. Das hellrosa Fleisch ist fein, sehr schmackhaft und gewinnt, wenn man die Filets durch Backteig zieht, mehliert oder paniert.

ALFONCINOFILETS

PAZIFISCHER WHITING
Sillago spp.
Delikater Speisefisch mit sehr feinem und zartem weißem Fleisch. Er hat feine Gräten und eignet sich besonders zum Grillen und Braten, da die Haut dafür sorgt, daß das Fleisch schön saftig bleibt. Man kann ihn aber auch pochieren. Die Filets sollten beim Braten oder Fritieren unbedingt in Backteig gehüllt, paniert oder mehliert werden, damit sie saftig bleiben.

WHITINGFILET

FISCH

HORNHECHTFILET

HORNHECHT
Es gibt viele verschiedene Arten dieses schlanken, silbrigglänzenden Fisches, die sich aufgrund der Form und Länge ihrer »Schnäbel« und ihrer unterschiedlichen Färbung voneinander unterscheiden. Ihr Fleisch ist fein strukturiert und besitzt einen milden, delikaten Geschmack. Meist werden sie im Ganzen angeboten, aber auch als Filets.

FLUSSHORNHECHT

NÖRDLICHER HORNHECHT

GEMMENFISCHFILET

GEMMENFISCH oder SILBRIGER ATUN
Rexea solandri
Der große Gemmenfisch kommt in wärmeren Gewässern Australiens und Neuseelands vor und wird nur selten im Ganzen angeboten. Dickere Filets sollten vor dem Garen an der Hautseite eingeschnitten werden, damit die Hitze das delikate Fleisch besser erreicht.

WAREHOUFILET

SILBER-WAREHOU
Serioletta puntata
Dieser Speisefisch ist in den warmen Gewässern des Südpazifiks beheimatet und besitzt ein festes, creme- bis rosafarbenes und grobblättriges Fleisch von mildem, delikatem Geschmack. Der Warehou wird meist als Filet angeboten. Die Haut sollte vor dem Garen entfernt werden. Er eignet sich zum Braten in der Pfanne, für Eintöpfe, zum Backen, Pochieren und Grillen.

SARDINE oder PILCHARD
Sardinops neopilchardus
Sardinen sind sehr flinke, schlanke, silbrig glänzende Fische, die im Sommer deutlich fetter sind als im Winter. Man klappt die ausgenommenen Fische auseinander, nachdem Kopf und Flossen abgeschnitten wurden. Sardinen eignen sich zum Braten, Fritieren und Grillen.

SARDINENFILETS

HAI
Species var.
Es gibt zahlreiche eßbare Arten. Bei allen ist das Fleisch fest und grätenfrei und deshalb auch besonders bei Kindern beliebt. Haifisch wird meist als Filet angeboten und eignet sich sehr gut zum Braten und Grillen.

SNAPPER
Pagrus auratus
Ältere Exemplare dieses australischen Speisefisches entwickeln eine Ausbuchtung im Kopfbereich. Das weiße Fleisch des **Schnappers** ist fest. Er ist in Australien sehr beliebt und eignet sich zum Bakken, Braten, Grillen und Pochieren. Er wird im Ganzen, als Filets und Steaks angeboten. Vor dem Garen schneidet man die Filets an der dicksten Stelle ein, damit die Hitze das Fleisch gleichmäßig gart.

KAISERSCHNAPPERFILET

FISCH

PETERSFISCH
Zeus faber
Der auch als **St. Pierre** oder **St. Peter's** bekannte Edelfisch zählt zum Feinsten, was das Meer zu bieten hat. Sein Fleisch ist weiß, saftig, zart und äußerst delikat. Seine Haut besitzt keine Schuppen, und die Filets sind grätenfrei.

PETERSFISCHFILET

GLATTER PETERSFISCH oder SILVER DORY
Cyttus australia
Der Glatte Petersfisch ist vor allem in australischen Gewässern beheimatet. Er hat kleine, feine Schuppen und rosafarbene Flossen. Sein Fleisch ist von feiner bis mittelfeiner Konsistenz.

217

MAORIBARSCH oder AUSTRALISCHER ZACKENBARSCH
Epinephelus undulatostriatus
Der Maoribarsch wird in nördlichen Gewässern Australiens (Nordterritorium, nördliches Queensland, nördliches West-Australien) gefangen. Sein durchschnittliches Gewicht beträgt 1-3 kg, und sein dickes, weißes Fleisch ist mild und sehr delikat. Er wird im Ganzen und filetiert angeboten und eignet sich zum Dämpfen, Pochieren, Backen und Grillen.

RIESENZACKENBARSCH
Protonibea diacanthus
Der Riesenzackenbarsch ist in tropischen Gewässern beheimatet und kann bis zu 300 kg schwer werden. Meist ist er jedoch kleiner. Sein Fleisch ist hellrosa, fest, mittel- bis grobblättrig und von mildem Geschmack. Er sollte möglichst schonend zubereitet werden.

FISCH

BARRAMUNDI
Lates calcarifer
Der Barramundi ist in nordaustralischen Gewässern beheimatet und kann sehr groß werden. Sein grobblättriges, festes Fleisch ist zart und mild.

BABY BARRAMUNDI

BARRAMUNDISTEAK

REGENBOGENFORELLE
Salmo gairdnell
Die Regenbogenforelle ist ein Süßwasserfisch und schmeckt ausgezeichnet. Ihr weißes bis rosafarbenes Fleisch ist weich und saftig und wird meist im Ganzen pochiert, in Butter gebraten, gebacken oder gegrillt. Sie eignet sich auch zum Räuchern. Man erkennt sie an ihren dunklen Punkten am Rücken und an den Seiten. Die männlichen Fische besitzen einen rötlich glänzenden Seitenstreifen.

FISCH

SCHWERTFISCH
Xiphias gladius
Einer der feinsten Speisefische. Das Fleisch des Schwertfischs erinnert an **Thunfisch** und **Marlin**, ist aber saftiger. Er ist in warmen Gewässern beheimatet und wird meist als Steak angeboten. Schwertfisch schmeckt ausgezeichnet pochiert, vom Grill und aus der Pfanne.

ROTBARSCH oder GOLDBARSCH
Helicolenus spp.
Der Rotbarsch zählt zu den beliebtesten Speisefischen und ist im Atlantik und Pazifik beheimatet. Er ist das ganze Jahr über erhältlich, meist als Filet und Steak. Sein weißes Fleisch ist fest, saftig und von mildem Geschmack. Sehr gut schmeckt er aus der Pfanne, gebacken, pochiert, gedämpft oder gegrillt.

SCHWERTFISCHSTEAK

ROTBARSCHFILET

PAZIFISCHE MEERÄSCHE
Mugilidae spp.
Diese Meeräschenart wird das ganze Jahr über im Ganzen und filetiert angeboten. Ihr Fleisch ist saftig, fettreich, dunkelrosa und von feinem Geschmack. Sehr gut schmeckt sie gebacken, aus der Pfanne und gegrillt. Sie wird auch geräuchert angeboten.

BACHSAIBLING
Oncorhynchus mykiss
Dieser kleine bis mittelgroße Süßwasserfisch umfaßt mehrere Arten und ist an seinen meist gelben Tupfen zu erkennen. Sein rosa- bis lachsfarbenes Fleisch ist weich, saftig und von feinem Geschmack. Er ist das ganze Jahr über erhältlich und schmeckt ausgezeichnet aus der Pfanne, gebacken, pochiert und gegrillt.

FISCH

ROTFORELLE
Salvelinus alpinus
Dieser Fisch lebt an den Hängen von Korallenriffen in warmen Gewässern. Sein weißes, festes Fleisch schmeckt mild und süßlich und muß vor dem Garen geschuppt werden. Er wird im Ganzen und filetiert angeboten und eignet sich zum Backen, Braten, Pochieren und Grillen.

MEER- oder LACHSFORELLE
Salmo trutta
Die Meerforelle ist eine **Regenbogenforelle**, die nach fünf Jahren im Süßwasser wieder ins Meer wandert und so zum Salzwasserfisch wird. Sie hat dann eine stattliche Größe erreicht und eignet sich besonders zum Pochieren, kann aber auch gebacken werden. Sie ist meist als Filets und Steaks im Handel.

WEISSFLECKEN-DRÜCKERFISCH
Parika scaber
Dieser Speisefisch ist in tropischen Gewässern beheimatet, sein Fleisch ist weiß, saftig und von mildem Geschmack. Die Haut ist ledern, und er schmeckt besonders gut gebacken, aus der Pfanne, pochiert oder gegrillt.

ROCHENFLÜGEL
Rajidae spp.
Der Rochen ist mit dem **Hai** verwandt, nur die Flügel und die sogenannten Bäckchen sind eßbar. Sein Fleisch ist saftig, fein und sehr delikat. Die dicke Haut entfernt man am besten, indem man die Flügel kurz in kochendes Wasser gibt und dann abzieht. Rochenflügel schmecken ausgezeichnet aus der Pfanne mit brauner Butter.

BLAUE MAKRELE
Scomber australasicus
Diese Makrelenart ist um Australien, Neuseeland und Japan verbreitet. Ihr Fleisch ist dunkel, fettreich und saftig. Sie schmeckt sehr gut gebacken, aus der Pfanne oder gegrillt.

FISCH

LUDERICK
Girella tricuspidata
Dieser Felsenfisch ist ein Salzwasserfisch und lebt im Mündungsbereich großer Flüsse Australiens. Er ist nur eßbar, wenn man ihn gleich nach dem Fangen ausnimmt. Sein Fleisch ist weiß, saftig und von feinem Geschmack. Er ist im Ganzen und als Filets erhältlich. Am besten schmeckt er aus der Pfanne oder gegrillt.

PERLBARSCH
Glaucosoma spp.
Dieser Vertreter der Familie der Barsche kommt in tropischen Gewässern vor und wird mit dem Schleppnetz in der Nähe von Riffen gefischt. Sein Fleisch ist weiß, saftig und von delikatem, süßlichem Geschmack. Er eignet sich zum Backen, Braten, Pochieren und Grillen.

GOLDBARSCH
Macquaria ambigua
Dieser dem europäischen Barsch ähnliche Süßwasserfisch wird im Ganzen und als Filet angeboten. Sein weißes Fleisch ist fest, trocken und von mildem und delikatem Geschmack. Er schmeckt sehr gut aus der Pfanne, gebacken, pochiert oder gegrillt.

STACHELMAKRELE
Caranx sexfasciatus
Die Stachelmakrele schmeckt am besten, wenn sie noch jung ist, ältere Exemplare büßen zu sehr von ihrem Geschmack ein. Ihr weißes Fleisch ist fest und schmackhaft. Am besten ist es aus der Pfanne, gebacken, pochiert oder gegrillt.

PAPAGEIENFISCH
Scaridae spp.
Dieser farbenprächtige Fisch lebt an den Steilhängen der Korallenriffe. Sein weißes, saftiges Fleisch schmeckt äußerst delikat und ist sehr gefragt. Ausgezeichnet schmeckt er aus der Pfanne, gebacken, pochiert oder gegrillt.

ROTER DRACHENKOPF oder RASCASSE
Scorpaena cardinalis
Der Rote Drachenkopf ist unverzichtbarer Bestandteil der südfranzösischen Bouillabaisse und nimmt auch sonst einen festen Platz in der französischen und chinesischen Küche ein. Sein weißes, festes Fleisch ist sehr schmackhaft und eignet sich auch gut zum Dämpfen.

GREENBACKFLUNDER
Rhombosolea tapirina
Diese Flunderart hat eine feine Grätenstruktur. Ihr weißes, feinblättriges Fleisch ist saftig und schmeckt leicht süßlich. Es ist äußerst delikat. Die Greenbackflunder hat eine zarte Haut. Vor dem Braten sollte man sie unbedingt mehlieren. Sie ist auch filetiert erhältlich und schmeckt hervorragend gebacken, aus der Pfanne, pochiert oder gegrillt.

BARBUNIA
Mullidae spp.
Dieser kleine Fisch gehört zur Familie der **Barben** und ist der **Roten Meerbarbe** ähnlich. Dieser fettreiche Fisch schmeckt sehr gut gegrillt, gebacken oder gebraten.

FISCH

KAISERSCHNAPPER oder RED EMPEROR
Lutjanus sebae
Der Kaiserschnapper ist besonders an den Küsten Australiens verbreitet. Sein Körper ist rosa- bis lachsfarben, und die Flossen sind rot. Sein weißes, festes und grobblättriges Fleisch schmeckt süßlich und ist sehr delikat. Er wird im Ganzen und als Filets angeboten. Ausgezeichnet schmeckt er aus der Pfanne, gebacken, pochiert und gegrillt.

IMPERATORFISCH
Lethrinus spp.
Dieser Felsenfisch ist in warmen Gewässern beheimatet. Sein festes, weißes und grobblättriges Fleisch ist äußerst schmackhaft. Er wird im Ganzen und als Filets angeboten. Er schmeckt sehr gut gebacken, aus der Pfanne, pochiert oder gegrillt.

BLUE WAREHOU
Seriolella brama
Der Blue Warehou ist im Südpazifik verbreitet und besitzt ein festes, grobblättriges Fleisch von mildem Geschmack. Er hat nur sehr wenig Gräten und eignet sich besonders für Suppen, Eintöpfe und Salate.

LENGFILET
Genypterus spp.
Der Leng gehört zu der Familie der Dorsche und wird meist als Filets verkauft. Am besten nimmt man Filets ohne Haut und schneidet sie in gleich große Stücke, damit sie gleichmäßig garen. Leng eignet sich sehr gut zum Grillen, Pochieren, Braten, Backen, Dämpfen oder Grillen und wird auch eingesalzen, getrocknet oder geräuchert.

GOLDBANDSCHNAPPER
Pristipmoides spp.
Dieser dem Roten Schnapper ähnliche Speisefisch ist in wärmeren Gewässern verbreitet. Er besitzt ein saftiges Fleisch von mildem Geschmack. Er wird im Ganzen oder als Steaks zubereitet und wird am besten gebacken, gegrillt, gedämpft oder gebraten.

FISCH

ROTER SCHNAPPER oder RED SNAPPER
Centroberyx spp.
Meist wird dieser in den USA sehr begehrte Speisefisch als Filet angeboten. Sein blaßrosa Fleisch ist fein- bis mittelblättrig. Besonders gut schmeckt er aus der Pfanne oder in Backteig fritiert. Roter Schnapper eignet sich nicht so gut zum Garen im Ganzen.

BONITO
Sarda spp.
Man unterscheidet den **Atlantischen** vom sehr ähnlichen **Pazifischen Bonito**. Beide besitzen ein ausgezeichnet schmeckendes Fleisch. Sie haben einen langgestreckten Körper mit langem, spitzem Kopf. Der Atlantische Bonito wird bis zu 10 kg schwer, der Pazifische etwa die Hälfte. Sie kommen meist als Frischfleisch in den Handel.

ALBACORE
Thunnus alalunga
Der Albacore zählt zu den **Thunfischen** und wird bis zu eineinhalb Metern lang. Sein Fleisch ist rosarot und wird möglichst schonend gegart. Er wird meist als Steak angeboten, große Stücke schlägt man am besten vor dem Backen in Alufolie ein. Albacoresteaks schmecken sehr gut aus der Pfanne oder gegrillt.

FLÜGELSCHNECKE oder CONCH
Melo amphora
Diese Bauchfüßler zählen zu den Weichtieren. Sie sind einschalig, besitzen einen Muskel und sind in südlichen Gewässern beheimatet. Ihre orangefarbene, spröde Schale wird zum Herausnehmen zerbrochen. Flügelschnecken sind in Asien und in der Karibik sehr beliebt.

MEEROHR oder ABALONE
Haliotis spp.
Meerohren zählen zu den Bauchfüßlern und sind Weichtiere. Sie haben nur eine Schale und einen kräftigen, großen Saugfuß, mit dem sich Meerohren auf Felsen festsaugen. Sie werden dünn aufgeschnitten und vor dem Garen weich geklopft. Sie werden entweder kurz gegart oder längere Zeit geschmort, denn sonst werden sie zu zäh.

MEERÄSCHENROGEN
Mugil cephalus
Dieser gesalzene und getrocknete Rogen wird immer paarweise angeboten. Er hat einen milden, nicht zu salzigen Geschmack, der an Fisch erinnert. Vor dem Aufschneiden in dünne Scheiben wird die Haut entfernt. Sehr beliebt in der japanischen Küche.

SEEIGELROGEN
Heliocidaris spp.
Seeigel wird meist im Ganzen, d. h. in der Schale, angeboten, der Rogen bzw. die Gonaden werden aber auch einzeln angeboten. Rogen von Seeigel wird entweder roh oder kurz gegart serviert. Man würzt ihn mit Zitronensaft und serviert ihn auf Knäckebrot.

MEERESFRÜCHTE

TIGER PRAWNS oder SCHIFFSKIELGARNELEN
Penaeus esculentus
Dieser Vertreter der Garnelen wird bis zu 20 cm groß. Tiger Prawns schmecken vorzüglich zu Salaten oder gegrillt.

KAISERGRANAT oder PAZIFISCHER SCAMPO
Metanephrops spp.
Dieses Mitglied der Hummerfamilie ist auch unter dem Namen **Tiefseehummer** bekannt und wird häufig mit Riesengarnelen verwechselt. Er schmeckt vorzüglich gegrillt oder gekocht.

PAZIFISCHE COCKLE-MUSCHELN
Katelysia spp.
Cockle-Muscheln besitzen zwei Schalen, die durch einen kräftigen Schließmuskel zusammengehalten werden. Vor dem Garen sollte man sie mehrere Stunden wässern. Ihr Fleisch ist manchmal etwas zäh, dafür aber sehr schmackhaft. Sie werden pochiert, gebacken oder gegrillt, bis sich die Schale öffnet.

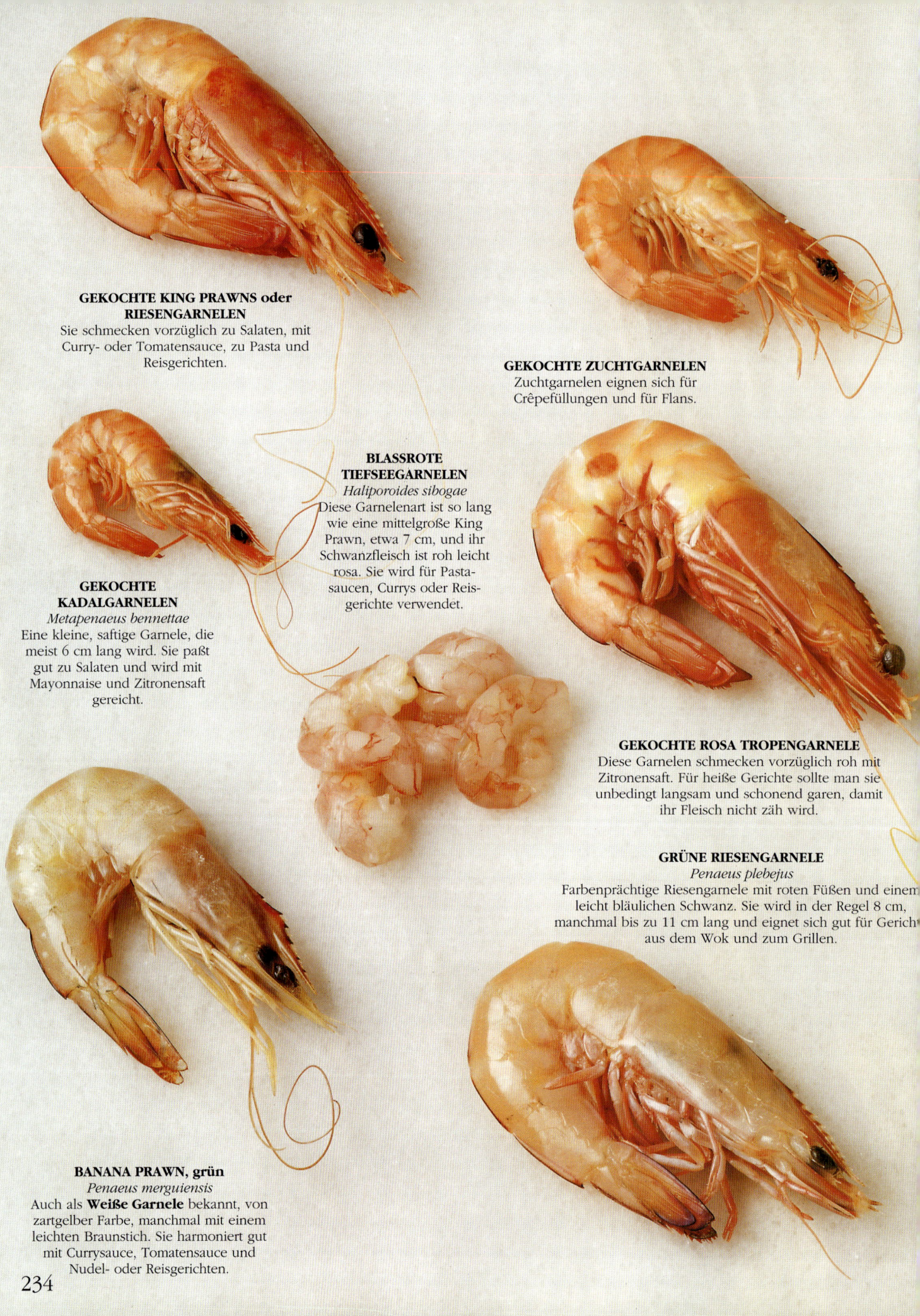

GEKOCHTE KING PRAWNS oder RIESENGARNELEN
Sie schmecken vorzüglich zu Salaten, mit Curry- oder Tomatensauce, zu Pasta und Reisgerichten.

GEKOCHTE ZUCHTGARNELEN
Zuchtgarnelen eignen sich für Crêpefüllungen und für Flans.

BLASSROTE TIEFSEEGARNELEN
Haliporoides sibogae
Diese Garnelenart ist so lang wie eine mittelgroße King Prawn, etwa 7 cm, und ihr Schwanzfleisch ist roh leicht rosa. Sie wird für Pastasaucen, Currys oder Reisgerichte verwendet.

GEKOCHTE KADALGARNELEN
Metapenaeus bennettae
Eine kleine, saftige Garnele, die meist 6 cm lang wird. Sie paßt gut zu Salaten und wird mit Mayonnaise und Zitronensaft gereicht.

GEKOCHTE ROSA TROPENGARNELE
Diese Garnelen schmecken vorzüglich roh mit Zitronensaft. Für heiße Gerichte sollte man sie unbedingt langsam und schonend garen, damit ihr Fleisch nicht zäh wird.

GRÜNE RIESENGARNELE
Penaeus plebejus
Farbenprächtige Riesengarnele mit roten Füßen und einem leicht bläulichen Schwanz. Sie wird in der Regel 8 cm, manchmal bis zu 11 cm lang und eignet sich gut für Gerichte aus dem Wok und zum Grillen.

BANANA PRAWN, grün
Penaeus merguiensis
Auch als **Weiße Garnele** bekannt, von zartgelber Farbe, manchmal mit einem leichten Braunstich. Sie harmoniert gut mit Currysauce, Tomatensauce und Nudel- oder Reisgerichten.

MEERESFRÜCHTE

GEMEINE STRANDSCHNECKE
Littorinia unifasciata
Diese am Nordatlantik verbreitete Meeresschnecke ist die häufigste und bekannteste an europäischen Küsten. Sie besitzt ein kegelförmiges Gehäuse und eine scharfe Spitze. Man kocht sie 10–12 Minuten in Salzwasser, und ihr Fleisch wird mit einer Nadel oder einem Spießchen herausgeholt.

VONGOLE oder KREUZMUSTER-TEPPICHMUSCHEL
Meretrix spp.
Die in Italien sehr beliebten Vongole besitzen zwei harte, kleine, grob gerippte Schalen und schmecken sehr delikat. Ihr Fleisch ist dennoch etwas zäh. Sie sind frisch in der Schale und in Dosen konserviert erhältlich. Frische Muscheln werden gekocht, bis sich die Schale öffnet. Man verwendet sie für Pastasaucen oder Eintöpfe.

BLAUSCHWARZE MIESMUSCHEL
Mytilus edulis
Diese Miesmuschelart ist sehr schmackhaft und besitzt ein festes, zartes Fleisch. Man kocht sie in ihrem eigenen Saft, bis sich die Schale öffnet. Kaufen Sie nur geschlossene Muscheln oder solche, die sich auf leichten Fingerdruck schließen. Miesmuscheln, die nach dem Garen geschlossen geblieben sind, müssen aussortiert werden.

JAKOBSMUSCHEL
Pecten fumatus
Der sehr schmackhafte weiße Schließmuskel der Jakobsmuschel ist von einem Rogensack, dem sogenannten Corail, umgeben. Sie sind mit oder ohne Corail im Handel und schmecken am besten zwischen November und März. Jakobsmuscheln haben einen festen Platz in der französischen Küche. Sie schmecken ausgezeichnet farciert, gebacken, gebraten oder gegrillt.

PAZIFISCHE PIPIMUSCHEL
Plebidonax deltoides
Diese Muscheln werden frisch in der Schale angeboten. Muscheln mit geöffneten Schalen sollte man nicht verwenden. Pipimuscheln werden nur so lange gegart, bis sich die Schale öffnet.

NEUSEELÄNDISCHE MIESMUSCHEL
Perna canaliculus
Diese Vertreterin der Miesmuschel ist nicht ganz so zart wie die Blauschwarze Miesmuschel, dafür aber deutlich größer. Für Saucen und andere Zubereitungen wird sie deshalb nach dem Garen häufig in kleine Stücke geschnitten.

HUMMER
Homarus vulgaris
Man unterscheidet den Europäischen vom Amerikanischen Hummer. Letzterer hat meist größere Scheren mit höherem Fleischanteil. Der beste Hummer wird in Schottland, Irland, in der Bretagne und im Ärmelkanal gefangen. Lebender Hummer hat einen bläulich schimmernden Panzer, der beim Garen kräftig rot wird. Es gibt zahllose feinste Zubereitungsarten.

SANDGARNELE oder GRANAT
Crangon crangon
Die kleinen, braunen Garnelen werden auch fälschlicherweise **Nordseekrabben** genannt. Sie kommen nur gekocht und meist geschält in den Handel und schmecken ausgezeichnet in Krabbencocktails und Salaten.

EUROPÄISCHE AUSTER
Ostrea edulis
Diese flache, fast runde Auster ist in europäischen Gewässern beheimatet. mehrere Arten, darunter die bekan bretonischen **Belonaustern** und holländischen **Imperialen**, di einen milden Geschmack haben.

VENUSMUSCHEL
Mya arenaria, Venus mercenaria, Pinna dolobiatia
Weltweit gibt es Dutzender eßbarer Arten dieser sehr schmackhaften zweischaligen Muschel. Die amerikanische »Hardshell clam« diente den Indianern lange Zeit als Zahlungsmittel und Schmuck.

WELLHORN-SCHNECKE
Buccinum undatum
Die vor allem in Frankreich sehr beliebten Wellhornschnecken kommen meist gekocht in der Schale in den Handel. Sie sind den **Gemeinen Strandmuscheln** ähnlich, nur etwas größer und lassen sich einfacher aus der Schale lösen.

ATLANTISCHER SCAMPO oder KAISERGRANAT
Nephrops norvegicus
Dieser Vertreter der Hummerfamilie ist vom Nordkap bis nach Marokko, im Mittelmeer bis hin zur Adria verbreitet. Die Scheren sind kulinarisch ohne Bedeutung. Man ißt vor allem das Schwanzfleisch. Scampi kommen lebend, gekocht und gefroren in den Handel. Häufig werden auch nur die Schwanzteile angeboten. Ihr Fleisch erinnert an Hummer und schmeckt ausgezeichnet gegrillt, schonend gekocht und in Salaten.

MEERESFRÜCHTE

GEMEINE HERZMUSCHEL
Cerastoderma edulis
kleinen Herzmuscheln besitzen bauchig
ewölbte, runde Schalen mit kräftigen
alrippen und werden roh oder gekocht
essen und häufig in Salzlake eingelegt.
e schmecken am besten im Sommer.

STUMPFE STRANDSCHNECKE
Littorina spp.
Diese Meeresschnecke ist sehr klein und wird
meist gekocht angeboten. In Großbritannien wird
sie mit einem Stück Kork und kleinen Spießchen,
die in das Fleisch gedrückt werden, serviert, um
es besser herauslösen zu können.
Gegessen wird nur der musku-
löse Teil der Schnecke. Rohe
Schnecken werden 10 Minuten
in Salzwasser gekocht.

**GEMEINER
EUROPÄISCHER TASCHENKREBS**
Cancer pagurus
Diese im Ostatlantik, der Nordsee und auch im Mittelmeer verbreiteten
Krustentiere schmecken am besten im Sommer. Sie werden lebend oder
gekocht angeboten, und ihr Fleisch ist eine Delikatesse. Der weibliche
Taschenkrebs (unten) besitzt meist kleinere
Scheren als die männlichen Tiere (oben),
hat aber einen größeren Schwanz, der an der
Unterseite anliegt. Die weiblichen Tiere
haben einen sehr schmack-
haften Rogen.

MIESMUSCHEL
Mytilus edulis
Miesmuscheln kommen lebend, gekocht und gefroren im Handel. Lebende Muscheln
werden gründlich gesäubert und von ihren Bärten befreit. Man verwendet ausschließlich geschlossene Muscheln. Solche, die eine beschädigte Schale haben oder sich
auf Fingerdruck nicht mehr schließen, müssen unbedingt aussortiert werden.

AUSTRALKREBS oder YABBY
Cherax destructor
Der in Westaustralien beheimatete Australkrebs erinnert an den deutschen **Steinkrebs**. Lebende Krebse sind braun. Das feine, saftige Fleisch im Schwanzteil und in den Scheren ist sehr delikat.

PAZIFISCHER BÄRENKREBS
Ibacus peronii
Dieser Vertreter der Hummerfamilie hat einen rostroten Rücken und einen flachen Körper. Durch die kleinen Scheren lassen sich Bärenkrebse leicht von Hummer unterscheiden.

PAZIFISCHE FELSENAUSTER
Crassotrea gigas
Diese Austernart ist in den Gewässern um Japan, im Chinesischen Meer, im indopazifischen Raum und in der Südsee beheimatet. Sie kann bis zu 30 cm groß werden. Ihre Schale ist grauweiß und wird auch gekocht verwendet.

AUSTRALISCHE LANGUSTE
Jasus edwardsii
Diese an der Westküste Australiens verbreitete Languste lebt in Felsspalten und in Korallenriffen. Sie wird bis zu 4,5 kg schwer. Die Farbe des Panzers reicht von Hellgelb über Orangefarben bis Violett. Ihr Fleisch schmeckt sehr delikat.

AUSTRALISCHE FELSENAUSTER
Saccostrea commercialis
Sie ist die in Australien am häufigsten gezüchtete Auster. Ihr Fleisch ist weich und besitzt einen ausgeprägten Geschmack.

AUSTRALISCHE MEERESFRÜCHTE

OSTAUSTRALISCHE LANGUSTE
Jasus verreauxii
Die größte aller Langusten wird bis zu 7,5 kg schwer. Sie ist an der warm-gemäßigten Küste New South Wales' und Neuseelands verbreitet. Ihr Panzer ist grünlich und wird beim Garen leuchtend orange. Auch das Fleisch in den Beinen schmeckt ausgezeichnet.

NAMBUCCA FELSENAUSTER
Saccostrea commercialis
Mit der Australischen Felsenauster verwandt

WALLIS LAKE AUSTER
Saccostrea commercialis
Mit der Australischen Felsenauster verwandt

TASMANISCHE FELSENAUSTER
Crassotrea gigas
Mit der Pazifischen Felsenauster verwandt

BLAUKRABBE
Portunus pelagicus
Die Blaukrabbe ist an der Ostküste Amerikas, in Australien, im Mittelmeer und in der Ägäis verbreitet. Sie wird beim Garen orangerot. Ihr sehr delikates, feines Fleisch befindet sich in Beinen und Scheren.

GROSSE PAZIFISCHE SCHWIMMKRABBE, gekocht
Portunus pelagicus
Der Panzer dieser großen Schwimmkrabbenart ist blau marmoriert, und die Scheren sind sehr schlank. Das meiste Fleisch sitzt im Körper. Am besten schmeckt aber das Bein- und Scherenfleisch.

MEERESFRÜCHTE

AUSTRALISCHE SPANNERKRABBE, gekocht
Ranina ranina
Diese Krabbenart ist an der Nordostküste Australiens verbreitet und auch unter dem Namen **Frog crab** bekannt. Sie kann über 20 cm lang werden. Ihr weißes, feines und süßliches Fleisch erinnert manchmal an Muscheln.

MANGROVENKRABBE
Scylla serrata
Diese in ganz Südostasien verbreitete Schwimmkrabbe wird sehr groß und kann bis zu 2 kg schwer werden. Sie lebt vorzugsweise in Mangrovengebieten und schlammigen Gewässern. Die Mangrovenkrabbe kommt meist lebend bzw. roh in den Handel und wird beim Garen leuchtend orangefarben.

**OCTOPUS oder
GEMEINER KRAKE, ohne Kopf**
Das Fleisch des Octopus' sollte vor dem Garen
weich geklopft werden, da es häufig zäh ist.
Octopus muß lange gekocht werden, die Garzeit ist
länger als die von anderen Tintenfischen. Aufgerollte Tentakeln von rohen Tieren sind meist ein
Hinweis für weichgeklopfte Tiere. Octopus eignet
sich auch zum Grillen und Kurzbraten.

BABY OCTOPUS

MEERESFRÜCHTE

KALMAR (Körper)
Der sackartige Körper ist geschält und das hornartige Stützblatt entfernt. Er wird gefüllt, gebacken, geschmort oder in Ringe geschnitten.

FLASCHENKALMAR
Loligo etheridgi
Dieser kleine Kalmar lebt in Küstengewässern und Flußmündungen. Sein Fleisch ist sehr zart und wird auch als Köder verwendet.

GEMEINER KALMAR
Loligo vulgaris
Dieser Kalmar ist auch unter der Bezeichnung **Calamari** bekannt und lebt meist in flachen Küstengewässern. Er besitzt einen zylindrischen Körper mit zwei Flossen im Schwanzbereich. Der Kopf mit Augen und zehn Tentakeln umschließt ein kräftiges Maul. Im Inneren sitzt ein hornartiges Stützblatt. Bis auf den Kopf sind alle Teile des Kalmars eßbar. Die Garzeit ist mit 1-2 Minuten sehr kurz.

CALAMARIRINGE
Die Haut des Kalmars wird abgezogen und das Stützblatt im Inneren entfernt. Der Rest wird in Ringe geschnitten. Meist werden die Ringe kurz gebraten oder fritiert, in Backteig gehüllt oder paniert.

SEPIA oder GEMEINER TINTENFISCH
Sepia spp.
Der Sepia bevorzugt warme Gewässer und ist meist kleiner als der Kalmar. Sein Körper ist dicker und besitzt ein kräftiges, hartes Stützblatt im Inneren. Zwei der zehn Tentakeln sind besonders lang. Der Körper, die Tentakeln und der Tintensack sind eßbar. Tintenfische werden kurz gebraten (2-3 Minuten), da sie sonst zäh werden.

243

RÄUCHERLACHS
Geräucherter Lachs kommt überwiegend aus Norwegen, Schottland und Kanada. Er wird fast ausschließlich aus Zuchtlachs hergestellt, manchmal auch aus Wildlachs und Meerforellen. Frischer Lachs wird in ganze Filets zerlegt und vor dem Räuchern etwa 12 Stunden in eine milde Salzlake gelegt. Am begehrtesten und feinsten ist der norwegische Räucherlachs. Er wird in dünne Scheiben geschnitten.

GESALZENER KABELJAU oder STOCKFISCH
Stockfisch ist auch unter der portugiesischen Bezeichnung **Bacalao** bekannt und in Spanien, Portugal und der französischen Provence sehr beliebt. Dennoch kommt er meist aus Norwegen zu uns und wird in großen Stücken angeboten. Vor der weiteren Verwendung muß man die Stücke mindestens 24 Stunden wässern und dabei das Wasser mehrmals erneuern.

BISMARCKHERING
Bei dieser Heringszubereitung werden baltische Heringe filetiert und in Weißweinessig eingelegt. Ihr weißes Fleisch ist schmackhaft und wird mit Zwiebelringen, Sauerrahm oder neuen Kartoffeln gereicht.

MATJESHERING
Matjes ist junger, noch nicht laichreifer Hering, der mild gesalzen wird und besonders zart schmeckt. Man verwendet ihn vor allem in der kalten Küche.

FISCHPRODUKTE

GERÄUCHERTES HERINGSFILET
Ein Hering, der kalt oder heiß geräuchert wird und im Ganzen als **Kipper** in den Handel kommt. Häufig wird er auch in Dosen konserviert.

GERÄUCHERTER SCHELLFISCH
Kleinere Schellfische werden ausgenommen und ohne Kopf am Schwanz zusammengebunden und paarweise geräuchert. Meist werden sie warm gereicht, nachdem man sie mit Butter bestrichen im Ofen leicht erhitzt hat.

Anmerkung: **Heiß geräuchert** bedeutet, daß der Fisch vor dem Räuchern etwa eine Stunde in eine milde Salzlake eingelegt wird. Anschließend wird er bei über 60 °C geräuchert. Bei der **Kalträucherung** wird der meist rohe Fisch bei etwa 30 °C geräuchert, wodurch er lediglich aromatisiert wird. Roh geräucherter Fisch wird manchmal auch nachträglich gegart. Eine Ausnahme bildet der Räucherlachs: Er wird kalt geräuchert und roh gegessen.

GERÄUCHERTE MAKRELE
Makrelen sind sehr fetthaltig und besitzen als Räucherfisch einen intensiven, leicht salzigen Geschmack. Die Haut läßt sich leicht entfernen. Sie sind im Kühlschrank bis zu einer Woche haltbar. Man serviert sie als kalte Vorspeise auf gebuttertem Toast.

GERÄUCHERTE FORELLE
Die Haut läßt sich leicht von dem rosafarbenen, delikaten Fleisch ablösen. Gekühlt halten sie etwa eine Woche. Man serviert sie als kalte Vorspeise auf gebuttertem Toast oder zu Salaten.

RÄUCHERLACHSSCHEIBEN
In guten Feinkostgeschäften wird Räucherlachs von Hand fein aufgeschnitten. Im Kühlschrank sind die Scheiben etwa eine Woche haltbar. Ansonsten kommt er bereits geschnitten in den Handel.

GERÄUCHERTES SCHELLFISCHFILET
Unter der Haut, die von Orangefarben bis Gelb reicht, verbirgt sich weißes Fleisch von mildem rauchigen Geschmack. Im Kühlschrank hält es etwa eine Woche. Kalt geräuchertes Schellfischfilet eignet sich zum Braten, Backen, Grillen, Dämpfen und Pochieren.

RÄUCHERFISCH

GERÄUCHERTER NEUSEELÄNDISCHER BLAUBARSCH
Ein kalt geräucherter Fisch mit hohem Salzgehalt. Er wird für Fischpasteten und Kedgeree, dem klassischen englischen Frühstücksgericht mit Fisch und Reis, verwendet.

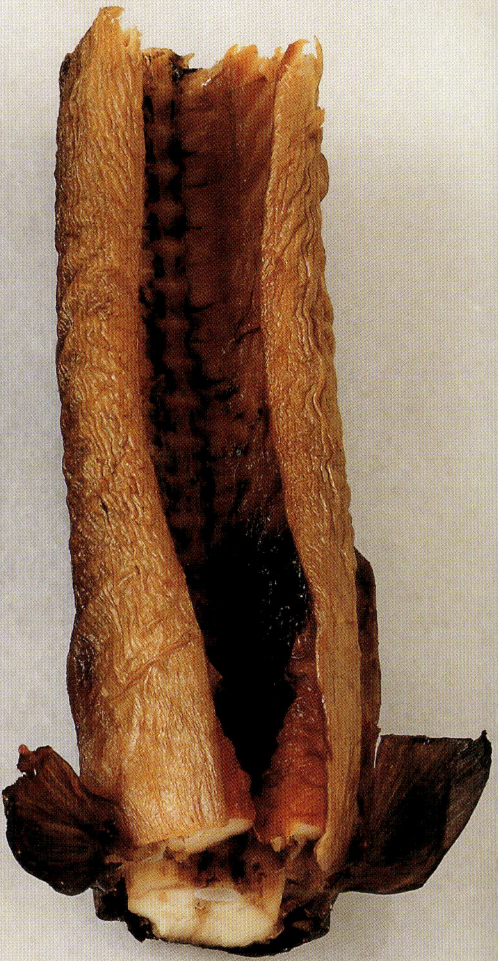

KIPPER
Kipper sind frisch geräucherte Fettheringe. Vor dem Einlegen in Salzlake werden die geköpften Heringe entgrätet. In England werden sie gegrillt zum Frühstück gereicht. Im Kühlschrank halten sie etwa eine Woche.

RÄUCHERAAL
Räucheraal ist sehr fett und salzig. Die Haut wird abgelöst, und das delikate Fleisch wird als kalte Vorspeise mit Meerrettich gereicht. Er hält sich im Kühlschrank etwa eine Woche.

GERÄUCHERTE MUSCHELN
Meist in Dosen eingemacht oder eingeweckt erhältlich. Nach dem Öffnen sollte man sie innerhalb von 24 Stunden verbrauchen.

GERÄUCHERTE AUSTERN
Die gesalzenen und geräucherten Austern werden mit verschiedenen Saucen in Dosen eingemacht. Man sollte sie aber nach dem Öffnen innerhalb von 24 Stunden verbrauchen.

KIPPERFILET
Der in Filets geteilte Hering wird gepökelt und geräuchert. Im Kühlschrank halten die Filets etwa eine Woche.

EINGEMACHTES KRABBENFLEISCH
Blättriges, gesalzenes, zartes Krabbenfleisch mit weißer bis rosafarbener Tönung. Nach dem Öffnen sollte es innerhalb von 24 Stunden verbraucht werden. Für Dips und Nudelsaucen.

EINGEMACHTER LACHS
In Dosen eingemachter Lachs, der auch rosafarben erhältlich ist. Das zarte, gesalzene Fleisch enthält eßbare Gräten. Er sollte nach dem Öffnen im Kühlschrank gelagert und innerhalb von 24 Stunden verbraucht werden.

GERÄUCHERTE THUNFISCHSCHEIBEN
Die in Dosen eingemachten Thunfischscheiben eignen sich ausgezeichnet für Sandwiches und Salate. Sie sollten nach dem Öffnen bald verbraucht werden.

EINGEMACHTER THUNFISCH
In Dosen eingemachten Thunfisch gibt es in verschiedenen Sorten: ungesalzen, in Öl oder in Lake. Er besitzt einen ausgeprägten Fischgeschmack und sollte nach dem Öffen innerhalb von 24 Stunden verbraucht werden.

ANCHOVISFILETS
Sie kommen gerollt oder flach in den Handel und besitzen einen intensiven, salzigen Geschmack. Man nimmt sie für Pastasaucen, Pizza, Salate, Fleisch-, Fisch- und Gemüsegerichte.

EINGEMACHTE SARDINEN
In Dosen eingemachte Sardinen kommen meist in Öl oder mit Tomatensauce in den Handel. Man bekommt sie mit oder ohne Haut und ißt sie im Ganzen oder zerkleinert.

EINGEMACHTE MAKRELEN
In Dosen eingemachte Makrelenfilets kommen meist in Öl oder mit verschiedenen Saucen in den Handel. Sie besitzen einen intensiven, salzigen Geschmack. Sie sollten nach dem Öffnen innerhalb von 24 Stunden verbraucht werden.

KAMABOKO oder »FISCHKÄSE«
Eine japanische Spezialität mit delikatem Geschmack und leicht gummiartiger Konsistenz. Es wird in dünne Scheiben geschnitten und kurz vor Ende der Garzeit einer Zubereitung zugegeben.

EINGEMACHTE FISCH- UND MEERESFRÜCHTEPRODUKTE

EINGEMACHTER SEELACHS
Seelachs zählt zur Familie der **Dorsch**artigen und ist mit dem Kabeljau verwandt. **Lachsersatz** ist die Bezeichnung für gefärbten und mit Gewürzen und Öl konservierten Seelachs.

ROLLMOPS
Wird aus entgräteten Heringsfilets mit Haut hergestellt. Das Filet wird um ein Stück Essiggurke gewickelt, mit einem Spießchen fixiert und in einer würzigen Essiglake eingeweckt.

CONPOY
Getrocknete, in Scheiben geschnittene chinesische Jakobsmuscheln. Die Scheiben werden vor der Weiterverwendung eingeweicht und anschließend zum Aromatisieren und Würzen von Dämpf- und Schmorgerichten verwendet.

ROTER SEEHASENROGEN
Die rot gefärbten Eier des Seehasen kommen als Kaviarersatz in den Handel. Seehasenrogen schmeckt körnig, wird mild gesalzen und erinnert an Fisch. Nach dem Öffnen kühl stellen und innerhalb von acht Wochen verbrauchen.

SCHWARZER SEEHASENROGEN
Die schwarz gefärbten Eier des Seehasen kommen als Kaviarersatz oder **Deutscher Kaviar** in den Handel. Er schmeckt körnig und mild salzig. Nach dem Öffnen sollte man ihn in den Kühlschrank stellen und innerhalb von acht Wochen verbrauchen.

KETA oder LACHSKAVIAR
Die Eier des Kett, einer mandschurischen Lachsart, die auch in Nordkanada vorkommt, sind deutlich größer als die des Seehasen. Sie kommen gesalzen und geräuchert in den Handel. Nach dem Öffnen zwei Wochen im Kühlschrank haltbar.

CHINESISCHE FISCHBÄLLE
Dieses Meeresprodukt besitzt eine leicht gummiartige Konsistenz und ist gut gewürzt. Die Bällchen werden klein geschnitten und kurz vor Ende der Garzeit einer Zubereitung zugegeben. Sie werden im Kühlschrank aufbewahrt.

EINGEMACHTE SHRIMPS
Kleine, geschälte und in Gläsern eingeweckte oder in Dosen eingemachte Garnelen in Salzlake. Sie sind verschlossen unbegrenzt haltbar, nach dem Öffnen noch 24 Stunden.

EINGEMACHTE VENUSMUSCHELN
Gesalzen in Öl eingemacht. Sie sollten nach dem Öffnen innerhalb von 24 Stunden verbraucht werden. Man verwendet sie für Pastasaucen und Vorspeisen.

GETROCKNETER TINTENFISCH
Die plattierten, in der Sonne getrockneten Weichtiere besitzen einen ausgeprägten, intensiven Geschmack und sind in den meisten südostasiatischen Ländern eine beliebte Zutat.

GETROCKNETER KALMAR
Die plattierten, in der Sonne getrockneten Weichtiere besitzen einen intensiven Geschmack. Sie werden mehrere Stunden in warmem Wasser eingeweicht und dann in Wasser gekocht.

BOMBAY DUCK
Eine kleine, getrocknete und intensiv schmeckende Fischart, die an der Westküste Indiens gefangen wird. Meist kommen sie als Streifen in den Handel. Sie werden in Stücke geschnitten und fritiert mit Reis und Curry gereicht.

GETROCKNETE SARDINEN
Die kleinen, intensiv nach Fisch schmeckenden Sardinen sind knusprig und werden als Imbiß oder zusammen mit anderen Lebensmitteln, besonders in Reisgerichten, gegessen.

GETROCKNETE BONITOFLOCKEN
Gehobelte Stücke von filetiertem und getrocknetem Bonito, ein zur Familie der Makrelenartigen gehörender Fisch. Bonitoflocken sind eine Grundzutat für die Zubereitung von japanischen Suppenfonds (Dashi).

GETROCKNETE SEEGURKEN
Seegurken werden mehrere Stunden in Wasser eingeweicht, anschließend gereinigt und ausgenommen. Sie werden gedämpft oder geschmort. Ihr Geschmack ist allerdings fad.

GETROCKNETER FISCH- & MEERESFRÜCHTEPRODUKTE

GETROCKNETER MEERAALMAGEN
Eine weiche Haut, die aus dem Magen von Meeraalen geschnitten wird. Sie wird getrocknet und fritiert, bis sie sehr knusprig ist. Man weicht sie in warmem Wasser ein und kocht sie anschließend ein paar Minuten in Essigwasser. Das übrige Wasser wird vor der Weiterverwendung ausgedrückt.

GETROCKNETER POLLACK
Pollack zählt zu den Dorschartigen und besitzt getrocknet einen intensiven, ausgeprägten Geschmack. Er wird etwa 30 Minuten in warmem Wasser eingeweicht, dann ohne Gräten kleingeschnitten und mit anderen Zutaten gegart.

HAIFISCHFLOSSE
Je länger die Strähnen, desto besser die Qualität und höher der Preis. Die Flossen des Katzenhais müssen vor der Weiterverwendung, z. B. in **Haifischflossensuppe**, mehrere Tage eingeweicht werden.

GESALZENE QUALLE
Sehr salzig mit intensivem Meergeruch. Qualle muß mehrere Stunden eingeweicht werden, wobei das Wasser häufig erneuert werden muß. Vor der Weiterverwendung wird die Qualle fein geschnitten und 20 Minuten in Reiswein, Frühlingszwiebeln, Ingwer und lauwarmem Wasser mariniert.

NORI-ALGEN oder LAVER
Porphyra vulgaris
Rotvioletter Seetang, aus dem die Waliser Laverbread, kleine Küchlein, backen. Die Japaner nennen ihn Nori und pressen ihn zu Platten, die für Sushi verwendet werden.

MEERFENCHEL oder QUELLER
Salicorna europaea
Wildpflanzen, die in Salzgärten und Dünenlandschaften wachsen. Im Hochsommer sind sie am besten. Sie werden im Wok kurz gebraten oder in mild gesalzenem Wasser blanchiert, damit sie schön knackig bleiben. Sie besitzen einen angenehm salzigen und leicht pfeffrigen Geschmack und harmonieren ausgezeichnet mit Fischgerichten.

WAKAME
Undaria pinnatifidia
Dunkelgrüner Seetang aus Japan. Wakame ist reich an Mineralien und wird für Salate, Suppen und als Garnitur verwendet. Wakame wird nur sehr kurz gegart.

MEERESGEMÜSE

GRÜNER MEERLATTICH
Ulva lactuca
Er besitzt schmackhafte grüne, hauchdünne Blätter, die sich zum Einschlagen von Fleisch und Fisch eignen, um daraus Rouladen zu machen. Man verwendet ihn wie blanchierten Spinat. Meist wird er gesalzen angeboten und muß in viel Wasser gründlich gewaschen werden.

DULSE
Rhodymenia palmata
Dulse ist ein roter Seetang mit streifenartigen Blättern und einem mild salzigen Meeresgeschmack. Gesalzener Dulse muß gründlich gewaschen werden und wird für Salate und Eigerichte verwendet. Mit einem Spritzer Zitronensaft bleibt seine Farbe erhalten.

MEERKOHL oder SEEKOHL
Crambe maritima
Meerkohl gehört zu den Senfgewächsen und ist wildwachsend. Er ist an der Küste Großbritanniens beheimatet. Die schmackhaften weißen Stiele besitzen hellgrüne Blätter, die, wie Staudensellerie, roh, gekocht oder gedämpft mit Butter gegessen werden können.

MEERBOHNE oder HARICOT DE MER
Himanthalia elongata
Seetang, der zumindest dem Aussehen nach, wenn nicht auch geschmacklich an Grüne Bohnen erinnert. Meerbohne wird zum Würzen von Risottos oder als Gemüsebett für gebackenen Fisch verwendet. Blanchiert oder fritiert verleiht sie Salaten eine knusprige Note.

Frischfleisch & Fleischprodukte

Heute wird gesunde Ernährung großgeschrieben, aber auch die Veränderungen, die unsere multikulturelle Gesellschaft mit sich bringt, haben dazu beigetragen, daß Fleisch inzwischen einen anderen Stellenwert hat. Anstelle von Quantität wird nun der Akzent auf Qualität gesetzt. Noch nie gab es eine so breite Auswahl an hochwertigem Fleisch und Fleischprodukten. In den vergangenen zehn Jahren ist auch das Bewußtsein des Verbrauchers bezüglich artgerechter Tierhaltung gestiegen: Die Fleischindustrie hat darauf reagiert und Änderungen herbeigeführt. Heute gelten strenge Regelungen bei Tierhaltung, Fütterung und Aufzucht von Vieh. Dies gilt in Deutschland besonders für Rindfleisch.

Fleisch ist längst nicht mehr der einzig wichtige Bestandteil einer Mahlzeit: Die Portionen sind kleiner geworden, und man serviert mehr Gemüse und Beilagen, wie z. B. Hülsenfrüchte und Getreideprodukte.

In puncto Gesundheit tendiert man heute mehr zu einer Art der Viehzucht, durch die Fleisch weniger Fett enthält, obwohl einige Anhänger des traditionellen Geschmacks dieser Entwicklung eher kritisch gegenüberstehen. Rindfleisch, das leicht marmoriert ist, schmeckt tatsächlich am besten.

Bei Innereien scheiden sich die Geister. Die einen lieben, die anderen hassen sie. Innereien zählen in jedem Fall zu den günstigsten und nährstoffreichsten Tierprodukten. Aus der modernen Küche sind sie nicht wegzudenken und werden auf immer wieder neue Art zubereitet.

Die Wurst, die bis vor kurzem lediglich bei bescheidenen Alltagsessen von Bedeutung war, ist von der Nouvelle Cuisine entdeckt worden. Die einfache Bratwurst erfährt inzwischen die Wertschätzung vieler Gourmets. Die Auswahl ist riesig, und es gibt unzählige Zusammensetzungen und Geschmacksvariationen.

LAMMKEULE, gebunden
Bratfertig und mit Küchengarn in Form gebracht

BEINSTEAK VOM LAMM
Dicke Scheibe, aus dem ganzen Bein geschnitten. Es eignet sich zum Braten und Grillen.

LAMMKEULE, entbeint und gebunden
Ein erstklassiges und leicht aufzuschneidendes Bratenstück. Vor dem Braten wird das Fleisch mit Rosmarin und Knoblauch gespickt.

LAMMHAXE, französischer Schnitt
Das ganze Bein wird mit dem Schenkelknochen geschnitten. Der Knochen ist sauber abgeschabt. Lammhaxe eignet sich besonders zum Braten und Schmoren. In Frankreich wird sie häufig gebraten und auf Flageoletbohnen mit ganzen Knoblauchzehen serviert.

SCHEIBE AUS DER LAMMKEULE oder CHOP
Französischer Schnitt. Bestes zartes Beinfleisch, das sich besonders zum Grillen und Kurzbraten eignet. Das Fleisch gewinnt, wenn man es vor dem Braten in Rotwein mariniert.

LAMM

LAMMSATTEL MIT NIEREN
Der vollständig entbeinte und innen vom Fett befreite, gebundene Lammsattel mit Nieren ist ein erstklassiges Bratenstück für ein großes Essen.

**KURZER LAMMSATTEL,
entbeint und gerollt**
Ein prächtiges Bratenstück, das von allen Knochen befreit wurde

LAMMSPALIER FÜR KOTELETTS
Zwei Rippenstücke mit gekreuzten Knochen nach französischem Schnitt

BARNSLEY CHOP
Ein doppeltes Kotelett mit Knochen, aus dem Sattel geschnitten zum Grillen

SATTEL MIT RIPPENSTÜCK, entbeint, vom Fett befreit und gerollt
Ein erstklassiges Bratenstück mit zartem und delikat schmeckendem Fleisch aus Sattel und Rippenstück

CHOP
Dickes, fleischiges und saftiges Kotelett aus dem Sattel. Es eignet sich besonders gut zum Grillen.

LAMM

LAMMKRONE
Dieses Bratenstück wird aus zwei vorderen Rippenstücken geformt. Das Fleisch wird zwischen den Rippen eingeschnitten und mit den abgeschabten Rippenenden nach außen zu einer Krone zusammengebunden. Das Kotelettfleisch befindet sich dabei auf der Innenseite. Der entstandene Hohlraum wird meist vor dem Braten gefüllt.

SCHMETTERLINGS-STEAK
Ein knochenfreies Steak in der Form eines Herzens

LAMMNÜSSCHEN
Ein zartes Stück aus dem Sattel zum Braten

RÜCKENSTÜCK MIT FILET, vom Fett befreit
Ein gutes Bratenstück

LAMMSCHULTER
Vorderes Teilstück, das am besten langsam gebraten oder geschmort wird. Das sehr schmackhafte Fleisch mit der knusprigen Haut kommt auch halbiert als Schulterteil und als Haxe mit Gelenk in den Handel.

CHUMP CHOP
Dickes, fleischiges Kotelett aus dem Sattelende des Lamms

SCHULTERSTEAK
Das Schmorstück wird normalerweise für das griechische Kleftiko mit Kräutern und Knoblauch verwendet.

LAMMSATTEL ALS LAMM-RUMPSTEAK
Ein gutes, kleines Bratenstück für eine Person

LAMM

LAMMSCHULTER, entbeint und gerollt
Ein leicht aufzuschneidendes Bratenstück mit einer sehr schmackhaften Füllung

MITTLERES NACKENFILET
Dieses Stück wird aus dem mittleren Rippenstück geschnitten und hat keine Knochen. Das Fleisch ist zart und nicht sehr teuer.

MITTLERES NACKENSTÜCK
Eignet sich gut zum Schmoren und für Eintöpfe

MITTLERES NACKENSTÜCK ALS KOTELETT
Ein fleischiges Kotelett zum Schmoren und für Eintöpfe

GEWÜRFELTES LAMMFLEISCH
Zartes, in Würfel geschnittenes Lammfleisch für Schmorgerichte und Eintöpfe

LAMMHACK
Eignet sich sehr gut für Fleischbällchen, Hamburger, Shish kebabs, Moussaka und Shepherd's Pie

BRUST, entbeint und gerollt
Ideal für langsames Schmoren

MITTLERES RÜCKGRAT, ohne Fleisch
Ideal für die Herstellung von brauner Lammbrühe

LAMM

LAMMBRUST
Ein günstiges Bratenstück aus der Unterseite.
Es schmeckt gut langsam gebraten mit Zwiebeln
und Knoblauch.

BRUST

NACKENSTÜCK

SCHULTER

GEROLLTE LAMMHÄLFTE, ohne Knochen
Ganze Lammhälfte, die von Knochen, Knorpel,
dicken Sehnen und innerem Fett befreit und
anschließend eingeschlagen, gerollt und in
Form gebunden wird. Sie wird nur selten (für
große Bankette) im Ganzen verwendet und
kann in kleinere Bratenstücke, wie
gezeigt, geteilt werden.

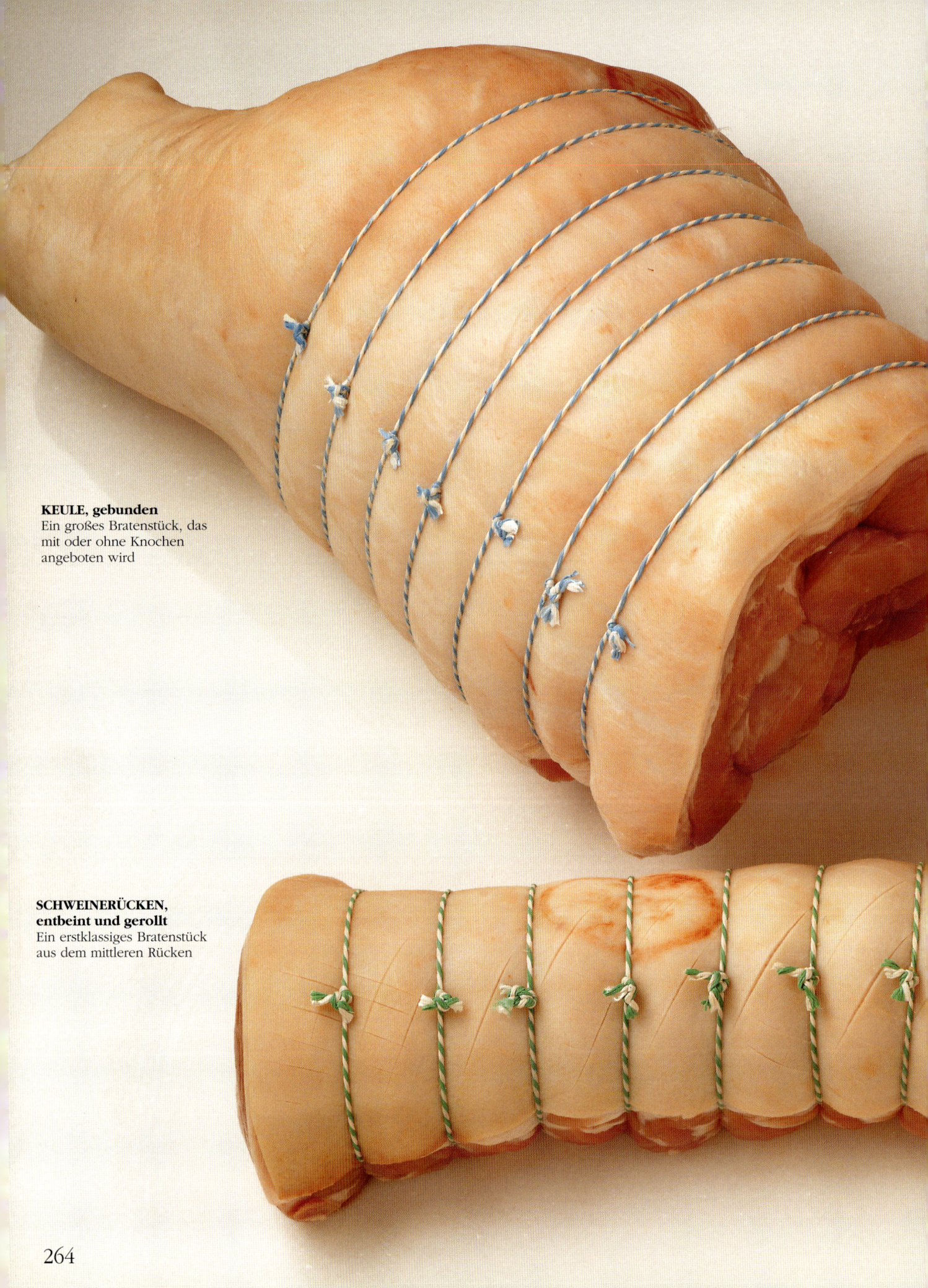

KEULE, gebunden
Ein großes Bratenstück, das mit oder ohne Knochen angeboten wird

SCHWEINERÜCKEN, entbeint und gerollt
Ein erstklassiges Bratenstück aus dem mittleren Rücken

SCHWEIN

KEULE, ohne Knochen
Ein fleischiges, leicht aufzuschneidendes Bratenstück. Mit Schwarte schmeckt es sehr knusprig.

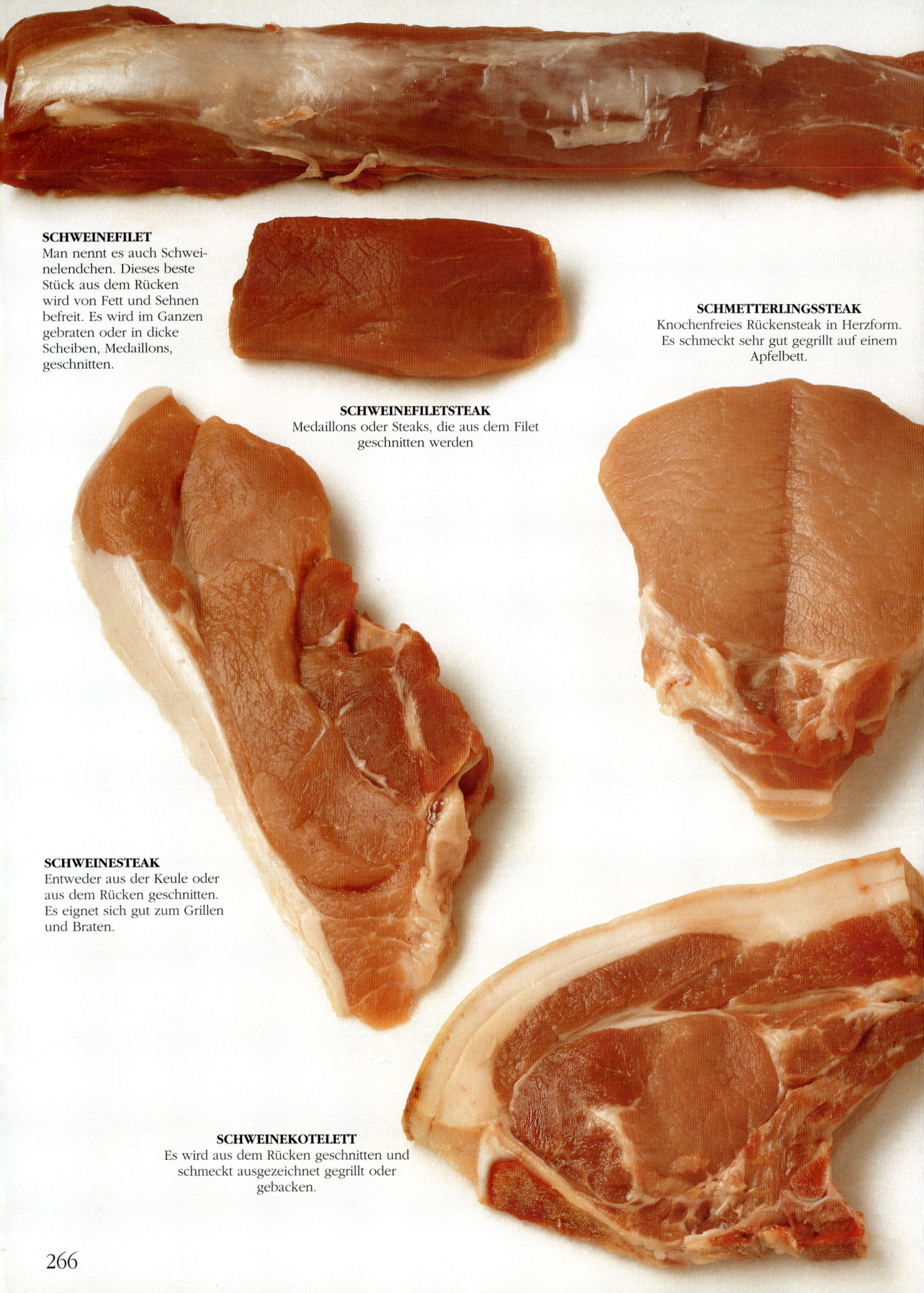

SCHWEINEFILET
Man nennt es auch Schweinelendchen. Dieses beste Stück aus dem Rücken wird von Fett und Sehnen befreit. Es wird im Ganzen gebraten oder in dicke Scheiben, Medaillons, geschnitten.

SCHMETTERLINGSSTEAK
Knochenfreies Rückensteak in Herzform. Es schmeckt sehr gut gegrillt auf einem Apfelbett.

SCHWEINEFILETSTEAK
Medaillons oder Steaks, die aus dem Filet geschnitten werden

SCHWEINESTEAK
Entweder aus der Keule oder aus dem Rücken geschnitten. Es eignet sich gut zum Grillen und Braten.

SCHWEINEKOTELETT
Es wird aus dem Rücken geschnitten und schmeckt ausgezeichnet gegrillt oder gebacken.

SCHWEIN

SCHWEINENACKEN, entbeint und gerollt
Ein günstiges Bratenstück

KOTELETT AUS DEM NACKEN
Im angelsächsischen Raum auch als Sparerib Chop bekannt, aber nicht mit Spareribs zu verwechseln. Das saftige Kotelett schmeckt am besten langsam gebraten oder gegrillt.

SCHWEINEBAUCH
Ein günstiges dünnes und flaches Stück Fleisch mit Knochen und Schwarte. Es sollte langsam gebraten werden, damit das Fett austritt. Das Fleisch schmeckt ausgezeichnet.

SCHWEINEBAUCH (Scheibe)
Eignet sich zum Grillen oder Braten im Ofen. Für Würste und Pies wird es auch ohne Schwarte und Knochen zerkleinert.

SCHWEIN

SPARERIB
Aus der Unterseite des Bauches geschnitten. Sie schmecken ausgezeichnet mit chinesischem Fünf-Gewürze-Pulver und Chili, mariniert und anschließend gegrillt oder gekocht mit einer würzigen Grillsauce.

GEWÜRFELTES SCHWEINEFLEISCH
Eignet sich für Eintöpfe, Schmorgerichte und Pies

SCHWEINEHACK
Gut für Fleischbällchen, Hamburger und Wantan-Füllungen

**SCHWEINESCHULTER,
entbeint und gerollt**
Das zarte, milde Fleisch aus der Schulter
eignet sich gut zum langsamen Braten.

OBERSCHALE
Das beste Fleisch aus der fleischreichen Keule. Es ist zart, aromatisch und eignet sich zum Braten oder für Schmorgerichte.

LENDENSTÜCK, entbeint und gerollt
Ein erstklassiges Bratenstück

RIND

HUFT oder BLUME
Das Bratenstück ergibt geschnitten ausgezeichnete Grillsteaks.

RUMPSTEAK
Ein saftiges Steak zum Grillen und Braten

LENDE, ohne Knochen
Ein sehr delikates Stück zum Braten oder in Steaks geschnitten

LENDENSTEAK
Ein erstklassiges Grillsteak

RIND

GANZES FILET
Das teuerste und zarteste Stück Rindfleisch. Besonders gut schmeckt es als Braten oder in Pastetenteig und Duxelles eingeschlagen als Filet Wellington.

RIPPENSTÜCK, entbeint und gebunden
Ein gutes Bratenstück

FILETSTEAK
Dicke Scheibe aus dem Filet zum Grillen oder Kurzbraten

RIB-EYE
Ein Bratenstück ohne Knochen aus den ersten fünf Rippen

RIB-EYE-STEAK
Ein zartes Steak vom runden Roastbeef

CHATEAUBRIAND
Aus dem mittleren Teil des Filets geschnitten. Es wird meist gebraten und ist ein Zwei-Personen-Steak.

FILETSTEAK AUS DEM MITTLEREN TEIL
Der dickste und fleischreichste Teil des Filets

FILETSPITZE
Der dünne Teil des Filets wird für **Bœuf Stroganoff** oder feine Hamburger verwendet.

HAMBURGER-SCHEIBE
In Form gebrachtes, gewürztes Rinderhack

RINDERHACK
Gutes Rinderhack ist tiefrot und fettarm; dann heißt es Tartar. Helles und rosafarbenes Rinderhack enthält viel Fett.

HOHER RÜCKEN
Ein Schmorbratenstück. Häufig wird es auch in dicke Stücke zum Schmoren und für Eintöpfe geschnitten. Es schmeckt ausgezeichnet und ist auch in Würfel geschnitten erhältlich.

SILVERSIDE
Ein quer geschnittenes Stück aus der Rindskeule. Es eignet sich als Braten, wird aber häufig gekocht und auch als **Salt beef** geschätzt.

RIND

HINTER- UND VORDERHESSE
Zähes Beinfleisch, das für langkochende Eintöpfe, Rinderbrühe oder für Suppen verwendet wird.

STEAK AND KIDNEY
In Würfel geschnittenes Rückenfleisch mit Niere. Es wird für Pies verwendet.

GEWÜRFELTES RÜCKENFLEISCH
Ideal für Eintöpfe und Schmorgerichte

BEEF OLIVES
Rouladenfleisch zum Schmoren, das gefüllt und gerollt wird.

SCHNITZEL
Das dünn geschnittene, feine Kalbfleisch wird häufig paniert und ausgebacken.

WÜRFEL
Das gewürfelte Kalbfleisch aus der Schulter oder Brust wird für Pies und Eintöpfe verwendet.

T-BONE-STEAK
Das große Steak wird mit Knochen aus dem Filetende des Rückens geschnitten und eignet sich zum Grillen und Kurzbraten.

ENTRECÔTE-STEAK
Das weiche, dicke Steak aus dem Rücken eignet sich zum Grillen und Kurzbraten.

KALB

**BEINSCHEIBE,
mit Knochen**
Sehr gut zum Grillen und
für **Osso buco**

KALBSHACK
Wird für Fleischbällchen und in der
italienischen Küche verwendet.

KALBSKOTELETT
Das fleischreiche Kotelett aus
dem Rücken ist ideal zum
Grillen und Braten.

SCHWEINSBACKEN
Geräucherte oder gepökelte Schweinsbacken kommen als Siedefleisch in den Handel und werden auch kalt gegessen.

SCHWEINSOHR

OHREN
Schweins- und Kalbsohren bestehen überwiegend aus Knorpel und sind in China sehr beliebt, wo man sie gebraten, gegrillt oder gefüllt ißt. Häufig werden sie mit Gewürzen gekocht. Die Haare werden vor dem Kochen abgeflämmt.

KALBSOHR

KALBSHODEN
Sie werden meist gebraten, in Backteig ausgebacken oder in einer Court Bouillon gekocht. Meist werden sie mit Vinaigrette gereicht.

SCHAFSAUGEN
Im Mittleren Osten gelten sie als Delikatesse. Meist werden die Augäpfel nach dem Kochen des Kopfes herausgeschnitten und sofort mit oder ohne Sauce serviert.

INNEREIEN & ANDERE KÖRPERTEILE

SCHWEINESCHWANZ
Vom Fett befreit, wird er in Suppen und Eintöpfe gegeben und besitzt eine hohe Gelierkraft.

LAMMSCHWANZ
Vom Fett befreit, wird das wenige Fleisch des Schwanzes für Fleisch-Pies verwendet.

LAMMZUNGE

OCHSENSCHWANZ
Ochsenschwanz muß lange und schwach gekocht werden. Er ist meist frisch erhältlich, wird aber auch gepökelt angeboten. Er besitzt eine hohe Gelierkraft und enthält sowohl mageres als auch fettes Fleisch. Ochsenschwanz sollte am Vortag gekocht werden. So kann das abgekühlte Fett leicht entfernt werden.

ZUNGE
Zunge wird meist geräuchert oder gepökelt angeboten. Am besten nimmt man eine weiche Zunge. Gesalzene Zunge wird über Nacht gewässert. Sie wird mit aromareichem Gemüse und Kräutern gekocht, bis sie weich ist. Die Haut wird entfernt, und anschließend wird die Zunge dünn aufgeschnitten. Sie wird warm mit Sauce und Kartoffeln serviert oder kalt mit Meerrettich, Mixed Pickles, Senf und Salat.

SCHWEINEZUNGE

OCHSENZUNGE

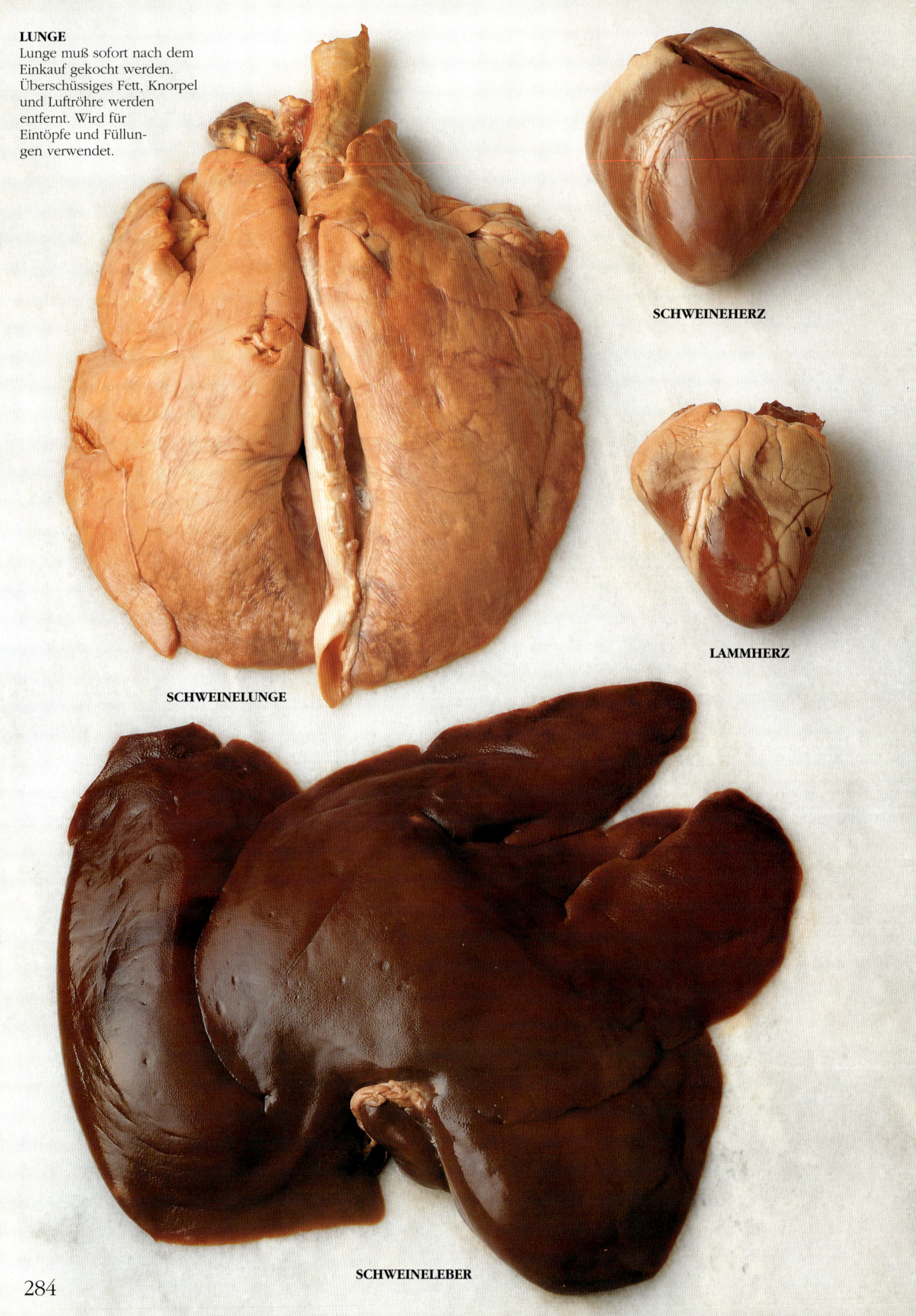

LUNGE
Lunge muß sofort nach dem Einkauf gekocht werden. Überschüssiges Fett, Knorpel und Luftröhre werden entfernt. Wird für Eintöpfe und Füllungen verwendet.

SCHWEINEHERZ

LAMMHERZ

SCHWEINELUNGE

SCHWEINELEBER

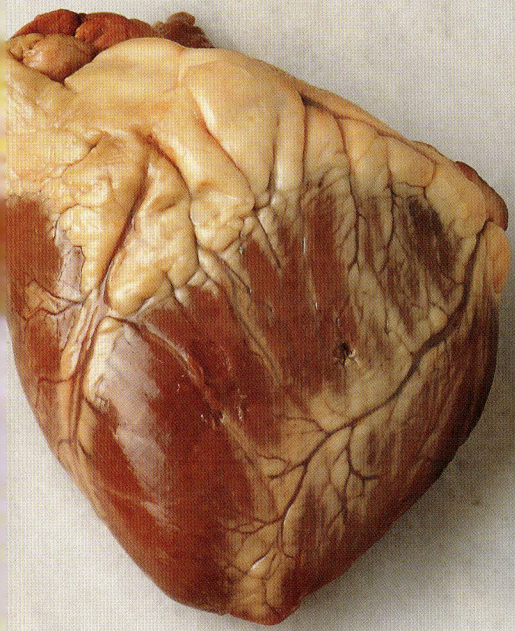

INNEREIEN & ANDERE KÖRPERTEILE

OCHSENHERZ

HERZ
Nachdem das Herz von Sehnen und Fett befreit worden ist, legt man es für 1–3 Stunden in Essigwasser. Dann wird es unter fließendem Wasser gesäubert und trockengetupft. Es eignet sich zum Grillen und Schmoren. Es wird in Stücke geschnitten und in Eintöpfe gegeben oder im Ganzen gefüllt und gebraten.

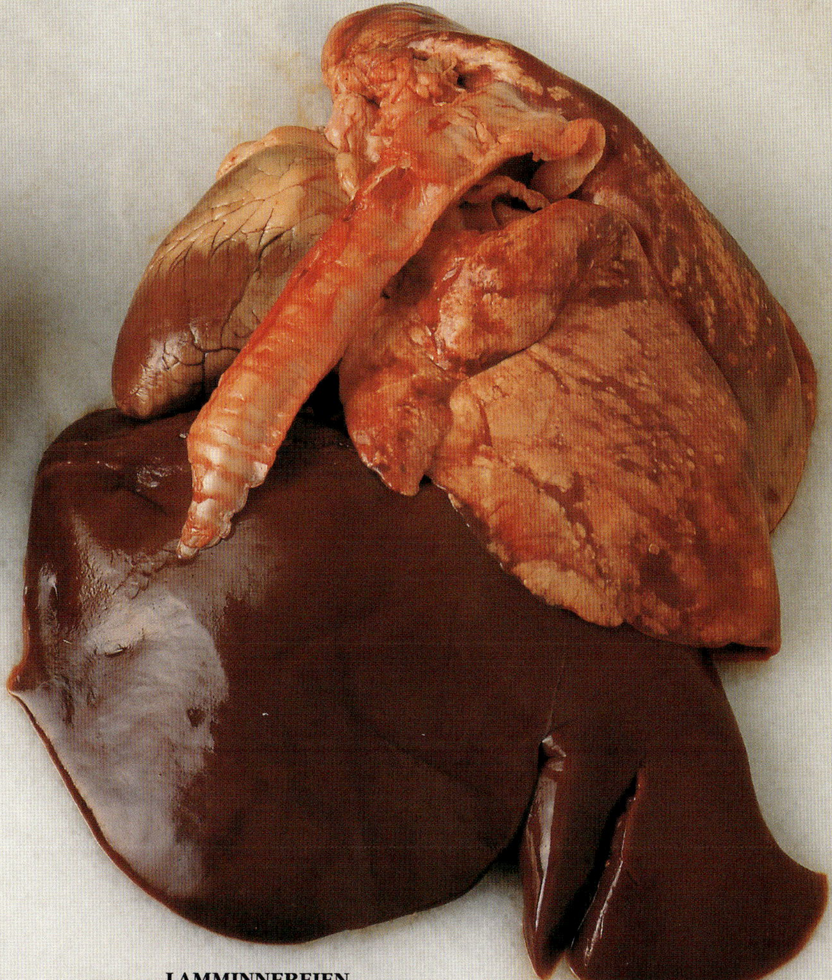

LAMMINNEREIEN

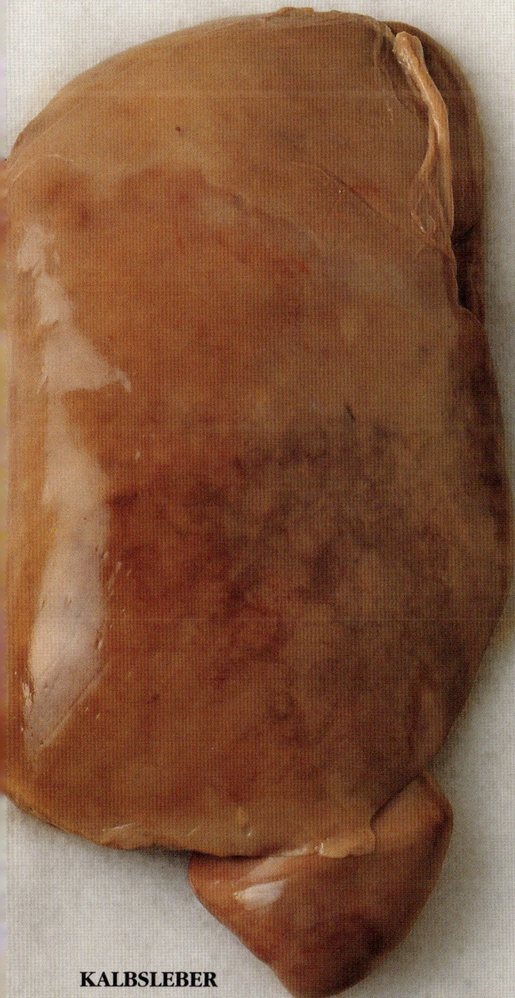

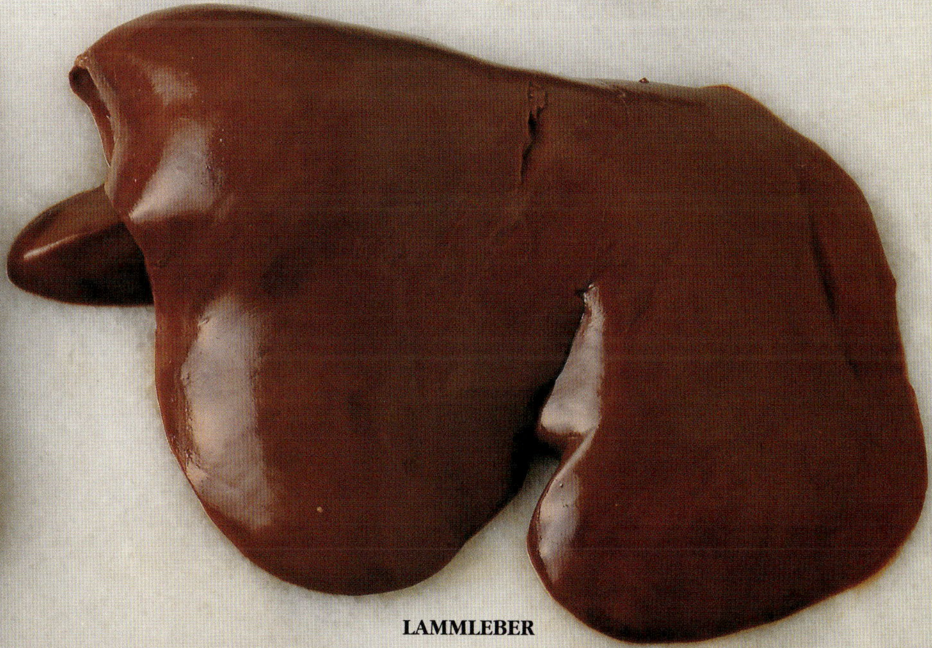

LAMMLEBER

PLUCK
Pluck bedeutet Innereien und enthält das Herz, die Lunge und die Leber von Lamm, Ziege oder Schwein.

LEBER
Nach dem Waschen wird die Haut, die die Leber umgibt, abgezogen. Schweine- und Ochsenleber werden etwa 1 Stunde in Milch gelegt, um den Geschmack abzumildern. Schweineleber wird gebraten und geschmort, Ochsenleber wird geschmort und für Eintöpfe verwendet, Lamm- und Kalbsleber werden kurzgebraten. Durch den Fleischwolf gedrehte Leber wird für Pasteten und Terrinen verwendet.

KALBSLEBER

SCHWEINESCHWARTE
Die Haut des Schweins wird beim Braten trocken und knusprig. In der französischen Küche wird in grobe Streifen geschnittene Schweineschwarte häufig wegen ihrer hohen Gelierkraft für Eintöpfe verwendet. Nach dem Garen wird sie meist herausgenommen.

SCHWEINEKOPF
Der Kopf wird in essigsaures Salzwasser gelegt, um das verbliebene Blut herauszuziehen. Die Haut bleibt aber trotzdem hell und blaß. Anschließend gart man den ganzen Kopf langsam im Ofen oder kocht ihn in Court Bouillon. Fleischige Stücke des Kopfes werden auch für Sülze und Würste verwendet.

SCHAFSKOPF
Wird in Court Bouillon gekocht. Anschließend wird das Fleisch zerkleinert und im eigenen Gelee oder als Suppe gereicht (Schottisches **Powsowdie** oder **Sheep's head broth**).

INNEREIEN & ANDERE KÖRPERTEILE

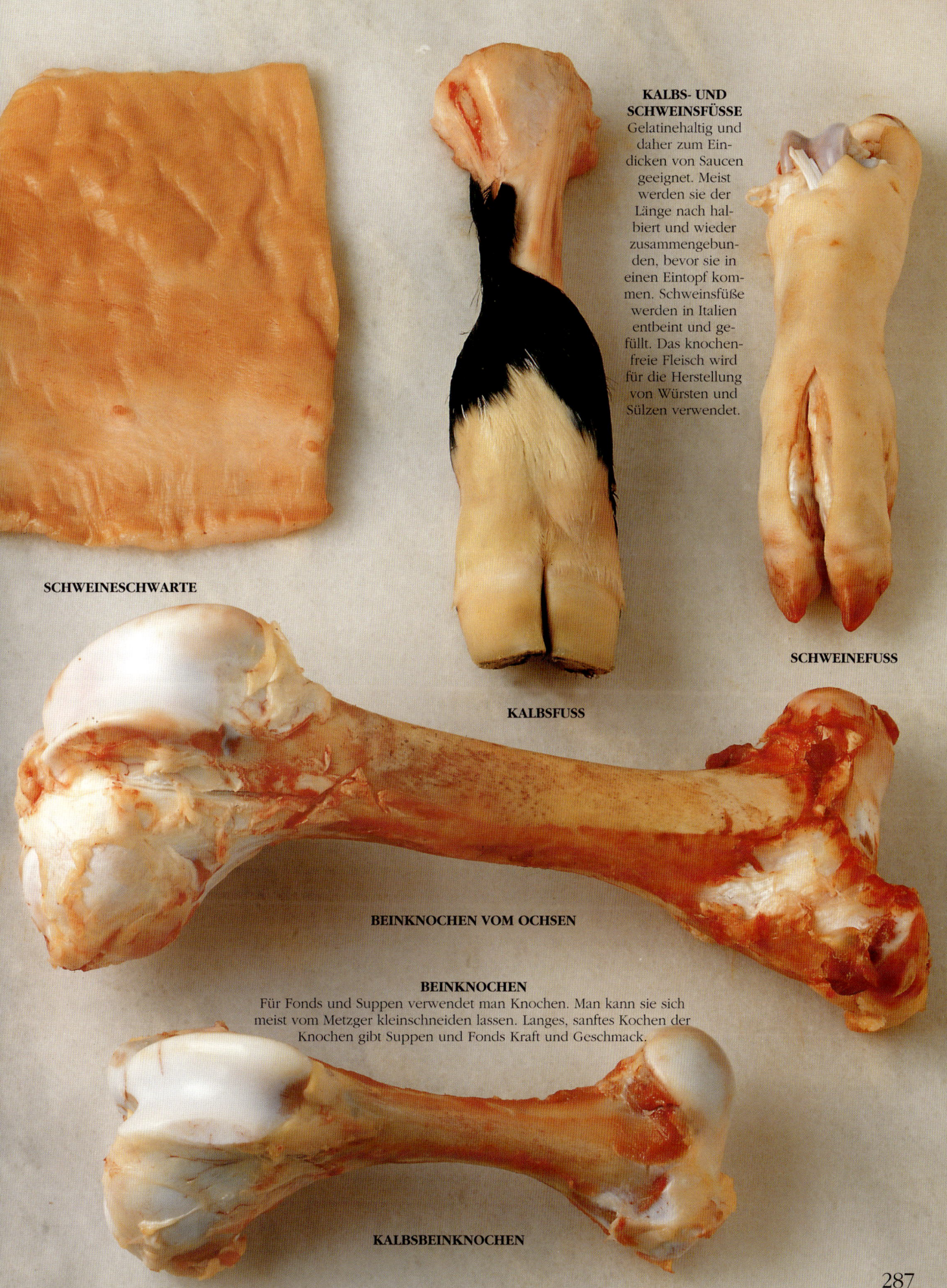

KALBS- UND SCHWEINSFÜSSE
Gelatinehaltig und daher zum Eindicken von Saucen geeignet. Meist werden sie der Länge nach halbiert und wieder zusammengebunden, bevor sie in einen Eintopf kommen. Schweinsfüsse werden in Italien entbeint und gefüllt. Das knochenfreie Fleisch wird für die Herstellung von Würsten und Sülzen verwendet.

SCHWEINESCHWARTE

KALBSFUSS

SCHWEINEFUSS

BEINKNOCHEN VOM OCHSEN

BEINKNOCHEN
Für Fonds und Suppen verwendet man Knochen. Man kann sie sich meist vom Metzger kleinschneiden lassen. Langes, sanftes Kochen der Knochen gibt Suppen und Fonds Kraft und Geschmack.

KALBSBEINKNOCHEN

SCHWEINEMAGEN

MESENTERIUM
Es ist Teil des Bauchfells *(Peritoneum)* und wird wie Kutteln zubereitet.

MILZ
Milz wird meist für die Herstellung von Wurst verwendet, besonders die Milz vom Schwein. Die Milz von Rind und Kalb eignet sich zum Füllen. Milz wird häufig auch zu Tierfutter verarbeitet.

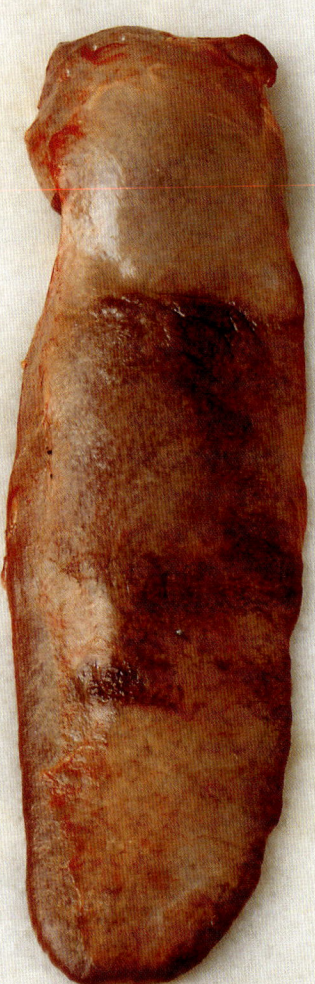

KALBSMILZ

BRIES
Als Bries bezeichnet man die Thymusdrüsen junger Kälber oder Lämmer, die aus dem Hals geschnitten werden. Bries muß 2-3 Stunden in kaltem Essigwasser gewässert werden. Das Wasser wird dabei häufiger gewechselt. Meist wird es anschließend ein paar Minuten blanchiert, damit sich sehnige Partien leichter entfernen lassen. Dann wird es zwischen zwei Platten gelegt und beschwert. Nachdem es so einige Stunden im Kühlschrank war, kann es gegrillt, kurzgebraten, fritiert, geschmort oder pochiert werden.

SCHWEINENETZ
Aus feinem Fettgewebe bestehende Eingeweidehaut des Bauchfells. Wird meist für Pasteten oder zum Auskleiden von Terrinen verwendet.

HIRN
Wird genauso vorbereitet wie Bries, anschließend schonend gebraten oder pochiert.

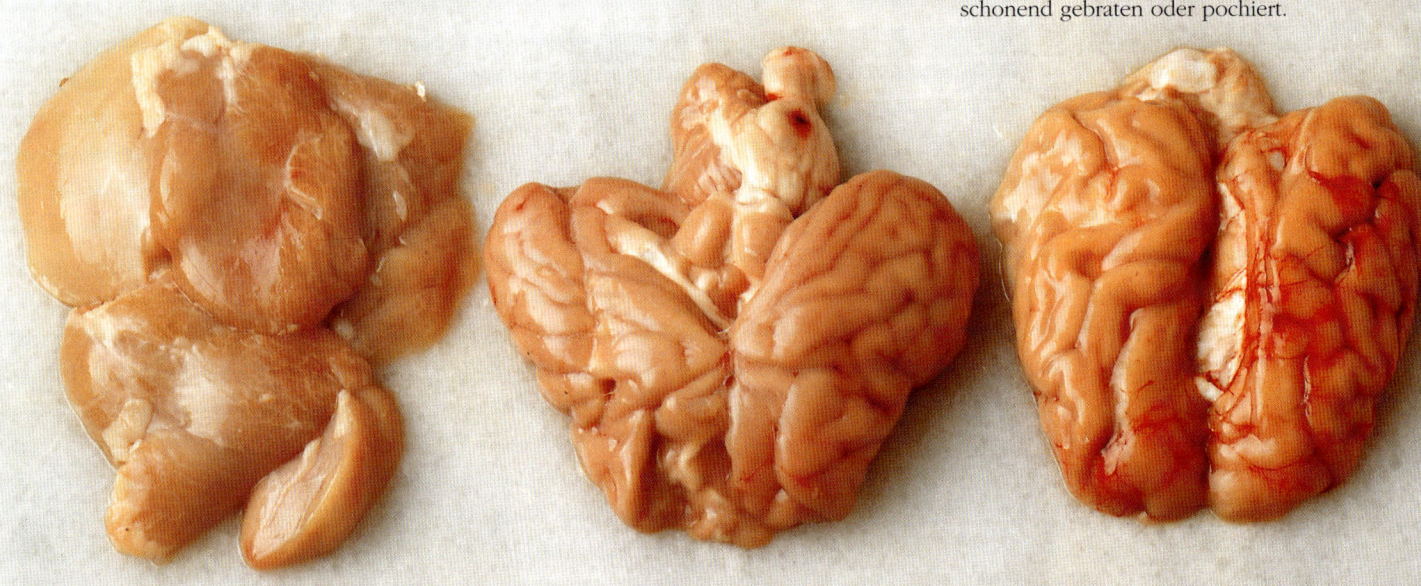

LAMMBRIES   **LAMMHIRN**   **SCHWEINEHIRN**

INNEREIEN & ANDERE KÖRPERTEILE

KUTTELN oder KALDAUNEN
Kutteln sind das Magengewebe von Wiederkäuern, meist von Rind und Kalb. Kutteln sollten sehr weiß bis cremefarben sein. Zellige Kutteln (rechts) sind zarter als glatte. Kutteln kommen meist vorgekocht in den Handel, damit sie bei der Weiterverwendung nicht mehr so lange gegart werden müssen. Glatte Kutteln können sehr lange gekocht werden, ohne zu zerfallen. Sie können gekocht, gebraten, fritiert oder geschmort werden.

SCHWEINENIERE

NIERE
Am besten ist feste, frisch riechende Niere. Die äußere Haut wird abgezogen, die Niere seitlich tief eingeschnitten, und inneres Fett und Sehnen werden entfernt. Niere wird kurzgebraten oder kurz gegrillt, damit sie zart bleibt, oder lange geschmort.

LAMMNIERE

KALBSNIERE

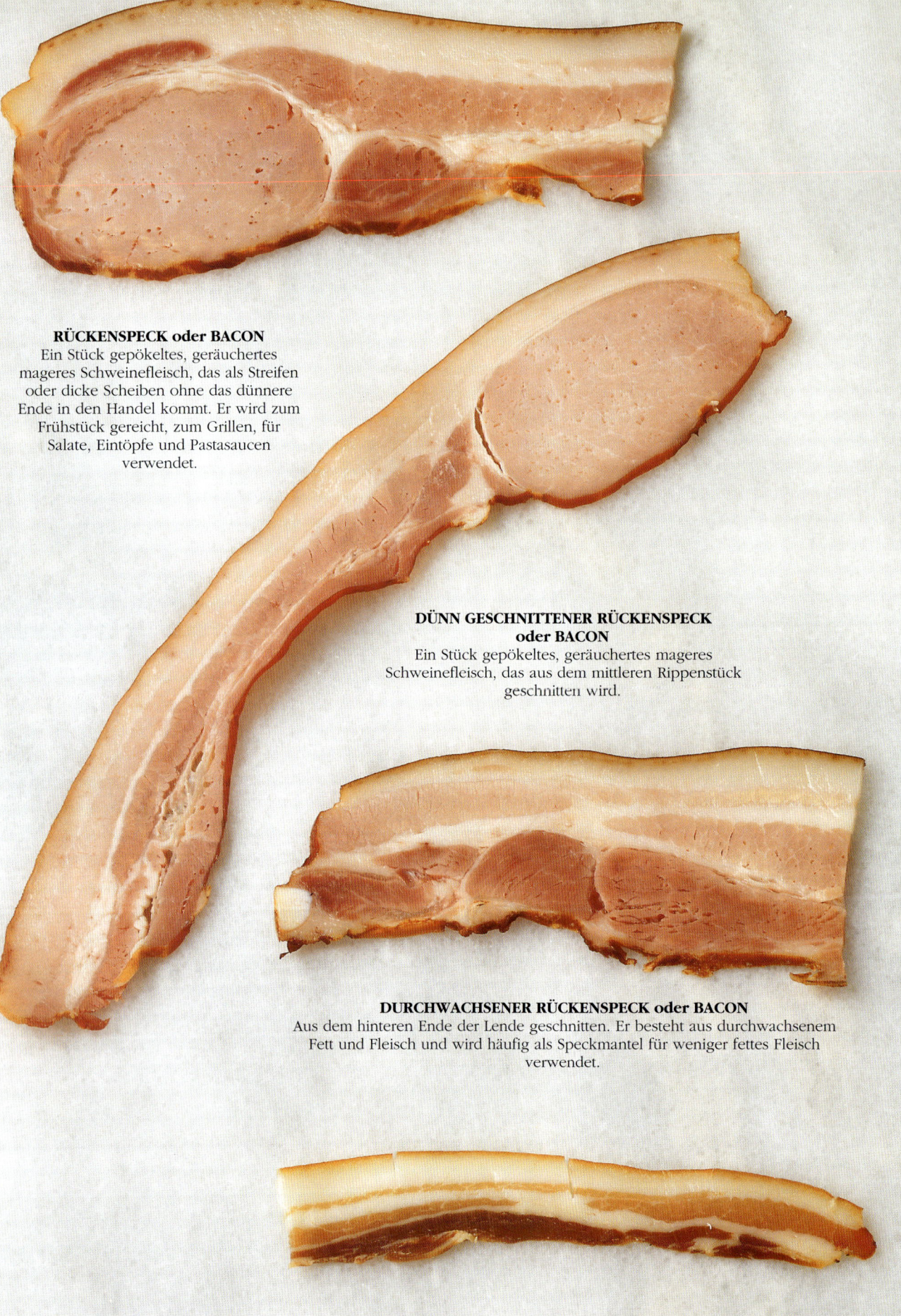

RÜCKENSPECK oder BACON
Ein Stück gepökeltes, geräuchertes mageres Schweinefleisch, das als Streifen oder dicke Scheiben ohne das dünnere Ende in den Handel kommt. Er wird zum Frühstück gereicht, zum Grillen, für Salate, Eintöpfe und Pastasaucen verwendet.

DÜNN GESCHNITTENER RÜCKENSPECK oder BACON
Ein Stück gepökeltes, geräuchertes mageres Schweinefleisch, das aus dem mittleren Rippenstück geschnitten wird.

DURCHWACHSENER RÜCKENSPECK oder BACON
Aus dem hinteren Ende der Lende geschnitten. Er besteht aus durchwachsenem Fett und Fleisch und wird häufig als Speckmantel für weniger fettes Fleisch verwendet.

DURCHWACHSENER SPECK, dünn geschnitten
Sehr dünn geschnittener, durchwachsener Bacon. Er wird schnell knusprig und eignet sich besonders für Zubereitungen in der Mikrowelle.

SPECK

GERÄUCHERTER BAUCHSPECK
Aus dem Bauch des ausgewachsenen Schweins geschnitten. Das geschmackvolle geräucherte Schweinefleisch mit hohem Fettanteil wird für Suppen, Pfannkuchen und Eintöpfe verwendet.

HOCK
Ein kleines, knochenreiches geräuchertes Stück Schweinefleisch aus dem unteren Teil der Keule. Es wird meist geschmort und verleiht Suppen und Eintöpfen einen intensiven Geschmack. Das Fleisch wird vom Knochen abgezogen und als Einlage serviert.

SPECKSTÜCKE
Sie verleihen Suppen und Eintöpfen einen intensiven Geschmack. Das Fleisch wird nach dem Garen entfernt oder kleingeschnitten und als Einlage serviert.

SPECKKNOCHEN
Sie verleihen Fonds, Suppen und Eintöpfen einen intensiven Geschmack.

CHINESISCHER SPECK oder SCHWEINEBAUCH
Auch als chinesischer Bacon bekannt. Er ist sehr intensiv im Geschmack und wird in Scheiben und Würfel geschnitten für Eintöpfe und Dämpfgerichte, Suppen und Füllungen verwendet.

SCHINKEN

VIRGINIA-SCHINKEN-STEAK
Der milde gepökelte und gekochte Schinken ist ideal zum Grillen.

DOPPELT GERÄUCHERTER KOCHSCHINKEN
Knochenfreier Beinschinken mit intensivem Geschmack

SCHINKENSTÜCKCHEN
Für Sandwiches und Brötchen

SCHINKEN DE LUXE
Der magere Rückenschinken mit intensivem Geschmack eignet sich für Salate und Vorspeisenplatten.

VORDERSCHINKEN
Der knochenfreie, geschmacklich intensive Kochschinken mit Schwarte ist ideal für Salate.

ZIGEUNER-NUSS-SCHINKEN
Magerer Schinken mit intensivem Geschmack – gut für Sandwiches und Sommersalate

GERÄUCHERTER & LUFTGETROCKNETER SCHINKEN

RÄUCHERSPECK
Aus dem oberen Teil der Keule eines ausgewachsenen Schweins geschnitten. Er wird anstelle von Bacon oder italienischem Pancetta für deftige Suppen, Eintöpfe und Pastasaucen verwendet.

SCHWARZWÄLDER SCHINKEN
Zweifach geräucherter roher Schinken mit intensivem Geschmack aus dem Schwarzwald

KASSELER
Das gepökelte und geräucherte Schweinefleisch aus dem Kotelettstück ist eine traditionelle deutsche Spezialität.

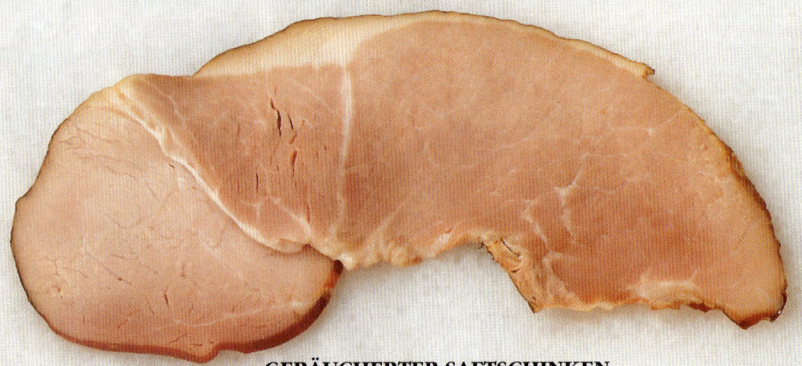

PIKANTE PANCETTA
Italienische Spezialität, aus dem Bauch des Schweins geschnitten. Sie wird gerollt, gepökelt und mit Chili und Cayennepfeffer gewürzt.

GERÄUCHERTER SAFTSCHINKEN
Der knochenfreie, saftige Beinschinken ist ideal für Sandwiches und Salate.

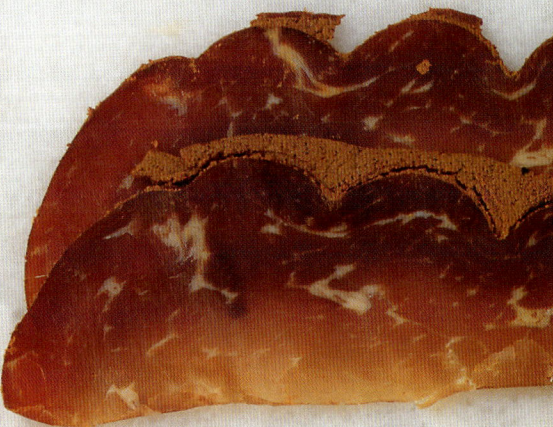

LACHSSCHINKEN
Äußerst zarter naß gepökelter roher Schinken, der in Geschmack und Konsistenz ein wenig an geräucherten Lachs erinnert.

BASTOURMA
Ein pikant würziger luftgetrockneter Rinderschinken im Gewürzmantel, der an Pastrami erinnert. Er wird sehr dünn aufgeschnitten.

PARMASCHINKEN
Der wohl bekannteste Rohschinken. Er wird aus dem hinteren Teil der Keule des Schweins geschnitten, trocken gepökelt und 12–18 Monate abgehangen und getrocknet.

WÜRSTE

COLBASSI
Ein würzige geräucherte Brühwurst aus Schweine- und/oder Rindfleisch mit Kräutern und Gewürzen

STRASSBURG
Eine recht milde Brühwurst aus Rind- und/oder Schweinefleisch, die mit Koriander, Pfeffer und Muskat gewürzt wird

LANGE FRANKFURTER
Meist aus Schweinefleisch, Schweine- und Rindfleisch und/oder Kalbfleisch hergestellt und mit verschiedenen Gewürzen gewürzt und leicht geräuchert

COCKTAILWÜRSTCHEN
Meist aus Schweinefleisch oder Schweine- und Rindfleisch und/oder Kalb, mit verschiedenen Gewürzen gewürzt und leicht geräuchert

DICKE FRANKFURTER
Wird meist aus Schweinefleisch, Schweine- und Rindfleisch und/oder Kalbsfleisch hergestellt, mit verschiedenen Gewürzen gewürzt und leicht geräuchert. Sie haben eine feine Konsistenz.

KLEINE CHORIZO
Eine kleine Sorte der klassischen Schweinswurst aus Spanien

SALSICCI
Italienische Würste aus durch den Wolf gedrehtem Schweinefleisch und Pancetta. Es gibt viele Sorten, einige sind sehr pikant, andere mit Kräutern und Knoblauch gewürzt.

CERVELATWURST
Eine mild gewürzte und geräucherte deutsche Wurst aus Schweine- und Rindfleisch

NAPOLI
Eine dünne Wurst aus Schweine- und Rindfleisch mit rotem und schwarzem Pfeffer

WÜRSTE

BOCKWURST
Aus sehr fein geschnittenem Rind- und Schweinefleisch hergestellt und leicht geräuchert. Bockwürste sind nur wenig größer als Frankfurter, werden aber genauso verwendet.

PIKANTE CHORIZO
Klassische Wurst aus Spanien. Sie wird aus Schweinefleisch hergestellt und kräftig mit Pimiento gewürzt.

WHITE PUDDING
Wurst aus weißem, meist sehr feingeschnittenem Schweine-, Hühner- oder Kalbfleisch

LUCANICA
Eine dünne, mit Kräutern und schwarzem Pfeffer gewürzte reine Schweinsbratwurst aus Italien

LANCASHIRE BLACK PUDDING
Die beste Black-Pudding-Wurst kommt angeblich aus Bury, Nordengland. Sie wird aus Schweineblut, Fett, Hafermehl und Gewürzen hergestellt. Sie wird traditionell in Schweineschmalz gebraten und zum Frühstück gereicht oder in Würfel geschnitten, knusprig gebraten und mit Blattsalaten serviert.

KNACKWURST
Eine vorgekochte Wurst aus Rind- und/oder Schweinefleisch. Der würzige Geschmack wird häufig durch Knoblauch intensiviert. Knackwurst wird in Wasser gebrüht, gebraten oder gegrillt.

BROCKWURST
Eine alte europäische Wurst aus Schweine- und/oder Kalbfleisch, die mit Kräutern gewürzt wird. Brockwurst wird in Wasser gebrüht oder in der Pfanne gebraten.

BIERSCHINKEN
Aus Schweine- und/ oder Rind- oder Kalbfleisch hergestellt und mit Kräutern und Knoblauch gewürzt

ZUNGENWURST
Würzige Wurst mit großen Stücken Zunge und verschiedenen anderen Fleischsorten, die meist mit Schweineblut hergestellt wird. Sie eignet sich gut für Sandwiches.

BERLINER
Die mild schmeckende, weiche Wurst wird zu gleichen Teilen aus Kalb- und Schweinefleisch hergestellt und mit Pfeffer und Hafermehl gewürzt.

LYONER
Eine mild schmeckende Wurst aus Rind- und Schweinefleisch von weicher Konsistenz

MORTADELLA
Eine große, mild gewürzte Wurst von weicher Konsistenz, die aus Schweinefett, Rind- und Kalbfleisch hergestellt wird. Sie wird geräuchert, mit Knoblauch, Gewürzen und meist Pistazien angereichert.

LEBERWURST
Weiche glatte Streichwurst aus Schweine-, Geflügel-, Rinds- oder Kalbsleber. Als schmackhafter Aufstrich eignet sie sich für Sandwiches und als Vorspeise.

WÜRSTE

KRANSKY
Eine geräucherte und stark gewürzte, grobe Wurst aus Schweine- und/oder Rindfleisch. Sie wird kalt gegessen oder ein paar Minuten in Wasser gebrüht.

DEBREZINER
Klassische ungarische Würste aus Schweine- und/oder Rindfleisch. Sie ist sehr würzig und pikant im Geschmack.

SCHÄUSSEN
Eine intensiv schmeckende Wurst aus Schweine- und/oder Rindfleisch

ELSÄSSER WURST
Eine intensiv schmeckende Wurst aus Schweine- und/oder Rindfleisch

WESTFÄLISCHE WURST
Eine intensiv schmeckende Wurst aus Schweine- und/oder Rindfleisch

WEISSWURST
Eine sehr schmackhafte Brühwurst aus Kalbfleisch, Sahne und Eiern. Sie wird in Wasser gebrüht und mit süßem Senf gereicht.

BLUTWURST
Ein deftige Wurst aus Schweineblut, Hafermehl und Gewürzen. Sie wird in siedendem Wasser erhitzt oder gebraten.

ROTWEIN-KRÄUTER-KNOBLAUCH-SALAMI
Die würzige, aber nicht scharfe Salami aus Schweine- und/oder Rindfleisch wird mit Rotwein, Kräutern und Knoblauch gewürzt.

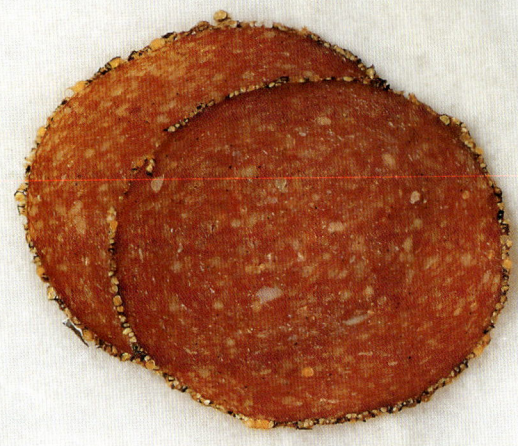

SCHWARZE PFEFFERSALAMI MIT WEINBRAND
Die würzige, scharfe Salami aus Schweine- und/oder Rindfleisch wird mit schwarzem Pfeffer und Weinbrand gewürzt.

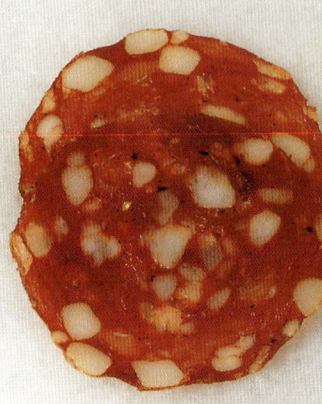

SICILIANO
Eine pikante, salzige Salami von gummiartiger Konsistenz aus Schweine- und/oder Rindfleisch

CHILISALAMI
Eine sehr scharfe Salami aus Schweine- und/oder Rindfleisch mit Gewürzen und Chillies

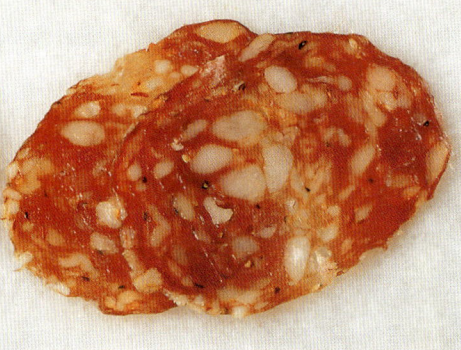

CALABRESE
Die leicht scharfe, würzige Salami wird aus Schweine- und/oder Rindfleisch hergestellt und mit Chillies, Gewürzen und Rotwein gewürzt.

FELINETTI
Eine köstliche, milde Salami aus Schweine- und/oder Rindfleisch, Weißwein, Pfefferkörnern und Knoblauch

POLNISCHE SALAMI
Eine mild gewürzte Salami aus Schweine- und/oder Rindfleisch, die nicht zu dünn aufgeschnitten wird

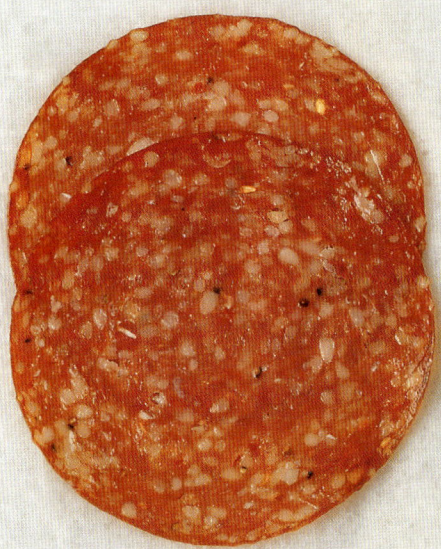

SPANISCHE SALAMI
Eine feine, würzige, leicht scharfe Salami aus Schweine- und/oder Rindfleisch

FLORENTINO
Leicht würzige Salami aus Schweine- und/oder Rindfleisch

SALAMI

CRESPONI
Eine mild schmeckende, feste Salami aus Schweine- und/oder Rindfleisch

MOSKAUER SALAMI
Mild gewürzte, feste Salami aus Schweine- und/oder Rindfleisch

TOSCANA
Eine feste Salami von leicht süßlich unterlegtem Geschmack aus Schweine- und/oder Rindfleisch mit großen Fettstückchen

CHORIZO
Eine spanische Salami aus Schweine- und/oder Rindfleisch, in vielen Varianten. Meist ist sie mit scharfem Pimiento gewürzt. Die Haut von getrockneten Würsten (unten) wird leicht schrumpelig, und ihr Geschmack ist würziger.

PEPPERONI
Würzige Salami aus Italien, ursprünglich aus Spanien. Sie wird hauptsächlich mit Paprika gewürzt und aus Schweine- und/oder Rindfleisch und Fettstückchen hergestellt. Pepperoni-Salami wird häufig für Pizza verwendet.

MAILÄNDER SALAMI
Die mild gewürzte Salami aus Schweine- und/oder Rindfleisch und Schweinefett wird mit Knoblauch, Pfefferkörnern und Weißwein gewürzt.

CONTADINO
Eine scharfe, mit ganzen Pfefferkörnern gewürzte Salami aus Schweine- und/oder Rindfleisch und großen Fettstückchen

KABANOS
Eine würzige geräucherte Wurst mit roter Haut aus feingeschnittenem Schweine- und/oder Rindfleisch

CASALINGA
Diese kleine Salami gibt es mild und scharf. Sie wird meist aus Schweine- und/oder Rindfleisch mit Knoblauch und Gewürzen hergestellt.

ITALIENISCHE SALAMI
Eine mild gewürzte Salami aus Schweine- und/oder Rindfleisch mit kleinen roten Paprikastückchen

CAYENNEPFEFFER-SALAMI
Sehr scharfe Salami aus Schweine- und/oder Rindfleisch mit Cayennepfeffer

BELGISCHE SALAMI
Eine scharfe, würzige Salami aus Schweine- und/oder Rindfleisch

DEUTSCHE SALAMI
Eine weiche Salami aus frischem Schweinefleisch, mit oder ohne Knoblauch

WEISSE UNGARISCHE SALAMI
Ihr Name weist auf die weiße Haut hin. Sie wird aus Schweine- und/oder Rindfleisch und Gewürzen hergestellt. Sie ist mild gewürzt.

GYULAI
Die mild gewürzte, geräucherte Salami stammt ursprünglich aus Ungarn und wird aus Schweine- und/oder Rindfleisch mit Paprika hergestellt.

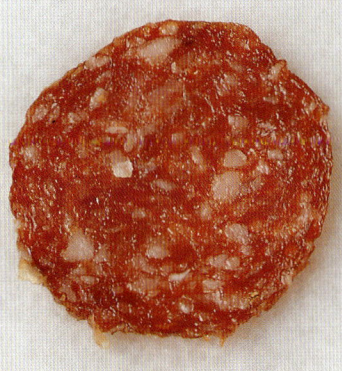

DÄNISCHE SALAMI
Grobe, rot glänzende Salami aus Schweine- und/oder Rindfleisch mit Knoblauch und Pfeffer

SCHARFE UNGARISCHE SALAMI
Eine würzige, scharfe Salami aus Schweine- und/oder Rindfleisch und Gewürzen. Wie bei allen Salamis wird ihr Geschmack durch längeres Lagern intensiver.

SALAMI

CACCIATORE
Die Salami aus Schweine- und/oder Rindfleisch mit Knoblauch und Gewürzen ist entweder mild oder scharf. Sie ist meist klein, so daß ein Jäger (»Cacciatore«) sie in seiner Tasche mitnehmen kann.

TWIGGY
Dünne, würzige Salami aus Schweine- und/oder Rindfleisch. Sie ist ideal für Schule, Büro und kleine Mahlzeiten zwischendurch.

PIZZASALAMI
Eine besonders für Pizza geeignete, äußerst würzige Salami aus Schweine- und/oder Rindfleisch

CSABAI
Dieser ungarische Salamityp ist entweder mild oder scharf. Sie wird aus Schweine- und/oder Rindfleisch hergestellt und mit Paprika und Pfefferkörnern gewürzt.

RINDERSCHINKEN

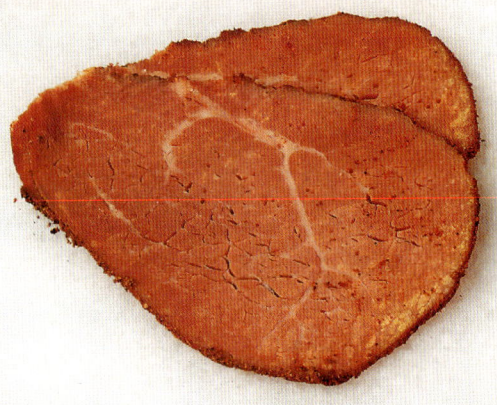

NEW YORK STYLE PASTRAMI
Gepökeltes und würziges kaltes Rindfleisch. Es wird trocken gepökelt und mit Chili und schwarzen Pfefferkörnern eingerieben. Das magere, würzige Fleisch wird für Sandwiches dünn aufgeschnitten.

AMERICAN STYLE PASTRAMI
Gepökeltes und würziges kaltes Rindfleisch. Es wird trocken gepökelt und mit Chili und schwarzen Pfefferkörnern eingerieben. Diese Pastrami ist geschmacklich milder als die New York Style Pastrami. Für Sandwiches wird sie dünn aufgeschnitten.

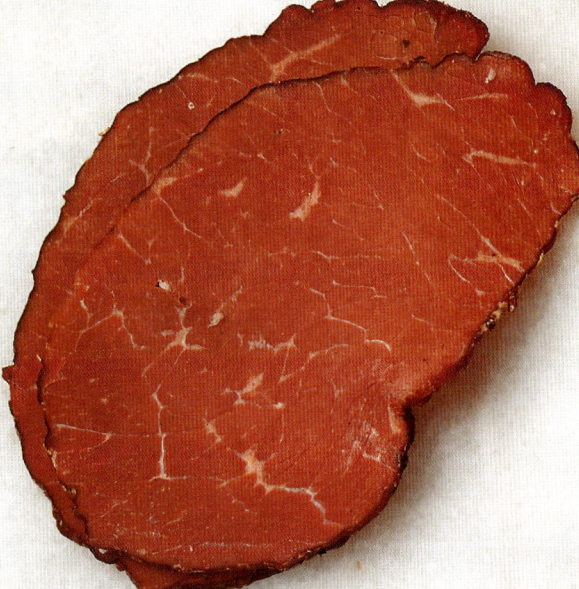

BILTONG oder JERKY
Die getrockneten Streifen sehr mageren Rind- oder Wildfleisches stammen ursprünglich aus Südafrika. Biltong wird geraspelt oder geschnitten. Es sollte in Maßen genossen werden, da es im Bauch aufquillt und ein unangenehmes Völlegefühl verursachen kann.

GERÄUCHERTES RINDFLEISCH
Gepökeltes und kalt geräuchertes Roastbeefstück – eine holländische Spezialität. Das Fleisch ist mager, mit einem milden, salzigen Räuchergeschmack, und wird sehr dünn geschnitten für Sandwiches oder Wurstplatten verwendet.

SILVERSIDE
Gepökelte und gerollte Rinderbrust. Das Fleisch sollte hell rosafarben und saftig sein. Es wird für Salate oder Sandwiches verwendet.

SALT BEEF
Gepökelte Rinderbrust. Das Fleisch sollte hell rosafarben und eher trocken sein. Meist hat es auf der einen Seite eine Fettschicht, die weggeschnitten werden kann. Es wird für Salate und Sandwiches verwendet.

SÜLZEN, TERRINEN & PASTETEN

SCHWEINSKOPFSÜLZE oder HURE DE PORC
Hure – ein altfranzösisches Wort für Kopf – wird aus Kopf- und Backenfleisch einschließlich der Zunge des Schweins hergestellt. Die mit Aspik versehene Sülze wird als Brotbelag oder Zwischenmahlzeit serviert.

FROMAGE DE TÊTE oder SCHWEINSKOPFSÜLZE
Ursprünglich wurde nur das Kopf- und Backenfleisch des Schweins verwendet. Inzwischen gibt man auch anderes Fleisch in die mit Aspik hergestellte Sülze. Sie wird für Sandwiches verwendet oder als kleine Mahlzeit mit Salat serviert.

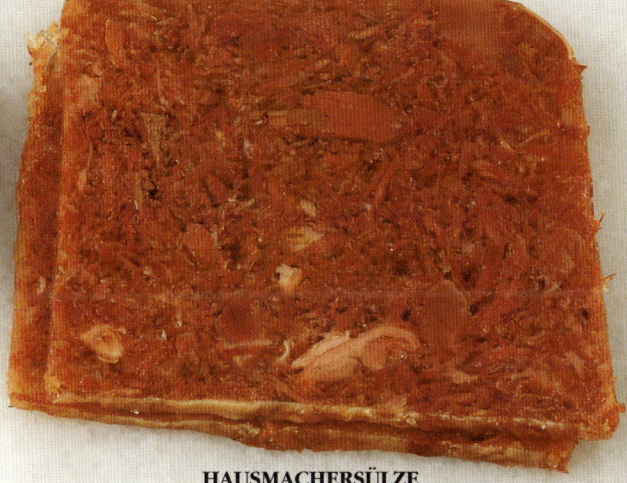

FANCY BRAWN oder SCHWEINSKOPFSÜLZE
Ursprünglich wurde nur das Kopf- und Backenfleisch des Schweins verwendet. Inzwischen gibt man auch anderes Fleisch in die Sülze, die mit geschrotetem grünem und rotem Pfeffer sowie Gewürzgurken gewürzt wird. Sie wird für Sandwiches verwendet oder als kleine Mahlzeit mit Salat serviert.

HAUSMACHERSÜLZE
Ursprünglich wurde nur das Kopf- und Backenfleisch des Schweins verwendet. Inzwischen gibt man auch anderes Fleisch in die mit Aspik hergestellte und mild gewürzte Sülze, die als Brotbelag oder kleine Mahlzeit mit Salat gereicht wird.

FLEISCHTERRINE
Fleischterrinen werden aus unterschiedlichen Fleischfarcen hergestellt. Fleischterrinen werden meist stark gewürzt und mit Ei gebunden. Ursprünglich wurden sie in einem Tongefäß, der »Terrine«, hergestellt. Die Fleischterrine wird in Scheiben mit Salat und Cornichons als Vorspeise serviert.

PÂTÉ oder LEBERPASTETE
Die berühmteste Leberpastete, die *Pâté de foie gras*, wird aus Gänsestopfleber hergestellt. Pâté besitzt die Konsistenz von weicher, cremiger Streichwurst und wird aus pürierter Leber, Gewürzen und Aromen wie Grand Marnier hergestellt. Häufig ist die Unterscheidung zwischen Pâté und Terrine nicht möglich.

Geflügel & Wild

Huhn ist heute, dank neuer Zuchtbedingungen, überall erhältlich und wesentlich erschwinglicher als noch vor 40 Jahren. Wir können wählen zwischen Tieren, die mit Körnern gefüttert werden, solchen aus Freilandhaltung, aus organisch-biologischer Tierhaltung sowie Hühnern aus Legebatterien. Geflügel bekommt man im Ganzen, als Stücke, entbeint und gerollt. Sogar Truthahn, der bis vor nicht allzu langer Zeit ausschließlich als Weihnachtsbraten seine Berechtigung fand, ist heute das ganze Jahr über erhältlich, und zwar im Ganzen, als Stücke und als Schnitzel.

Ente, Perlhuhn, Stubenküken, Wachtel und Taube werden heute sowohl in gut sortierten Feinkostgeschäften als auch in Metzgereien und auf Märkten angeboten. Dennoch gibt es ganz besonderes Wildgeflügel wie Fasan, Rebhuhn, Schottisches Moorschneehuhn, Wildente und Schnepfe, die nur während der Jagdsaison erhältlich sind.

Auch Haarwild kann man nur zu bestimmten Jahreszeiten kaufen. Rotwild zum Beispiel wird aber inzwischen auch gezüchtet und ist praktisch immer erhältlich. Es bildet damit eine gute Alternative zu »echtem« Wildfleisch. Aber wahre Wildliebhaber entscheiden sich natürlich für freilebendes Wild, denn das Fleisch ist fester und schmeckt kräftiger.

Auch Kaninchen werden gezüchtet und im ganzen oder als küchenfertige Stücke in gut sortierten Metzgereien angeboten. Das Fleisch ist zart und sehr delikat, aber trotzdem: Ein wahrer Anhänger von Wildfleisch wird sich für Wildkaninchen und Feldhasen entscheiden, die er in Wildhandlungen und bei Geflügelhändlern bekommt. Wildkaninchen und Feldhasen müssen länger gegart werden als Stallkaninchen und werden meist in deftigen Wildbeizen mariniert.

HUHN, dressiert und gebunden
Bratfertiges und für den Ofen gebundenes Huhn

POULET NOIR
Poulet noir ist französisch und bedeutet »schwarzes Huhn«. Es hat dunkle Schenkel und ist für seinen feinen Geschmack bekannt.

HUHN

MIT KÖRNERN GEFÜTTERTES HUHN
Es besitzt die typisch gelbe Farbe, die auf den hohen Maisanteil im Futter zurückzuführen ist.

GERÄUCHERTES HUHN
Es ist fertig für den Verzehr und paßt ausgezeichnet zu Salaten und auf Sandwiches. Das Fleisch hat einen angenehmen, leicht rauchigen Geschmack.

KLEINES STUBENKÜKEN
Wenige Wochen altes Huhn, das weniger als 450 g wiegt. Es wird einfach gebraten, die Haut ist zart und knusprig und das Fleisch sehr delikat. Ein Stubenküken entspricht einer Portion.

GROSSES STUBENKÜKEN
Ein etwas größeres Stubenküken, das im ganzen etwa 450-550 g wiegt.

HALBES HUHN
Ein gebratenes halbes Huhn reicht meist für zwei Personen oder wird als zusätzliche Portion zu einem ganzen Huhn gereicht.

GANZE HÄHNCHENBRUST MIT FLÜGELN
Ein Bratenstück mit dem weißen Brustfleisch

HÄHNCHENVIERTEL
Ein in zwei Schenkel und Brüste geteiltes Huhn. Es wird für Sautés und Schmorgerichte verwendet.

HUHN

HÄHNCHENBRUST, mit Haut und Flügel
Ein Hühnerviertel, das für Schmorgerichte, Eintöpfe und zum Braten verwendet wird

HÜHNERBRUST, mit Haut
Eignet sich als Einzelbratstück. Die Haut und die Knochen geben den Geschmack.

HÄHNCHENBRUST, mit Haut und freigelegtem Knochen
Brustknochen und Flügel sind weggeschnitten. Der erste Flügelknochen ist vorhanden. Die Brust eignet sich zum Füllen und Braten.

HÄHNCHENBRUST, ohne Haut
Der Brustknochen und die Haut werden entfernt. Der erste Flügelknochen ist vorhanden. Sie eignet sich sehr gut in Streifen geschnitten für Zubereitungen mit kurzer Garzeit, besonders für Gerichte aus dem Wok.

HÄHNCHENBRUSTFILET, mit Haut
Die Hähnchenbrust ohne Knochen eignet sich gut zum Braten und Pochieren.

HÄHNCHENBRUSTFILET, ohne Haut
Die Hähnchenbrust ohne Knochen und Haut eignet sich sehr gut für Zubereitungen mit kurzer Garzeit, besonders für Wokgerichte oder in Curryzubereitungen. Sie wird auch mariniert für Kebabs verwendet.

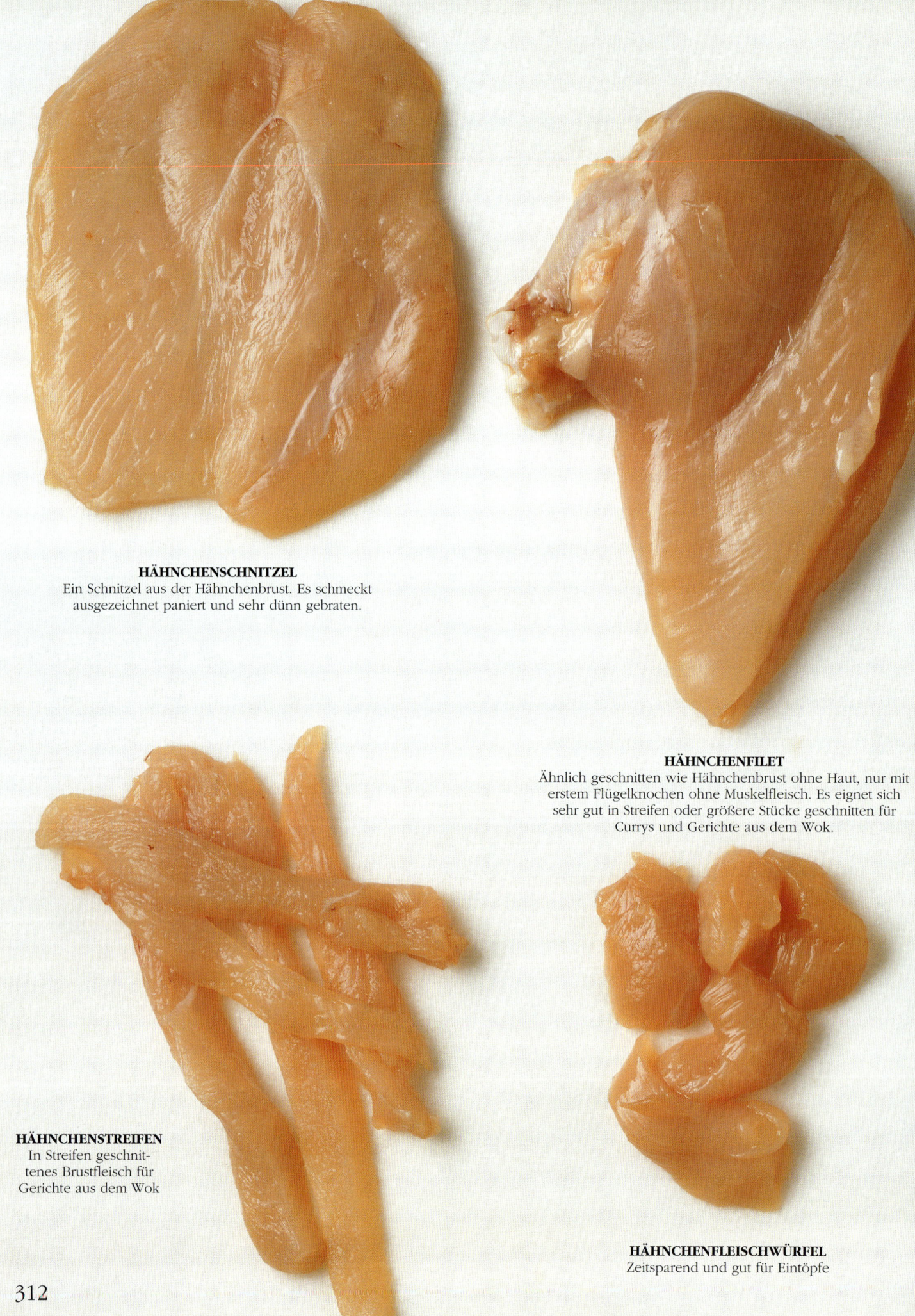

HÄHNCHENSCHNITZEL
Ein Schnitzel aus der Hähnchenbrust. Es schmeckt ausgezeichnet paniert und sehr dünn gebraten.

HÄHNCHENFILET
Ähnlich geschnitten wie Hähnchenbrust ohne Haut, nur mit erstem Flügelknochen ohne Muskelfleisch. Es eignet sich sehr gut in Streifen oder größere Stücke geschnitten für Currys und Gerichte aus dem Wok.

HÄHNCHENSTREIFEN
In Streifen geschnittenes Brustfleisch für Gerichte aus dem Wok

HÄHNCHENFLEISCHWÜRFEL
Zeitsparend und gut für Eintöpfe

HUHN

HÄHNCHENFLÜGEL
Früher wurden sie für die Herstellung von Geflügelfonds verwendet. Heute werden sie in Sojasauce mariniert oder mit einer Marinade aus Balsamessig und flüssigem Honig eingestrichen und dann gebraten.

HÄHNCHEN-FLÜGELSPITZE
Meist werden sie vor dem Braten aus den Flügeln geschnitten und für Geflügelfonds verwendet.

HÄHNCHENFLÜGEL, mit Flügelspitze und ohne Gelenkknochen
Mit Honig und Sojasauce eingestrichen und gebraten – ein köstlicher Imbiß

HÄHNCHENHACK
Ideal für fettarme Hamburger, auch als Rindfleischersatz für Cottage Pie, Lasagne und Fleischbällchen. Aus hygienischen Gründen in Deutschland nicht erhältlich.

HÜHNERLEBER
Eines der am meisten unterschätzten Teile des Huhns. Hühnerleber ist günstig und dennoch sehr zart. Sie wird für weiche, mit Weinbrand aromatisierte Pâtés verwendet und in der Pfanne gebraten, mit Balsamessig abgelöscht, serviert. Feingehackt und mit Schinken vermengt, wird sie für Lasagnefüllungen oder Pastasaucen verwendet.

HÜHNERKARKASSE
Hühnerknochen sind die Basis für Hühnerbrühe. Sie werden grob zerkleinert und mit Zwiebeln, Möhren, Sellerie, Gewürzen und Wasser aufgekocht. Während des Kochens mehrmals entfetten und abschäumen. Anschließend wird die Brühe passiert und etwas eingekocht.

HÄHNCHEN-SCHENKEL, mit Haut
Der Schenkel ist mit einem Teil des Rückens geschnitten und eignet sich besonders für Schmorgerichte und Eintöpfe.

HÄHNCHENSCHENKEL, mit Auster
Hähnchenschenkel mit Rückenknochen, bei dem die Sehnen und Knorpel entfernt werden. Das ovale Fleischstück aus dem Rückenknochen (Auster) ist vorhanden. Er eignet sich zum Braten und Schmoren.

HÄHNCHENSCHENKEL, ohne Haut
Eignet sich für alle Gerichte mit Huhn, die vorwiegend mit Schenkelfleisch zubereitet werden. Besonders gut bei Abmagerungskuren, da die fettreichen Hautpartien fehlen.

HÄHNCHENSCHENKEL, ohne Knochen, mit Haut
Der traditionell geschnittene Hähnchenschenkel schmeckt sehr gut gebraten oder geschmort.

HUHN

OBERKEULE, ohne Knochen, mit Haut
Eignet sich sehr gut zum Füllen und Schmoren in Rotwein, Weißwein oder Brühe

OBERKEULE, mit Auster
Mit Oberschenkelknochen, Sehnen und Knorpel werden weggeschnitten. Sie eignet sich für Geflügelgerichte, die mit dunklem Geflügelfleisch zubereitet werden.

UNTERKEULE, mit und ohne Haut
Sehr gut für kleine Zwischenmahlzeiten. Sie wird mit Gewürzen und Kräutern gebraten und kalt bei einem Picknick gereicht. Sie eignet sich auch sehr gut zum Grillen – mariniert mit Wein und Kräutern oder mit Tandooripaste.

HÄHNCHENSCHENKEL, ohne Knochen und Haut
Gut zum Füllen oder als dunkle Fleischeinlage in Geflügelpâté

PUTE
Meist werden weibliche Tiere als bratfertiges
Geflügel angeboten, da sie kleiner sind als
Truthähne und ihr Fleisch zarter ist.

PUTE & TRUTHAHN

TRUTHAHN
Die männlichen Tiere sind um etwa 40% größer als Puten, besitzen eine dickere Brust und kommen meist als Truthahnteile in den Handel. Auf Pute spezialisierte Züchter bieten meist Puten und Truthähne als Braten an. Das Fleisch von Truthähnen ist gewöhnlich fester.

GANZE PUTENBRUST
Das Brustfleisch mit Knochen und Flügeln ist ein einfach aufzuschneidendes Bratenstück.

PUTENOBERKEULE
Der fleischigste Teil der Keule. Sie wird geschnitten für Eintöpfe und als Hackfleisch verwendet.

PUTENBRUST MIT HAUT
Putenbrust mit Flügelknochen und Haut. Sie eignet sich gut zum Braten.

PUTE & TRUTHAHN

GANZE PUTENBRUST, ohne Flügel
Ganze Brust mit Brustknochen

GANZE PUTENBRUST, mit Flügelknochen
Die ganze Brust mit Brust- und Flügelknochen ist ein zartes Bratenstück.

PUTENBRUST, ohne Haut
Ein fettarmes Bratenstück für zwei Personen

PUTENSCHNITZEL
Putenbrust ohne Haut in dünne Schnitzel geschnitten. Zum Grillen, Braten oder in Streifen geschnitten empfiehlt sie sich für Zubereitungen aus dem Wok.

PUTENKEULE
Die ganze Keule ist ein günstiges Bratenstück für zwei Personen oder für Eintöpfe.

PUTENKEULE, ohne Knochen, mit Haut
Ein gutes, kleines Bratenstück oder Schmorbraten

PUTENKEULE, ohne Knochen, ohne Haut
Gut als Schmorbraten

PUTE & TRUTHAHN

PUTENKEULE, mit Auster
Die ganze Keule mit dem ovalen Fleischstück aus dem Rückenknochen. Die Sehnen und Knorpel werden weggeschnitten. Sie eignet sich gut zum Braten.

PUTENOBERKEULE, ohne Knochen und Haut
Günstiges Stück von der Pute. Sie eignet sich zum Schmoren und für Eintöpfe.

PUTENOBERKEULE, entbeint und gerollt
Ein günstiges Bratenstück

PUTENKARKASSE
Putenknochen sind manchmal beim Metzger erhältlich. Aus ihnen bereitet man eine ausgezeichnete würzige Geflügelbrühe.

DEBEN-ENTE
Diese Ente ist eine Kreuzung zwischen einer **Peking-** und einer **Gressingham-Ente**, beides Enten, die für ihren exzellenten Geschmack und ihr zartes Fleisch bekannt sind.

WATERMEADOW-ENTE
Sie ähnelt der **Peking-Ente**, d vor allem in der chinesischer Küche Verwendung findet. Darum eignet sie sich auch besonders für asiatische Zubereitungen.

GANS
Gans ist in weiten Teilen Europas der traditionelle Weihnachtsbraten und auch sonst sehr beliebt. Sie ist ausgezeichnet im Geschmack, und ihr Körper ist im Verhältnis zu ihren Gliedern sehr groß. Ihr Fleisch ist dunkel, und während des Bratens gibt eine Gans sehr viel Fett ab, das abgegossen und separat, z. B. für Röstkartoffeln, verwendet wird. Die klassische Beilage zu Gans ist Rotkohl.

GANS & ENTE

BARBERIE-ENTE
Auch unter der Bezeichnung **Moschus-Ente** bekannt. Sie besitzt wenig Fett. Ihr Fleisch ist fest und hat einen von den Franzosen äußerst geschätzten moschusartigen Geschmack. Sie eignet sich vorzüglich zum Braten.

GRESSINGHAM-ENTE
Eine bekannte englische Ente, die an Peking-Ente und Stockente erinnert. Sie ist sehr fleischig.

DOPPELTE ENTENBRUST
Die ganze Brust einer Ente mit
Knochen

ENTENVIERTEL
Wird zum Braten oder für
asiatische Gerichte
verwendet

HALBE ENTE
Gut zum Braten und für
knusprige Ente auf
chinesische Art

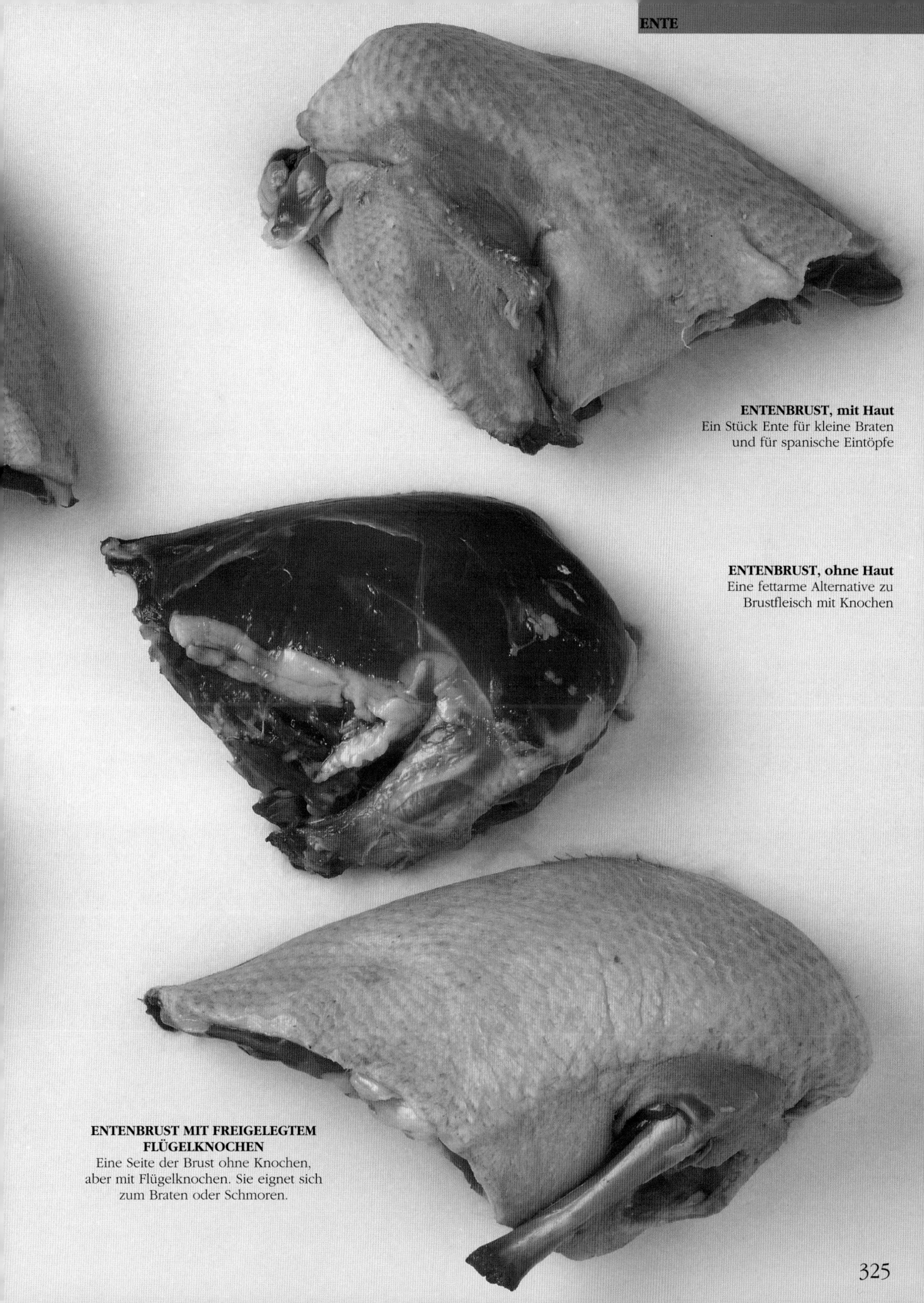

ENTE

ENTENBRUST, mit Haut
Ein Stück Ente für kleine Braten und für spanische Eintöpfe

ENTENBRUST, ohne Haut
Eine fettarme Alternative zu Brustfleisch mit Knochen

ENTENBRUST MIT FREIGELEGTEM FLÜGELKNOCHEN
Eine Seite der Brust ohne Knochen, aber mit Flügelknochen. Sie eignet sich zum Braten oder Schmoren.

ENTENBRUST, ohne Knochen
Auch unter der Bezeichnung **Maigret** bekannt. Sie ist nicht ganz billig und in der klassischen feinen Küche zu Hause. Sie eignet sich zum Braten in der Pfanne, im Ofen und im Wok oder rosa gebraten als Streifen in Salaten.

ENTENKEULE, mit Auster
Keulenstück mit dem ovalen Austerfleisch aus dem Rücken ohne Sehnen und Knorpel

ENTENFLÜGEL
Sie geben Geflügelbrühen einen ausgezeichneten Geschmack.

ENTENKEULE
Die ganze Keule ist ein ideales Bratenstück für eine Person. Sie wird für französisches Confit de canard verwendet oder mit Fleischfarce gefüllt.

UNTERKEULE
Gewürzt und gebraten für eine kleine Mahlzeit zwischendurch

ENTE

OBERKEULE, ohne Knochen und Haut
Der fleischigste Teil der Keule. Sie wird für Eintöpfe verwendet.

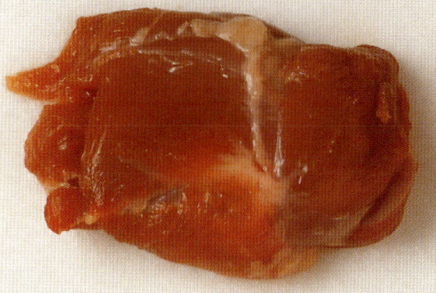

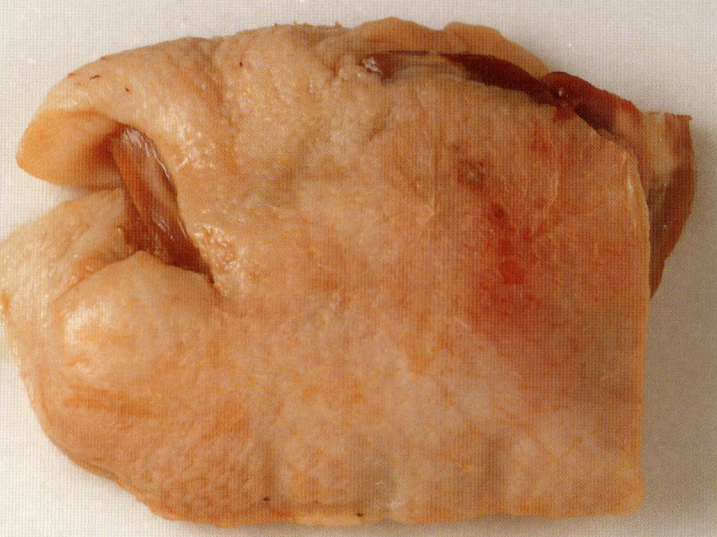

OBERKEULE, mit Knochen und Haut
Ein gutes Stück Entenfleisch für Eintöpfe, denn die Knochen verbessern den Geschmack. Sie schmeckt ausgezeichnet zu Kichererbsen und Tomaten.

ENTENHACK
Durch den Wolf gedrehtes Brust- und Keulenfleisch. Es wird häufig für grobe Landpastete (Pâté) verwendet und mit gehackten Speckstreifen, Orangen und Weinbrand hergestellt.

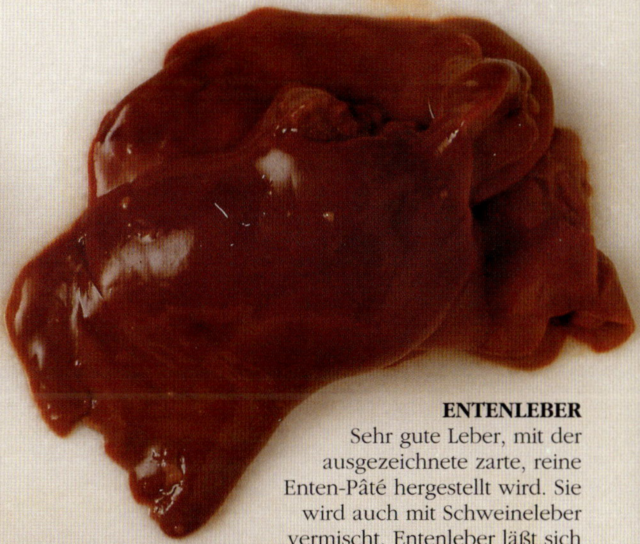

ENTENLEBER
Sehr gute Leber, mit der ausgezeichnete zarte, reine Enten-Pâté hergestellt wird. Sie wird auch mit Schweineleber vermischt. Entenleber läßt sich sehr delikat in der Pfanne zubereiten und schmeckt auf Toastbrot und zu Salaten.

ENTENKARKASSE
Aus Entenknochen wird Brühe gekocht. Man bekommt sie in manchen Metzgereien oder Wildgeschäften. Sie werden mit Zwiebeln, Möhren, Lauch und Kräutern gegart.

WALDSCHNEPFE
Schnepfen zählen zu dem begehrtesten Federwild und besitzen einen langen, spitzen Schnabel. Ein ganzer Vogel reicht für eine Person. Vor dem Braten werden weder die Eingeweide noch der Kopf entfernt. Lediglich der Magen wird mit einer Spicknadel herausgezogen. Der Schnabel wird häufig zum Binden benutzt. Jagdsaison für Schnepfen ist vom 1. Oktober bis 31. Januar.

FEDERWILD

FASAN
Fasane kommen ursprünglich aus China, sind aber heute in ganz Europa verbreitet. Die weiblichen Tiere sind kleiner, gelten als feiner und haben ein zarteres Fleisch. Männliche Tiere werden, je nach Alter, manchmal mariniert, damit ihr Fleisch zarter wird. Ältere Tiere werden langsam in einem Schmortopf gegart. Der geschossene Fasan bleibt noch einige Tage in seinem Federkleid, damit sich sein Geschmack entwickeln kann. Die Fasanenjagd beginnt bei uns im Herbst und endet Mitte Januar.

RINGELTAUBE
Ein ganzer Vogel reicht für eine Person. Die Schenkel enthalten nur sehr wenig Fleisch, und die dralle, fleischige Brust wird häufig aus dem Knochen geschnitten, in der Pfanne gebraten und für warme Salate in Streifen geschnitten. Sie eignet sich auch für Wildterrinen und zum Schmoren. Ringeltauben sind das ganze Jahr über erhältlich.

REBHUHN MIT ROTEN LÄUFEN
Begehrtes Wildgeflügel, das in ganz Europa verbreitet ist. Es bevorzugt Wiesen und Äcker, umgeben von dichten Büschen. Das Fleisch von jungen Vögeln ist mit dem von Hühnern vergleichbar, nur wesentlich intensiver im Geschmack. Sie eignen sich vor allem zum Braten, während ältere Tiere länger gegart werden müssen. Die Jagdsaison für Rebhühner beginnt am 1. September und endet am 1. Februar.

REBHUHN MIT GRAUEN LÄUFEN
Es stammt ursprünglich aus Großbritannien und wird dem Rebhuhn mit roten Läufen meist vorgezogen, da es zarter ist und sein Fleisch saftiger. Es schmeckt ausgezeichnet gebraten und wird vom 1. September bis zum 1. Februar gejagt.

FEDERWILD

STOCKENTE (ERPEL)
Eine wohlschmeckende Wildente mit saftigem Fleisch. Junge Stockenten besitzen nur wenig Fett. Die meist älteren Tiere werden lange und langsam geschmort und vorher häufig mehrere Tage in Rotwein mariniert. Stockenten werden vom 1. September bis zum 31. Januar gejagt.

WILDENTE
Sie sind kleiner als die männlichen Tiere, und ihr Fleisch ist meist zarter. Die Jagdsaison beginnt am 1. September und endet am 31. Januar.

JUNGTAUBE
Columba palumbus
Gerupfte, bratfertige junge Waldtaube. Das Brustfleisch schmeckt am besten. Sie ist das ganze Jahr über erhältlich.

REBHUHN
Perdix spp.
Sein Fleisch erinnert an Hühnerfleisch, ist aber intensiver. Jagdzeit ist vom 1. September bis zum 1. Februar.

FASAN
Phasianidae spp.
Männliche Tiere ergeben zwei gute Portionen und besitzen einen ausgeprägten Geschmack. Jagdzeit ist vom 1. Oktober bis zum 1. Februar.

STOCKENTE
Anas platyrhynchos
Stockenten sind sehr begehrte Wildvögel. Sie besitzen viel dunkles, delikat schmeckendes Fleisch. Sie zählen zu dem besten Wildgeflügel, das es gibt. Jagdzeit ist vom 1. September bis zum 31. Januar.

FEDERWILD

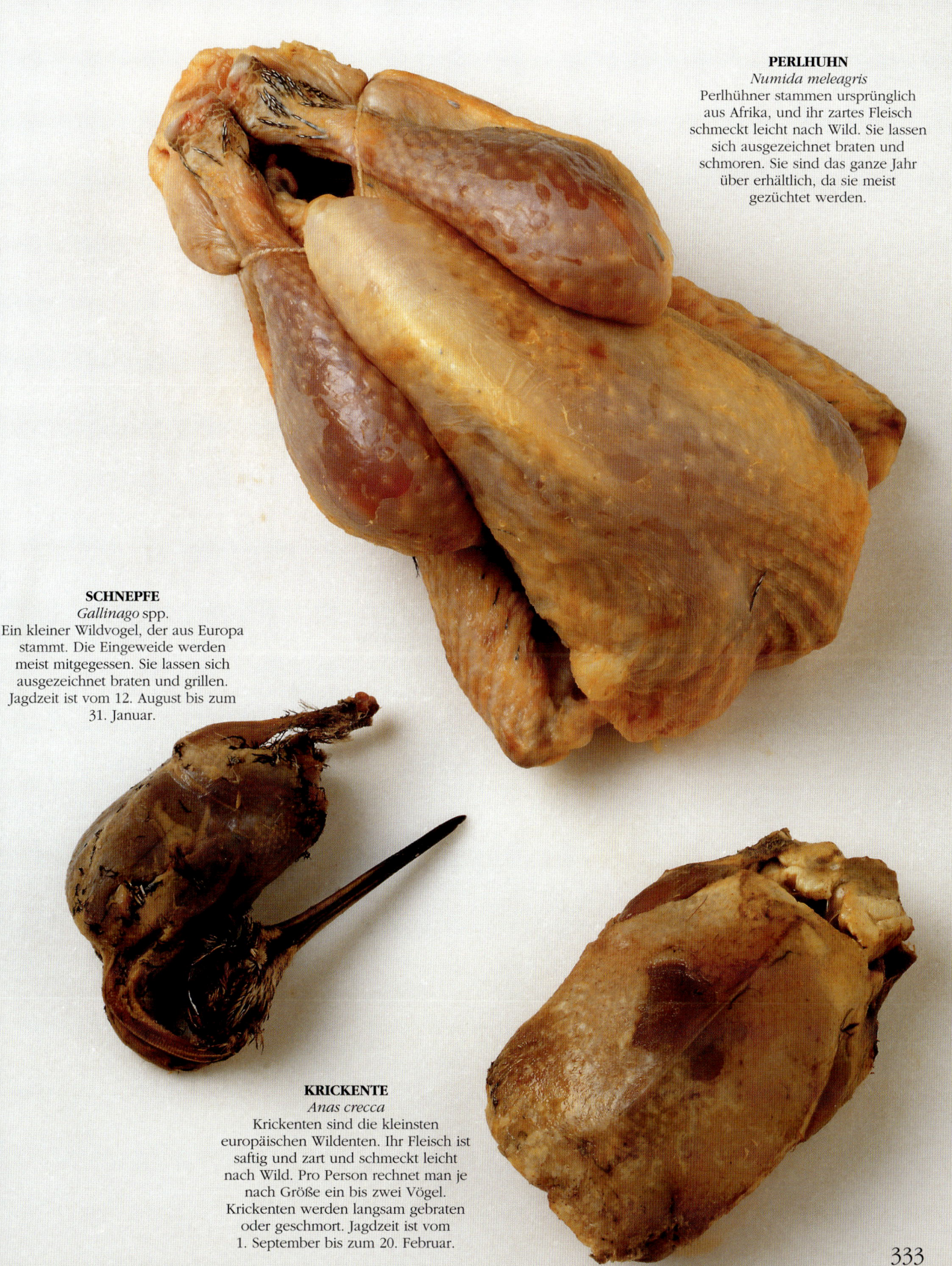

PERLHUHN
Numida meleagris
Perlhühner stammen ursprünglich aus Afrika, und ihr zartes Fleisch schmeckt leicht nach Wild. Sie lassen sich ausgezeichnet braten und schmoren. Sie sind das ganze Jahr über erhältlich, da sie meist gezüchtet werden.

SCHNEPFE
Gallinago spp.
Ein kleiner Wildvogel, der aus Europa stammt. Die Eingeweide werden meist mitgegessen. Sie lassen sich ausgezeichnet braten und grillen. Jagdzeit ist vom 12. August bis zum 31. Januar.

KRICKENTE
Anas crecca
Krickenten sind die kleinsten europäischen Wildenten. Ihr Fleisch ist saftig und zart und schmeckt leicht nach Wild. Pro Person rechnet man je nach Größe ein bis zwei Vögel. Krickenten werden langsam gebraten oder geschmort. Jagdzeit ist vom 1. September bis zum 20. Februar.

WACHTEL
Coturnix spp.
Kleine Vögel, die gebraten, sautiert oder gegrillt werden. Pro Person rechnet man mindestens eine Wachtel. Sie sind das ganze Jahr über erhältlich, da sie heute gezüchtet werden.

WACHTEL, entbeint
Entbeinte Wachteln werden häufig auch gefüllt angeboten. Sie lassen sich nach dem Braten leicht aufschneiden.

SCHOTTISCHES MOORSCHNEEHUHN
Tetraonidae var.
Es besitzt sehr dunkles Fleisch, das geschmacklich an Torf und Heidekraut erinnert. Junge Vögel werden gebraten, ältere geschmort. Man rechnet einen Vogel pro Person. Jagdzeit ist vom 12. August bis zum 10. Dezember.

WILD

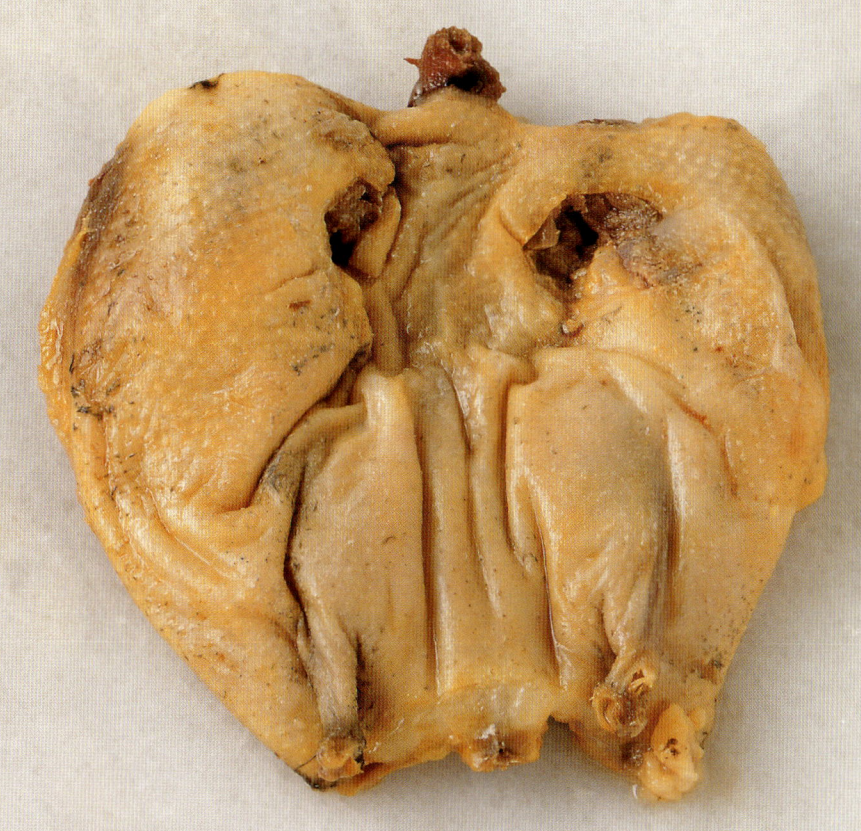

MUTTON-BIRD
Puffinus tenuirostris
Diese Vögel werden von ihren Eltern mit kleinen Fischen gefüttert. Sie sind sehr ölig und salzig. Bevor sie gebraten oder gegrillt werden, blanchiert man sie dreimal, wobei man jedes Mal das Wasser wechselt. Sie kommen auch geräuchert und in Lake eingemacht in den Handel.

KROKODIL
Crocodylidae spp.
Das weiße Fleisch erinnert im Geschmack an Schweine- und Hühnerfleisch. Es ist leicht wässrig, nicht zäh, aber faserig und gewinnt durch Marinieren an Geschmack. Es wird nur kurz gebraten, da es durch zu langes Garen schnell zäh wird. Krokodilfleisch wird auch für Pasteten verwendet.

FROSCHSCHENKEL
Rana esculenta
Das Fleisch von Fröschen ist sehr zart und erinnert geschmacklich an Hühnerfleisch. Gegessen werden ausschließlich die Hinterbeine. Sie kommen paarweise in den Handel und sollten sehr fleischig und zart rosafarben sein. Sie werden nur kurz gebraten, da das Fleisch durch zu langes Garen schnell zäh wird.

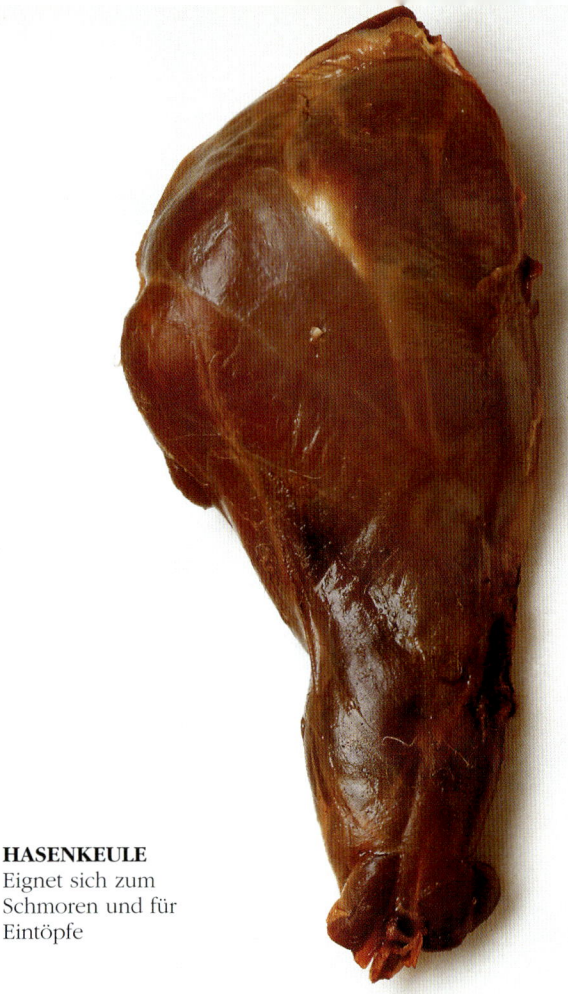

WILDKANINCHEN
Oryctolagus spp.
Wildkaninchen haben einen intensiveren Geschmack als Stallkaninchen. Sie schmecken ausgezeichnet mit Zwiebeln geschmort oder mit Senfsauce. Beim Einkauf sollte man wohlgeformten, fleischigen Tieren den Vorzug vor schlanken geben. Für eine Person rechnet man ein halbes kleineres Wildkaninchen.

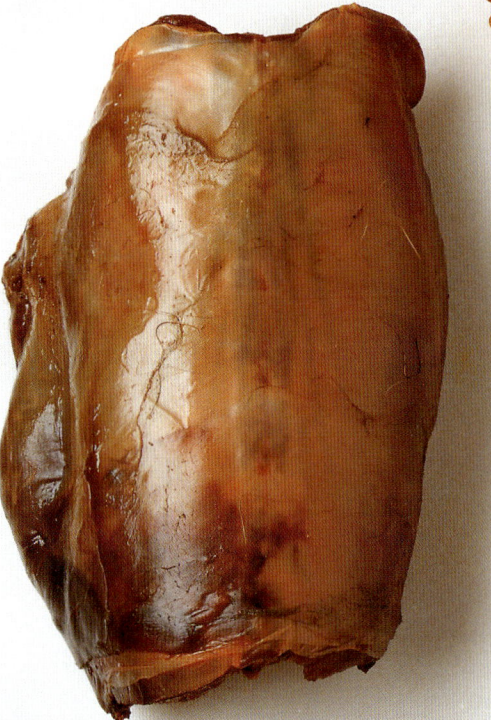

HASENKEULE
Eignet sich zum Schmoren und für Eintöpfe

HASE
Lepus spp.
Große, fleischige Hasen werden bis zu 5,5 kg schwer. Ihr Fleisch ist dunkel und wildartig. Sie werden häufig in Wildbeizen gelegt, wodurch das Fleisch mürbe und aromatisch wird. Hasenpfeffer zählt zu den bekanntesten Zubereitungen für dieses Wildfleisch, wobei es langsam geschmort und traditionell mit einer blutgebundenen Sauce serviert wird.

HASENRÜCKEN
Das beste Stück aus dem Rücken des Hasen. Es enthält das zarteste Fleisch und eignet sich besonders zum Braten.

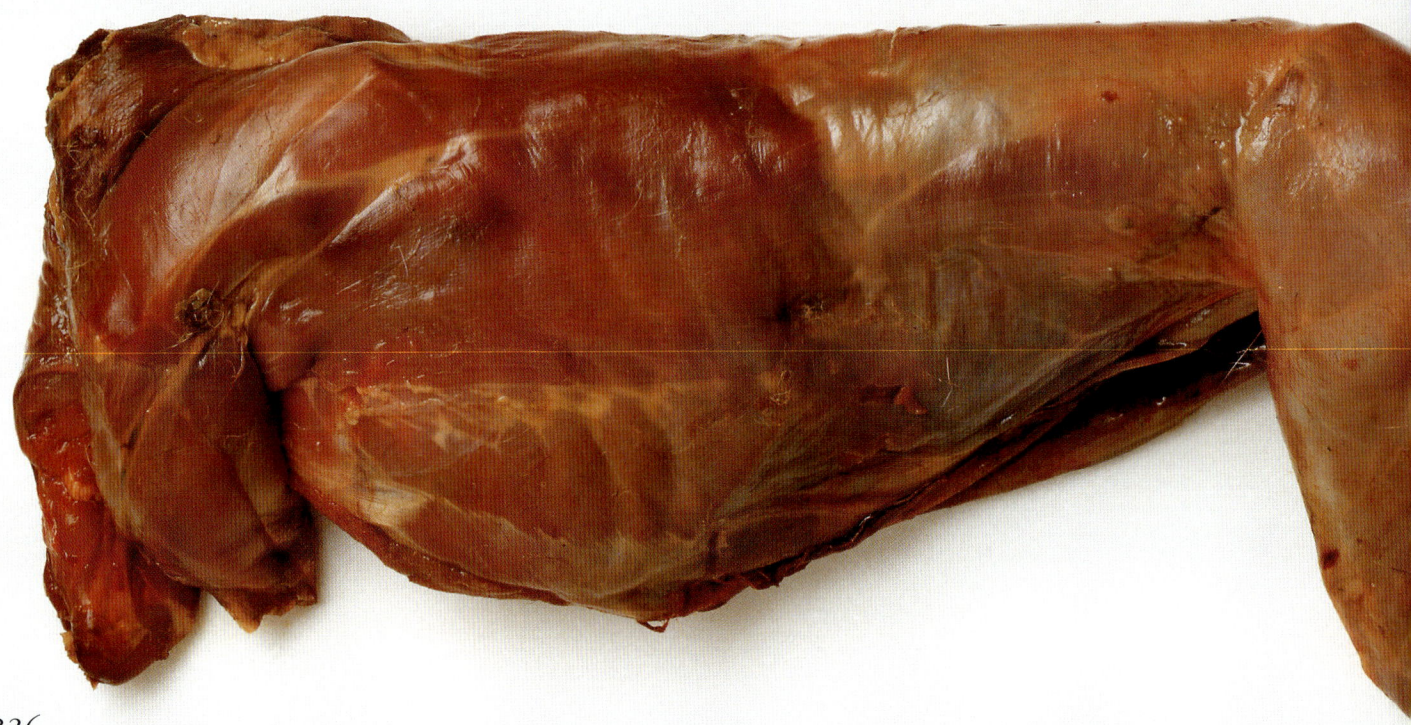

HASE & KANINCHEN

EUROPÄISCHES KANINCHEN
Das Fleisch von Stallkaninchen ist zart, vorausgesetzt, es handelt sich um nicht zu alte Tiere. Kaninchen schmeckt feiner als Wildkaninchen und kennt viele klassische Zubereitungen.

KANINCHENRÜCKEN
Das beste Stück aus dem Rücken des Kaninchen. Das Fleisch ist sehr zart und eignet sich besonders zum Braten.

KANINCHENKEULE
Schmeckt sehr gut mit Zwiebeln und Knoblauch geschmort und zu zartem Gemüse.

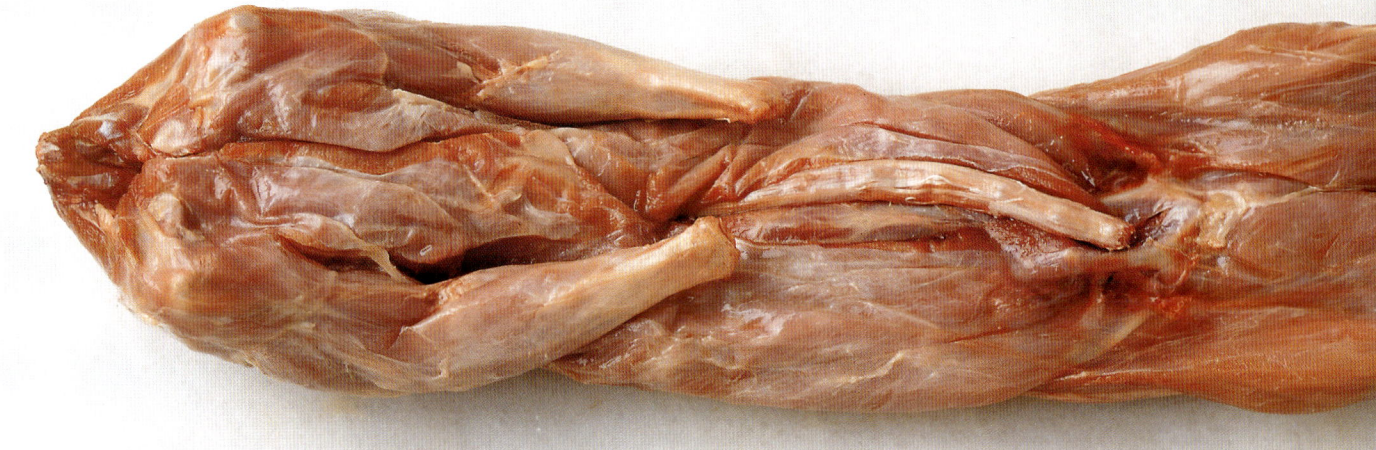

OPOSSUM oder BEUTELRATTE
Trichosurus spp.
Das magere, leicht körnige Fleisch des Fuchskusu aus Tasmanien hat einen etwas eukalyptusartigen Geschmack. Die vier Moschussäckchen müssen vor der Weiterverwendung entfernt werden, denn sonst ist das Fleisch ungenießbar. Es eignet sich zum Braten, Grillen und Schmoren.

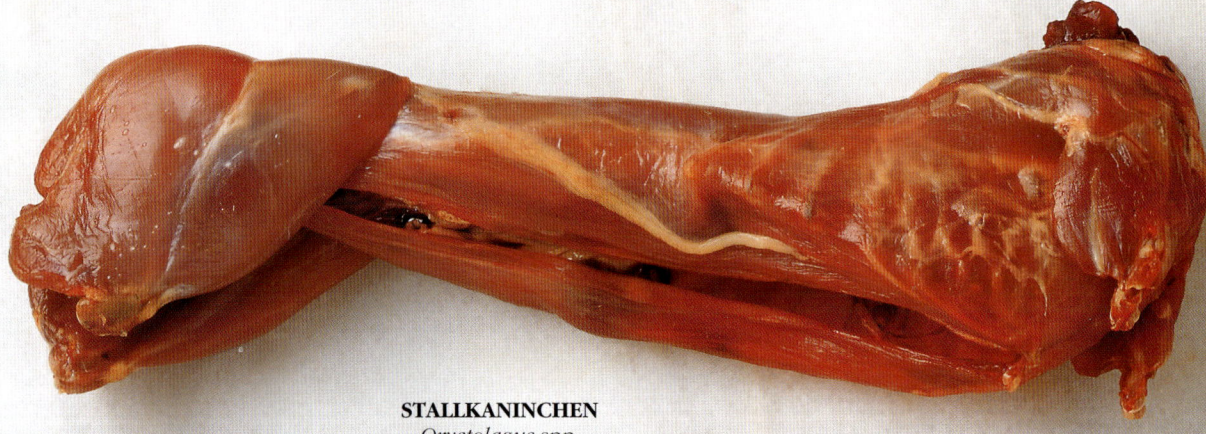

STALLKANINCHEN
Oryctolagus spp.
Stallkaninchen besitzen ein dichtes Fell, und ihr sehr helles Fleisch ist mager, zart und sehr delikat. Es besitzt kleine, dünne Knochen und wird vor dem Garen mehrere Stunden in kaltes Salzwasser gelegt. Es läßt sich sehr gut schmoren, braten und sautieren.

EMU
Dromaius Novaehollandiae
Emufleisch war das erste Wildfleisch, das in Australien und Südafrika gezüchtet wurde, und erinnert an Rehfleisch, nur daß sein Geschmack weniger wildartig ist. Es ist reich an Mineralstoffen wie Eisen und cholesterolarm. Es kommt als Steak und als Filet in den Handel. Es eignet sich zum Braten, Grillen und Räuchern.

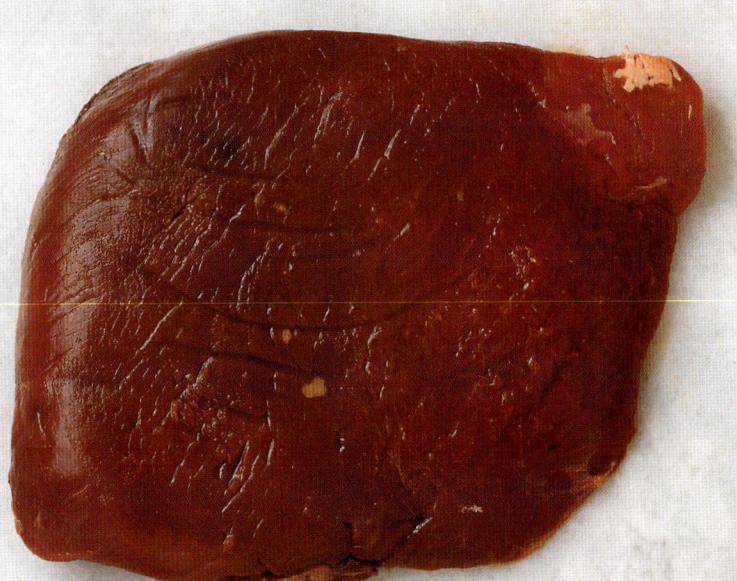

STRAUSS
Struthio camelus

Obwohl Strauße in erster Linie wegen ihrer Federn und ihrer Haut gezüchtet werden, kommt auch ihr mageres Fleisch in den Handel. Es ist gröber als das der Emus, aber richtig zubereitet ist es zart und saftig. Es eignet sich zum Braten in Ofen und Pfanne sowie zum Grillen.

KÄNGURUH
Macropus spp.

Das zarte Fleisch des Känguruhs ist mager und sehr schmackhaft. Alle Teile des Tieres sind eßbar, vom Kopf bis zum Schwanz. Wie bei jedem mageren Fleisch schmeckt es am besten rare bis medium rare. Zu lange gegartes Fleisch wird trocken. Es eignet sich zum Braten in Pfanne und Ofen, Grillen, Schmoren sowie für Gerichte aus dem Wok.

KÄNGURUHSTEAK

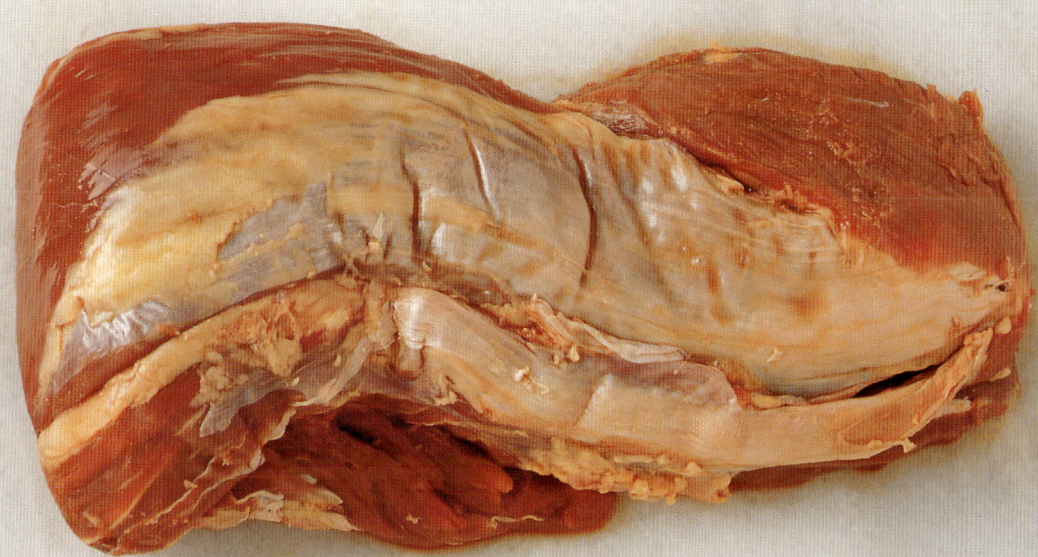

BÜFFEL
Bubalus bubalus

Das Fleisch des Büffels ist hinsichtlich Konsistenz und Geschmack dem des Rinds ähnlich. Das Fleisch gewinnt durch Marinieren. Das Filet eignet sich zum Braten im Ofen und als Steaks zum Braten in der Pfanne sowie zum Grillen. Weniger zarte Stücke sollten geschmort werden.

**GANZER SATTEL,
entbeint und gerollt**
Ein Braten- oder Schmorstück

REHKEULE
Die ganze Keule mit Bürzel. Sie wird manchmal entbeint und gerollt – ein gutes Bratenstück.

REHRÜCKEN
Ein Bratenstück für große Festessen

REH

OBERSCHALE
Ein Braten- oder Schmorstück

STEAK AUS DER OBERSCHALE
Aus der Oberschale geschnittene Schnitzel, die sich sehr gut schmoren oder mariniert grillen lassen

REHKEULE, entbeint und gerollt
Ein schmackhaftes Bratenstück

SILVERSIDE
Das quer geschnittene Stück aus der Rehkeule eignet sich gut zum Schmoren.

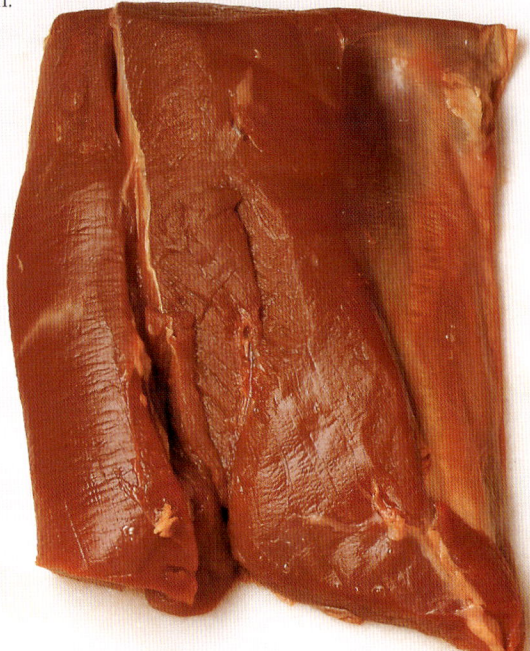

LACHSMUSKEL
Ein Stück aus der Rehkeule, aus dem Steaks geschnitten werden

SILVERSIDE-STEAK
Ein Stück zum Schmoren

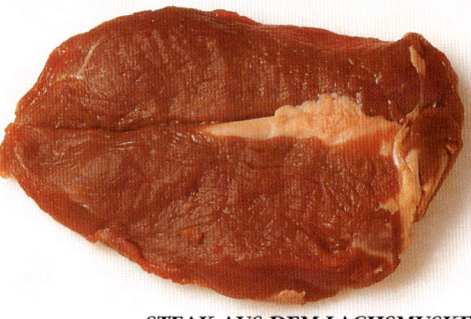

RÜCKENSTEAK
Aus dem Rehrücken geschnitten. Es schmeckt sehr gut, wenn es vor dem Braten mariniert wird.

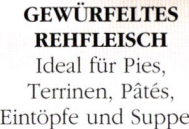

GEWÜRFELTES REHFLEISCH
Ideal für Pies, Terrinen, Pâtés, Eintöpfe und Suppen

STEAK AUS DEM LACHSMUSKEL
Aus der Innenseite der Hüfte geschnitten. Es gilt als eines der feinsten Rehsteaks, sehr zart und delikat, und eignet sich besonders zum Grillen.

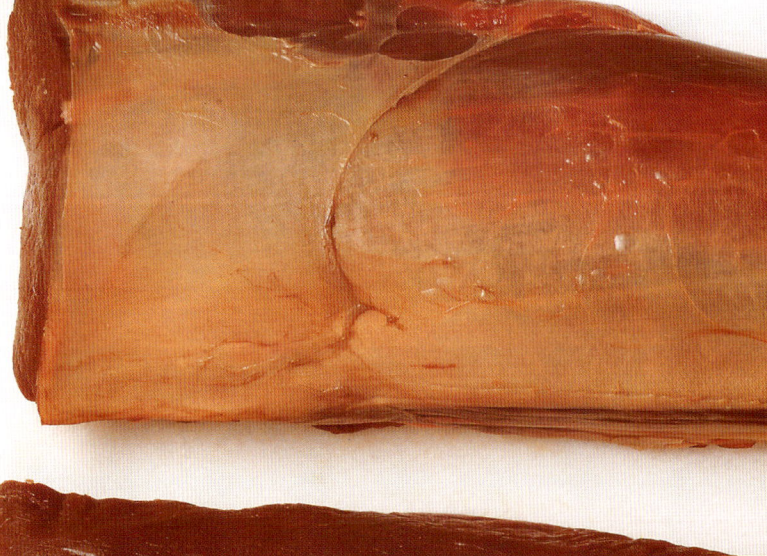

REHRÜCKENSTEAK, pariert
Ein besonders zartes Steak aus dem von Sehnen und Fett befreiten Rehrücken

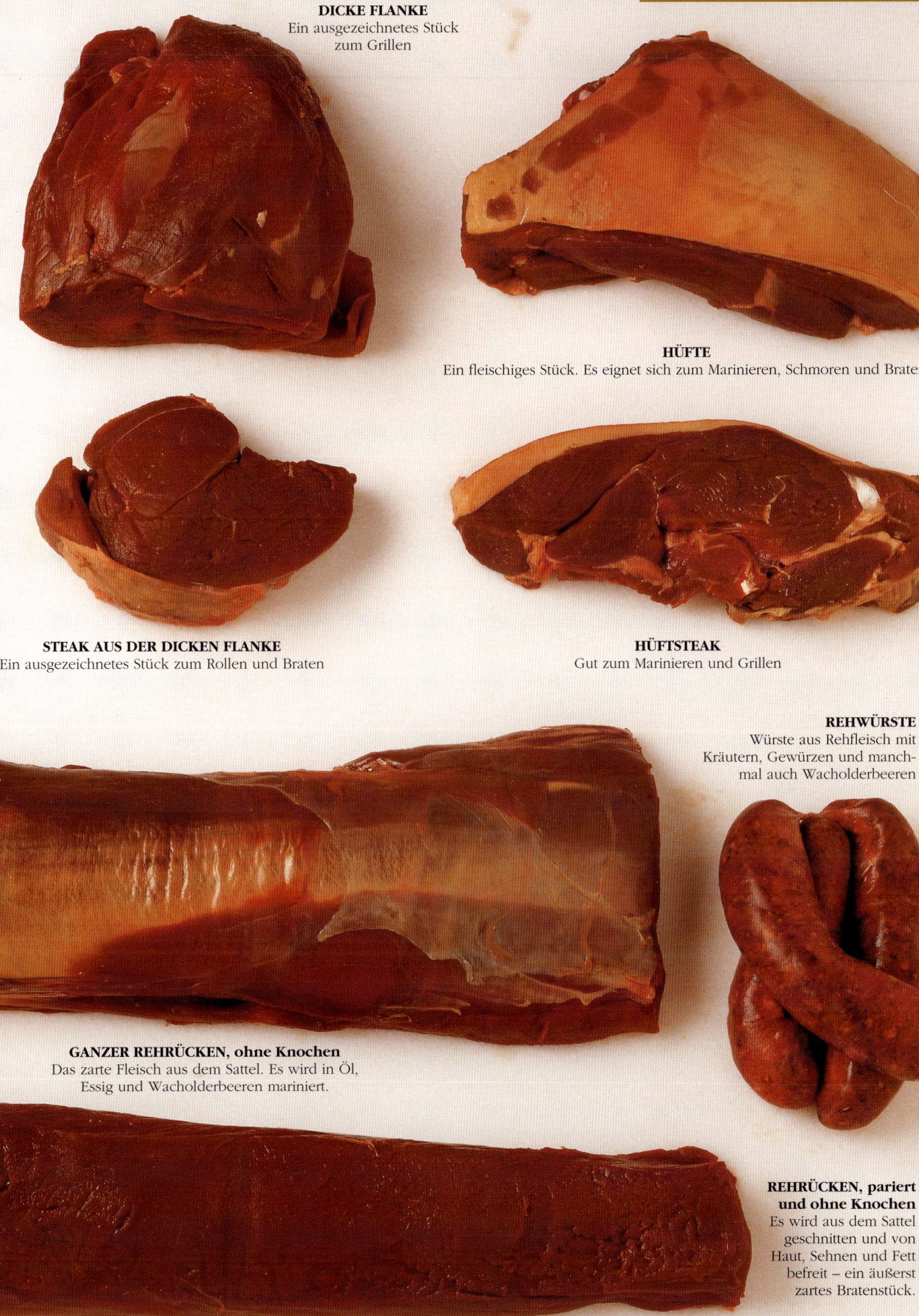

REH

DICKE FLANKE
Ein ausgezeichnetes Stück zum Grillen

HÜFTE
Ein fleischiges Stück. Es eignet sich zum Marinieren, Schmoren und Braten.

STEAK AUS DER DICKEN FLANKE
Ein ausgezeichnetes Stück zum Rollen und Braten

HÜFTSTEAK
Gut zum Marinieren und Grillen

REHWÜRSTE
Würste aus Rehfleisch mit Kräutern, Gewürzen und manchmal auch Wacholderbeeren

GANZER REHRÜCKEN, ohne Knochen
Das zarte Fleisch aus dem Sattel. Es wird in Öl, Essig und Wacholderbeeren mariniert.

REHRÜCKEN, pariert und ohne Knochen
Es wird aus dem Sattel geschnitten und von Haut, Sehnen und Fett befreit – ein äußerst zartes Bratenstück.

ENTBEINTE REHSCHULTER
Ein ausgezeichnetes Schmorstück

BEINSCHEIBEN VOM REH
Mit Knochen und Mark geschnittene Beinscheiben. Sie erinnern an das italienische **Osso buco**, das mit Beinscheiben vom Kalb zubereitet wird.

REH

REHSCHULTER, entbeint und gerollt
Ein Schmorstück

REHHAXE
Ein Schmorstück

ENTBEINTE REHHAXE
Ein Schmorstück

WILDSCHWEINWÜRSTE MIT APFEL
Unter den zahlreichen von Gourmets geschätzten Würsten schmecken diese besonders gut mit Kartoffelpüree und Rotwein-Zwiebel-Sauce.

WILDSCHWEIN

WILDSCHWEINRÜCKEN
Ein Bratenstück, das besonders gut schmeckt, wenn es zuvor mit Rotwein, Knoblauch, Wacholderbeeren und Kräutern mariniert wird.

WILDSCHWEINKEULE
Keule mit Bürzel. Am besten schmeckt sie als Braten.

Aufgußgetränke

Die Briten sind weltweit als begeisterte Teetrinker bekannt, doch die Heimat des Tees ist China. Aufzeichnungen belegen, daß Tee bereits im 8. Jahrhundert n. Chr. so beliebt war, daß er besteuert wurde.

Der übliche Tee für den täglichen Genuß ist meist eine Mischung aus schwarzen Teesorten. Diese werden nach dem Pflücken fermentiert und ergeben einen dunklen, intensiv schmeckenden Tee. Unfermentierter grüner Tee ist feiner im Geschmack.

Unter aromatisiertem Tee versteht man Teesorten, die mit Blüten, besonderen Gewürzen oder Fruchtschalen angereichert werden. Früchte- und Kräutertees sind keine Tees im engeren Sinne, sie werden aber auf die gleiche Art zubereitet. Vor allem Kräutertee werden bestimmte, z. B. beruhigende, entspannende oder stärkende, Wirkungen zugeschrieben.

Ein äthiopischer Ziegenhirt soll – so berichtet es die Sage – als erster bemerkt haben, welch anregende Wirkung der Genuß bestimmter Beeren auf seine weidenden Ziegen hatte. Er pflückte einige Beeren, brühte sie auf und stellte nach dem Genuß des Getränks eine stimulierende Wirkung fest. Somit hatte er den Kaffee als Getränk entdeckt.

Kaffee wird im wesentlichen aus drei Kaffeepflanzenarten gewonnen. Arabica ist die feinste Qualität und enthält nur mäßig viel Koffein. Robusta ist kräftig und reich an Koffein. Liberica liefert mittelstarke Bohnen.

Kaffee kann aus nur einer Sorte von Bohnen bestehen oder aus einer Mischung. Geschmack und Aroma hängen vom Röstverfahren, von der Mischung und vom Herkunftsland – also der Bodenqualität – der Bohnen ab. Stark geröstete Bohnen ergeben einen dunklen, leicht bitteren, starken Kaffee. Mittelstark geröstete Bohnen ergeben einen starken, samtigen Kaffee. Leicht gerösteter Kaffee besitzt meist einen sehr feinen Geschmack.

SANTOS-BOHNEN, ungeröstet
Diese Bohnen aus einer Hafenstadt südöstlich von São Paulo werden überwiegend für die Herstellung von Arabica-Qualität verwendet.

KOLUMBIANISCHE BOHNEN, ungeröstet
Bester kolumbianischer Kaffee kommt jamaikanischem **Blue Mountain** oder Costa-Rica-Kaffee gleich. Er ist geschmacklich ausgewogen, gehaltvoll und körperreich.

NEU-GUINEA-BOHNEN, ungeröstet
Arabica-Kaffee, der in den Highlands von Neu Guinea wächst und weltweit für seine ausgezeichnete Qualität bekannt ist. Er wird für Gourmetkaffees verwendet.

ENTKOFFEINIERTER INSTANTKAFFEE
Nach dem nahezu vollständigen Entzug von Koffein wird aus den grünen Bohnen sprühgetrockneter oder gefriergetrockneter Kaffee hergestellt.

SCHWARZ GERÖSTETE BOHNEN
Sehr stark gerösteter Kaffee für Kaffeegenießer, die einen starken Aufguß bevorzugen. Wird häufig für Kaffeemischungen und Espresso verwendet.

MITTELSTARK GERÖSTETE BOHNEN
Die Bohnen werden für die Herstellung von mittelstarkem Kaffee geröstet, der sich besonders für Filterkaffee eignet. Der Aufguß ist gehaltvoll und süßlich mit einer leichten Säure.

ESPRESSO, gemahlen
Feingemahlener Röstkaffee, der in Espressomaschinen unter großem Druck mit heißem Wasser überbrüht wird.

FILTERKAFFEE, gemahlen
Mittelstark gerösteter Kaffee, der in einer Kaffeemaschine mit sehr heißem Wasser etwa 7 Minuten aufgebrüht wird.

KAFFEE, grob gemahlen
Röstkaffee, der etwas gröber gemahlen wird und sich besonders für einen Aufguß mit kochendem Wasser eignet.

KAFFEE

Das Rösten von Kaffee ist nichts anderes als die Zufuhr der richtigen Menge Hitze auf rohe Kaffeebohnen, wobei die grünlichen bis gelblichen Bohnen ihre bekannte kräftig braune Farbe bekommen. Da die Bohnen durch die Hitze getrocknet werden, beginnen die Zellen aufzuspringen, und die feinen Geruchs- und Geschmacksstoffe können sich entfalten. Das Rösten wurde wohl zufällig entdeckt, und Kaffee wird, so wie man ihn heute kennt, seit Mitte des 15. Jahrhunderts getrunken. Es gibt viele verschiedene Arten, Kaffee zuzubereiten und zu trinken. Einige davon haben eine starke Verbreitung gefunden und den Kaffeegenuß maßgeblich beeinflußt. Hier einige bekannte Zubereitungen:

Café au lait Heißer Kaffee wird gleichzeitig mit kochender Milch in eine Tasse gegeben.

Caffè con leche Ein »Schuß« Espresso wird mit dampferhitzter Milch kombiniert.

Caffè con panna Espresso mit einer Sahnehaube.

Caffè corretto Espresso, der mit Likör »korrigiert« wird.

Caffè crema Ein »Schuß« Espresso, der mit Sahne vermischt wird.

Caffè freddo Eisgekühlter Espresso, der meist im Glas mit zerstoßenem Eis serviert wird.

Caffè latte Ein »Schuß« Espresso, der mit dampferhitzter, manchmal geschäumter Milch vermischt wird.

Caffè lungo Ein verlängerter Espresso, bei dem kochendes Wasser zu einem »Schuß« Espresso gegossen wird. Auch unter der Bezeichnung Americano bekannt.

Caffè macchiato oder »fleckiger« Kaffee. Ein Schuß Espresso in einer mittelgroßen Tasse mit wenig schäumender Milch.

Caffè mocha Ein Espresso, der mit Schokoladensirup und geschäumter Milch kombiniert wird. Wird häufig mit einer Sahnehaube und Kakaopulver serviert.

Caffè ristretto Konzentrierter Espresso. Aus der normalen Menge Bohnen wird nur sehr wenig Espressokaffee gewonnen.

Cappuccino Ein »Schuß« Espresso mit viel dampferhitzter, aufgeschäumter Milch in einer halbvollen Tasse.

Mochaccino Ein Cappuccino, der mit dampferhitzter Schokoladenmilch zubereitet wird.

Doppio Ein doppelter Espresso.

Espresso Ein reichhaltiger, konzentrierter Kaffee.

Grande Ein großes Glas oder eine große Tasse mit schwarzem Kaffee, Milch oder Cappuccino.

Tall Ein großes Glas schwarzer Kaffee, Milch oder Cappuccino.

Short Eine mittelgroße Tasse schwarzer Kaffee, Milch oder Cappuccino.

ROBUSTA-BOHNEN, ungeröstete
Ein Kaffee von geringerer Qualität, der überwiegend für die Herstellung von Instantkaffee verwendet und bestimmten Espressosorten beigemischt wird.

ENTKOFFEINIERTE BOHNEN, ungeröstet
In Wasser gelegt oder unter Druck gedämpft und anschließend mit einem Lösungsmittel (Methylenchlorid) behandelt: So wird den Bohnen das Koffein entzogen.

LEICHT GERÖSTETE BOHNEN
Bohnen, die so kurz wie möglich geröstet werden. Die Bohnen sind hellbraun und trocken. Dieser Kaffee wird hauptsächlich für Kaffeemaschinen verwendet.

FRANZÖSISCHE BOHNENMISCHUNG
Ein Kaffee, der überwiegend als Espresso getrunken wird. Er besteht aus schwarz und mittelstark gerösteten Bohnen und ergibt einen öligen, kraftvollen und leicht bitter schmeckenden Kaffee.

TÜRKISCHER KAFFEE
Röstkaffee, der staubfein gemahlen oder pulverisiert wird und einen sehr starken Kaffee ergibt. Er wird mit Puderzucker und Wasser einmal aufgekocht und in Mokkatassen gefüllt.

GROBER FILTERKAFFEE
Mittelstark gerösteter Kaffee mit sehr feinen Partikeln für individuelle Aufgußzeiten und unterschiedlich starken und geschmacksintensiven Kaffee.

KAFFEE & ANDERE GETRÄNKE

INSTANTKAFFEE
Wird gewonnen, indem Kaffeextrakt in heiße Luft gesprüht wird, wodurch ein staubfeines, helles Pulver aus gleich großen Partikeln entsteht, das in heißem Wasser löslich ist.

INSTANTKAFFEE-GRANULAT
Der technische Begriff für dieses Granulat heißt »agglomerierter« (angehäufter) Kaffee. Sprühgetrockneter Kaffee wird zerlassen, wodurch er das Aussehen von Granulat bekommt.

GEFRIERGETROCKNETER INSTANTKAFFEE
Kaffeextrakt wird unterhalb des Gefrierpunkts in einem Vakuum getrocknet. Das Endprodukt ist ein ansprechendes Granulat, das an grob gemahlenen gerösteten Kaffee erinnert.

KAFFEE-ESSENZ
Eine alkoholische Lösung, die destillierte Extrakte aus Kaffee und Zichorie enthält. Wird hauptsächlich als Aromazutat bei der Herstellung von Konfekt und Bonbons verwendet.

KAKAOHALTIGES GETRÄNKEPULVER
Ein nach Schokolade schmeckendes Getränkepulver, das meist aus Gersten- und Malzextrakt, Molke, Zucker, Glukose, Kakao, pflanzlichen Fetten und Ei hergestellt und mit Milch aufgegossen wird.

KAKAO
Der Rückstand von gemahlenen Kakaobohnen, nachdem die Hälfte der Kakaobutter abgepreßt wurde. Kakaopulver wird zum Backen verwendet oder mit heißer Milch oder Wasser und Zucker verrührt als Trinkschokolade gereicht.

KAFFEESURROGATEXRAKT (»MALZKAFFEE«)
Mit Wasser aufgegossen, schmeckt dieses Getränk nach Malz. Es besteht aus Gerste, Malz, Zichorie und Roggen. Nach Belieben werden Milch und Zucker eingerührt.

FLEISCHEXTRAKT
Stark konzentrierte Flüssigkeit aus Rindfleisch und pflanzlichen Extrakten, Rinderbrühe, Hefeextrakt, Farbstoffen, Stärke, Zucker, Salz und Gewürzen. In kochendem Wasser gelöst, wird es als Brühe getrunken oder für Suppen verwendet.

SOJA-DRINK
Wird aus Sojabohnen und Wasser hergestellt und ist cholesterinfrei, milchzucker- und milcheiweißfrei. Das Kalzium in Sojagetränken kann vom Körper allerdings nicht so leicht aufgenommen werden wie aus Milch.

BRASILIANISCHER MATE
Die grünen Blätter aus Südamerika werden wie Tee zubereitet, stammen aber nicht von Teepflanzen. Mate wird heiß oder kalt getrunken und enthält mehr Koffein als Kaffee.

EARL GREY
Ein klassischer schwarzer Tee aus China oder Darjeeling, der mit Bergamotteöl aromatisiert wird. Zucker unterstützt den Geschmack dieses aromatisierten Tees, die Beigabe von Milch sollte man jedoch vermeiden.

YIN ZHEN
Er wird nicht als grüner, sondern als weißer Tee bezeichnet. Die Blätter werden mehr getrocknet als fermentiert und haben einen zarten Geschmack. Yin Zhen ist einer der teuersten Tees weltweit. Man läßt ihn bis zu 20 Minuten ziehen.

TCHAI
Eine nordindische Teemischung mit unterschiedlicher Rezeptur. Sein Geschmack variiert daher. Schwarzer Tee, Zimt, Kardamom, Ingwer und Gewürznelken sind allerdings immer enthalten.

BLUTORANGENTEE
Blutorange gibt diesem Tee, der schwarz getrunken wird, Süße und Farbe. Aromatisierte Tees werden in der Regel mit schwarzem Tee und einer weiteren Zutat hergestellt, z. B. Früchten oder Gewürzen, Karamel, Honig oder Mandeln.

ENGLISH BREAKFAST
Eine stimulierende und erfrischende Teemischung, die meist indischen Assam und Blätter aus Sri Lanka (Ceylon) enthält. Wie der Name bereits andeutet, wird dieser Tee morgens mit Milch serviert.

LAPSANG SOUCHONG
Ein chinesischer schwarzer Tee mit einem rauchigen, intensiven Geschmack. Die Blätter werden über Pinienfeuer getrocknet. Dieser Tee wird schonend gebrüht und mit Milch oder Zitrone getrunken.

JASMIN
Ein halbfermentierter chinesischer Tee, der mit getrockneten Jasminblüten parfümiert wird. Er wird ohne Milch getrunken.

KAMILLE
Einer der beliebtesten Kräutertees, der bekannt ist für seine beruhigenden Eigenschaften. Weitere bekannte Kräutertees sind Pfefferminz-, Hibiskus-, Hagebutten- und Zitronengrastee.

BANNOCKBURN
Ein First-Flush-Tee aus Darjeeling, der von März bis Juni gepflückt wird, wodurch sein Aroma hell und zart ausfällt. Ein feiner, knospenreicher, goldener, duftender Orange Pekoe Blattgrad 1. Ein guter Tee für jeden Tag.

SINGBULLI
Ein Second-Flush-Tee aus Darjeeling, der von Juli bis September gepflückt wird. Er ist dunkler und besitzt ein würziges Aroma, das an Muskateller erinnert. Ein knospenreicher, goldener, duftender Orange Pekoe Blattgrad 1.

DHELAKAT-TEE
Ein Tee aus der nordindischen Provinz Assam, das mit Abstand größte Teeanbaugebiet der Welt. Ein guter Morgentee, der einen malzigen, dunklen Aufguß ergibt. Ein Orange Pekoe, der knospenreich, golden und duftig ist.

NILGIRI PARKSIDE
Nilgiri-Tee stammt aus den südindischen Nilgiri-Bergen. Ein weicher, runder Tee für den Alltag aus duftigen Orange-Pekoe-Blättern.

PAI MU TAN
Ein weißer Tee aus Indien von äußerst delikatem, weichem, duftigem Geschmack, der sich besonders als Abendtee eignet.

GUNPOWDER TEMPLE OF HEAVEN
Ein grüner Gunpowder-Tee aus China. Er wird zu kleinen Bällchen gerollt, damit der Geschmack besser erhalten bleibt. Ergibt einen sehr erfrischenden gelbgrünen Aufguß – ein beruhigender Nachmittagstee.

LUNG CHING
Ein stimulierender grüner Tee, der an den von Umweltbelastung verschonten Hängen 200 km von Shanghai wächst. Der wie Jade aussehende Aufguß hat einen zarten Geschmack.

SZECHUAN
Ein milder schwarzer Tee aus China, der leicht erdig schmeckt und aus Orange-Pekoe-Blättern gewonnen wird. Er wird ohne Milch und Zucker serviert und gilt als ausgezeichneter Nachmittags- und Abendtee.

YUNNAN-TEE
Ein starker schwarzer Tee aus China, der manchmal auch »Mokka der Tees« genannt wird. Ein Orange-Pekoe-Tee, der sich ausgezeichnet als Frühstückstee eignet. Der einzige chinesische Tee, der einen Tropfen Milch verträgt.

OOLONG SHUI HSIEN
Ein Formosa-Tee aus Taiwan, der den Geschmack von schwarzem und grünem Tee miteinander vereint. Der Aufguß ist erfrischend und kühlend und ideal an heißen Tagen.

PETTIAGALLA
Ein Tee aus Sri Lanka (Ceylon), ein Land, das für seine schwarzen, reichhaltigen Tees bekannt ist. Pettiagalla-Tee ist ein Orange Pekoe, der überraschend mild, weich und rund schmeckt.

SENCHA
Der am meisten getrunkene grüne Tee in Japan. Es gibt viele Sencha-Teesorten. Man erkennt sie an der hellgrünen Farbe des Aufgusses und an dem frischen, blumigen Geschmack.

ORANGE FLOWER OOLONG
Ein Formosa-Tee aus Taiwan, der einen äußerst aromatischen, bernsteinfarbenen Tee ergibt und mit dem delikaten Geschmack von Orangenblüten parfümiert wird.

BANGLADESH
Ein goldener, blumiger Orange Pekoe, der einen starken Tee von malzigem, erdigem, leicht würzigem Geschmack ergibt. Ein Tee, der tagsüber mit oder ohne Milch getrunken wird.

JAVA MALABAR
Ein Orange Pekoe mit einem starken, beinahe sirupartigen Geschmack. Er eignet sich sehr gut als Frühstückstee.

KENYA MARINYN
Ein goldener, blumiger Orange Pekoe, der einen malzigen, vollen, fruchtigen Geschmack, ähnlich dem von Assam-Tee, besitzt. Am besten schmeckt er morgens mit Milch.

NEU GUINEA GARAINA
Nicht ganz so dunkel wie schwarze Tees aus anderen Ländern. Er hat einen erdigen, frischen Geschmack.

AUSTRALISCHER DAINTREE
Dieser Tee ist mit dem Neu Guinea Garaina vergleichbar und zählt ebenfalls zu den helleren schwarzen Tees. Er besitzt einen frischen Geschmack.

Aus aller Welt

Die verschiedenen Küchen der westlichen Welt wären ohne den Einfluß kulinarischer Traditionen fremder Küchen heute undenkbar. Besonders die italienische Küche besitzt international inzwischen einen festen Platz in der täglichen Ernährung. Auch die spanische, griechische, marokkanische und orientalische Küche erfreuen sich immer größerer Beliebtheit.

Neben der schon länger bekannten indischen und chinesischen Küche wächst mittlerweile auch das Interesse an weiteren asiatischen Kochrichtungen: vietnamesisch, laotisch, kambodschanisch, malaysisch und burmesisch. Heute gibt es bei uns viele asiatische Spezialitätengeschäfte und Feinkostläden, die eine große Auswahl asiatischer Zutaten anbieten.

Sogar größere Supermärkte haben eine Reihe verschiedener Chilisaucen, asiatische, karibische und mexikanische Spezialitäten, Currypasten und exotische Früchte und Gemüse im Sortiment. Auch der australischen Küche ist es in den vergangenen zehn Jahren gelungen, weltweit auf sich aufmerksam zu machen. Australien wartet heute nicht mehr nur mit Fleisch und Gemüse auf. Es hat sich kulinarisch »gemausert«. Australische Küchenchefs haben einen spektakulären Wandel in der Zubereitung und Präsentation von Essen herbeigeführt. Sie können wählen zwischen vielen erstklassigen Naturprodukten wie alle Arten von Meeresfrüchten, feines Obst und Gemüse sowie Fleisch allererster Güte.

Zudem gibt es ein wachsendes Interesse an den kulinarischen Wurzeln der einzelnen Länder, und man orientiert sich heute wieder mehr an dem, was z. B. der Australische Busch an ureigenen Köstlichkeiten hervorbringt.

Zutaten aus dem Busch sind unter anderem Gewürze wie Zitronenmyrte, wilde Minze, Akaziensamen und Riberries oder die unwiderstehlichen Macadamianüsse. Viele dieser Zutaten gibt es inzwischen auch in Europa, und die, die es noch nicht gibt, lassen sicherlich nicht mehr lange auf sich warten.

GETROCKNETE SHRIMPS
Diese in der Sonne getrockneten winzigen, salzigen Garnelen werden vor der Weiterverwendung häufig gemahlen. Sie werden als Würzmittel für gebratenen Reis, Suppen und Füllungen verwendet. Vor dem Zerkleinern einweichen!

GETROCKNETE ANCHOVISFILETS
Sie sind auch unter der Bezeichnung **Ikan bilis** oder **Ikan teri** bekannt. Sie werden wie getrocknete Shrimps als Würzmittel verwendet oder fritiert und als knusprige Beilage gereicht.

GETROCKNETE FISCHFLOCKEN
Getrockneter Fisch, der gebraten oder gedämpft wird. Er wird häufig mit anderen Zutaten gemischt und dient als intensives Würzmittel in der asiatischen Küche.

DASHI
Wird in der japanischen Küche als Grundzutat für Misosuppe verwendet. Dashi wird aus getrockneten Thunfischflocken (Katsuo-dashi), getrockneten Sardinen (Niboshi-dashi) oder getrocknetem Konbu (Konbu-dashi) hergestellt.

GETROCKNETE SHRIMPSPASTE
Diese Paste kommt auch unter der Bezeichnung **Blachan** oder **Trasi** in den Handel. Sie wird aus fermentierten Garnelen hergestellt. Es gibt sie auch in noch festerer Form. Für Rohzubereitungen wickelt man ein wenig Paste in Alufolie und grillt sie für ein paar Minuten.

KROEPOEK UDANG
Kroepoek ist in Indonesien, Malaysia und Vietnam sehr beliebt und wird meist aus Tapiokamehl, Garnelen, Salz und Zucker hergestellt. Man backt sie schwimmend in heißem Öl, wobei sie bis zu vierfacher Größe aufgehen und locker und knusprig werden. Sie werden als Beilage, Garnitur und als Imbiß gereicht.

ASIATISCHE ZUTATEN

CHILIPASTE MIT SOJAÖL
Eine scharf schmeckende Paste, die als Dip für Fleisch, Fisch oder Gemüse verwendet oder unter Reis und Suppen gerührt wird. Besteht aus getrockneten Chillies, Fischsauce, Knoblauch, getrockneten Garnelen und Tamarindenpaste.

CHILIÖL
Rote Chillies geben diesem Öl die orange glänzende Farbe. Es wird nur in kleinen Mengen verwendet und gibt Gerichten die gewünschte Schärfe. Chiliöl wird auch separat zum individuellen Würzen gereicht.

SAMBAL
Eine Paste, zubereitet aus Chillies, getrockneter Shrimpspaste, Zwiebeln, Knoblauch und Tamarinde. Sie ist sehr scharf und wird meist separat zum individuellen Würzen gereicht. Man unterscheidet **Sambal Oelek** von **Sambal Badjak**.

GESALZENE SCHWARZE BOHNEN
Fermentierte, gewürzte und gesalzene Sojabohnen, die getrocknet oder in Dosen eingemacht in den Handel kommen. In Dosen eingemachte Bohnen läßt man gut abtropfen und hackt sie vor der Weiterverwendung.

LOTUSWURZEL
Sie werden roh in Salate gegeben, kandiert oder für Wok-Gerichte und Suppen verwendet. Das faserige und stärkehaltige Gemüse enthält kreisförmig angeordnete Löcher. Sie kommen in Dosen, tiefgefroren oder frisch in den Handel.

WASSERKASTANIEN
Ein Gemüse aus China, das in stehenden Gewässern wächst. Es ist sehr knackig und als Zutat für Wok-Gerichte beliebt. Wasserkastanien kommen in Dosen eingemacht in den Handel.

PANDANUSBLATT
Diese eßbaren Palmenblätter sind auch unter der Bezeichnung Screw-Pine-Leaf bekannt. Man verwendet sie zum Einschlagen von Speisen, die in ihnen anschließend gegart werden. Sie besitzen einen feinen, süßlichen Geschmack und werden auch in kochenden Reis oder in Currygerichte gegeben.

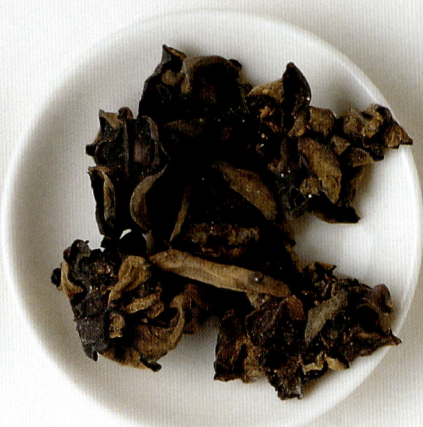

GEBRATENE SCHALOTTENFLOCKEN
Schalotten sind auch in der asiatischen Küche die bevorzugten Zwiebeln. Sie werden als Würzmittel über Speisen gestreut und als Garnitur verwendet. Sie sind auch ein sehr beliebter kleiner Imbiß.

KOKOSNUSSMILCH
Befindet sich nicht im Inneren der Nüsse, sondern wird durch Pressen von geriebenem Kokosnußfleisch gewonnen. Es gibt Kokosnußcreme (dick, erste Pressung und Milch (dünn, zweite Pressung).

WOLKENOHREN
Sie sind auch unter der Bezeichnung **Schwarze Pilze** bekannt und wachsen an Bäumen. Die kleinen, getrockneten, gekräuselten Pilze werden vor der Weiterverwendung eingeweicht und müssen gründlich abgespült werden.

QUEENSLANDNUSS
Sie ist in Malaysia unter der Bezeichnung **Buah Keras** und in Indonesien als **Kemiri** bekannt. Sie wird gemahlen und dient als Dickungsmittel von Currypasten.

KECAP MANIS
Eine indonesische Sojasauce. Ist sie nicht zur Hand, kann man sie durch normale Sojasauce und etwas braunen Zucker ersetzen.

BAMBUSSPROSSE
Nur frische, junge Sprossen sind eßbar. Die pergamentartigen Blätter werden entfernt, die Triebe sind cremefarben. Sprossen aus der Dose werden gründlich abgespült.

FISCH-CRACKER
Sie werden aus Tapiokamehl und Fisch hergestellt und gehen in heißem Öl gebacken bis zu vierfacher Größe auf. Man reicht sie als Beilage.

CASSAVA-CRACKER
Eine weitere Art Kroepoek, die aus Tapiokamehl hergestellt und mit Cassavawurzeln aromatisiert wird, wodurch sie einen süßen, zwiebelartigen Geschmack bekommen. Sie werden schwimmend in heißem Öl gebacken.

PAPPADUM
Eine kleiner Fladen, der aus Linsenmehl und verschiedenen Gewürzen wie Chili, Knoblauch und Kümmel hergestellt wird. Pappadums werden schwimmend in heißem Öl gebacken.

ASIATISCHE ZUTATEN

GETROCKNETE SHIITAKE
Am besten sind solche mit dicken Kappen, die 20 Minuten in warmem Wasser eingeweicht werden. Anschließend läßt man sie abtropfen und drückt sie behutsam aus. Das Einweichwasser wird Suppen und Brühen beigegeben.

SOJABOHNENPASTE
Diese stark gewürzte, salzige Paste wird aus ganzen oder zerstoßenen fermentierten Sojabohnen zubereitet und ist entweder gelb oder braun. Sie wird als Würzmittel verwendet.

GETROCKNETE ROTE DATTEL
Diese in der Sonne getrockneten Früchte sind nicht wirklich Datteln, sondern **Brustbeeren** oder **Jujube**. Sie sind in mediterranen Ländern und China verbreitet und würzen sowohl süße als auch herzhafte Speisen.

HOISIN-SAUCE
Eine leicht süße, dicke chinesische Sojasauce, die mild und nach Knoblauch schmeckt. Sie wird zum Kochen und als Dip verwendet. Nach dem Öffnen wird sie in den Kühlschrank gestellt.

LAP CHEONG
Diese Wurst wird in der Regel aus Schweinefleisch zubereitet und wird gepökelt und nicht gekocht. Im Kühlschrank hält sie sich bis zu einem Monat, tiefgekühlt bis zu zwei Monaten.

AGAR-AGAR
Ein Geliermittel, das aus Algen gewonnen wird. Es kommt als feines, weißes Pulver, in Streifen, Stäben oder Flocken in den Handel. Eingeweichte Agar-Agar-Stäbchen passen auch zu Salat.

NORI-BLÄTTER
Dünne, getrocknete Blätter aus Seealgen, die an Papier erinnern. Man verwendet sie für Sushi und als Würzmittel und Garnitur für viele weitere japanische Gerichte.

KROEPOEK EMPING
Ein Cracker, der aus den gewalzten Kernen der Melinjonuß hergestellt wird. Er hat einen delikaten, leicht bitteren Geschmack und wird schwimmend in heißem Öl gebacken. Man reicht ihn als Beilage oder als kleinen Imbiß.

NUOC NAM
Eine Fischsauce, die in Vietnam, Thailand (Nam Pla) und auf den Philipinen (Patis) hergestellt wird. Sie wird ähnlich wie Sojasauce verwendet, ist salzig und besitzt einen intensiven Geschmack, der von gesalzenen Garnelen oder Fisch kommt.

PALMZUCKER
Die Farbe von Palmzucker reicht von weiß bis dunkelbraun. Er besitzt einen ausgezeichneten, intensiven Geschmack und wird in Asien verwendet. Er kommt eingeschlagen in großen Stücken oder in Gläsern in den Handel.

GETROCKNETE WAKAME
Diese getrockneten Meeresalgen werden mit heißem Wasser behandelt und gesalzen. Sie werden Suppen oder Nudeln kurz vor dem Servieren beigegeben oder einige Minuten eingeweicht in Salate gegeben.

MIRIN
Ein gesüßter Reiswein aus Japan, der zum Kochen verwendet wird.

EINGELEGTE RÜBE
Diese Rüben werden in Salzlake konserviert und als Gemüse und geschmackgebende Zutat besonders für Suppen oder Wok-Gerichte mit Fleisch oder Fisch verwendet. Sie sind äußerst salzig und müssen vor dem Verzehr gewässert werden.

KROEPOEK IKAN
Diese Variante des indonesischen Kroepoeks wird aus Fisch, Tapiokamehl, Salz und Zucker hergestellt. Die Cracker werden schwimmend in heißem Öl gebacken. Sie passen als Beilage zu vielen Speisen und sind eine Alternative zu Pappadums.

ASIATISCHE ZUTATEN

KONBU
Getrocknete Seealgen, die in der japanischen Küche häufig verwendet werden. Sie kommen in langen, ganzen Blättern oder kleineren Stücken in den Handel. Man wischt sie trocken ab, da Wasser ihnen den Geschmack entzieht.

SAKE
Japanischer Reiswein, der sowohl zum Kochen als auch zum Trinken verwendet wird.

SCHWARZE-BOHNEN-PASTE
Wird aus fermentierten schwarzen Bohnen zubereitet und ist in der asiatischen Küche recht verbreitet. Die Konsistenz dieser Paste reicht von dick mit Stücken bis zu dünn und samtig. Nach dem Öffnen im Kühlschrank aufbewahren.

SESAMPASTE
Nicht mit dem libanesischen Tahin zu verwechseln, das aus rohen Sesamsamen hergestellt wird. Eine hellbraune, reichhaltige, cremige Paste, die aus gerösteten Sesamsamen zubereitet wird. Sie wird für für warme und kalte Speisen verwendet.

AUSTERNSAUCE
Eine salzige, süße, dicke, braune Sauce aus Austern. Sie wird häufig und gern für viele Gerichte der chinesischen Küche, von Nudel- bis Gemüsegerichten verwendet. Nach dem Öffnen wird sie im Kühlschrank gelagert.

GESALZENE SOJABOHNEN
Sie werden durch Kochen und Fermentieren mit Salz und Gewürzen haltbar gemacht. Meist werden sie in Verbindung mit Knoblauch, Ingwer und Chillies für Wok-, Dämpf- und Schmorgerichte verwendet. Vor der weiteren Verwendung werden sie leicht zerdrückt oder gehackt.

SUSHI-ESSIG
Tafelfertiger Essig für Sushi-Zubereitungen. Er ist eine Mischung aus Reisessig, Zucker und Salz. Wird zum Würzen von Reis verwendet.

BLÜHENDER SCHNITTLAUCH
Allium tuberosum
Blühenden Schnittlauch gibt es bei verschiedenen Arten von Chinesischem Schnittlauch. Er besitzt einen hohlen Stiel, dicke kleine Knospen und dünne Knospenblätter. Blühender Schnittlauch aus China schmeckt intensiver als europäischer. Er wird in Wok-Gerichten, Suppen und Salaten verwendet.

KHEE KWAI
Chrisanthemum coronarium
Die zarten, jungen Blätter dieses in Thailand bekannten Krautes werden roh gegessen. Die älteren Blätter werden blanchiert, in Eiswasser abgeschreckt und als Salat gereicht. Sie werden schnell welk.

THAILÄNDISCHES BASILIKUM
Ocimum sanctum
Das in Thailand auch unter dem Namen **Bai Kaprow** bekannte Kraut hat dünne, rotgrüne Blätter und einen ausgeprägten Geschmack. Kann durch normales Basilikum und etwas Minze ersetzt werden.

GRÜNE MANGO
Mangifera indica
Sowohl die grüne Mango als auch die grüne Papaya werden in zahlreichen Ländern Asiens noch hart zum Marinieren von Speisen und für Salate, Eingelegtes und Chutneys verwendet.

FRISCHER GELBWURZ oder KURKUMA
Curcuma longa
Kurkuma wird den westlichen Ländern meist getrocknet und feingemahlen verwendet. In vielen Ländern Asiens wird frischer Kurkuma zum Färben von Speisen verwendet. Die gelborangefarbene Wurzel erinnert an Ingwer und wird vor der weiteren Verwendung geschält und gerieben oder fein gehackt.

ASIATISCHE ZUTATEN

JICAMAWURZEL oder YAMSBOHNE
Pachyrhizus erosus
Sie ist auch unter der Bezeichnung Sweet turnip bekannt und erinnert an die Yamswurzel. Sie ist knackig und süßlich und wird in zahlreichen Zubereitungen häufig an Stelle von Wasserkastanien verwendet. Jicamawurzeln werden gekocht, fritiert und für Wok-Gerichte verwendet.

GRÜNE PAPAYA
Carica papaya
Papain, ein proteinspaltendes Enzym, wird aus unreifen Papayas gewonnen und als Fleischzartmacher verwendet. Grüne Papaya ist vor allem in der thailändischen Küche beliebt.

WASSERSPINAT
Ipomoea aquatica
In Malaysia und Indonesien unter der Bezeichnung **Kangkung** bekannt. Er wird gründlich gewaschen, da er in sumpfigen Gebieten wächst. Meist wird er mit Knoblauch und unterschiedlichen Saucen pfannengerührt oder als Beilage serviert.

KAFFIR-LIMETTENBLATT
Citrus hystrix
Die intensiv duftenden Blätter des Kaffir-Limettenbaums und die Schale der dunkelgrünen Früchte sind wichtiger Bestandteil in thailändischen Suppen, Salaten und Currys. Sind frische Blätter gerade nicht erhältlich, greift man auf tiefgefrorene und getrocknete Blätter zurück. Die Früchte kann man einfrieren.

CHINESISCHER SELLERIE
Apium graveolens
Diese intensiver schmeckende Art des bekannten **Staudenselleries** erinnert an **glatte Petersilie**. Seine Farbe reicht von Weiß bis Dunkelgrün. Er wird für Suppen, Wok- und Schmorgerichte verwendet.

BIRIYANI-PASTE
Mild gewürzte Paste, die für Reiscurrys mit Fleisch, Fisch oder Gemüse verwendet wird.

TIKKA-PASTE
Eine rote, intensiv gewürzte Paste aus Indien, die meist mit Joghurt vermengt und zum Marinieren von Hähnchen-, Lamm- oder Fischstücken verwendet wird, bevor sie in einem Tandoori-Ofen gegart werden.

MADRAS-CURRYPASTE
Eine scharfe, würzige Paste mit sehr viel Chili. Sie paßt ausgezeichnet zu Lamm und Rindfleisch.

VINDALOO-PASTE
Eine der schärfsten Currypasten. Sie wird mit in Indien wachsenden Gewürzen und Essig zubereitet, wodurch Fleisch- und Geflügelgerichte eine saure Note erhalten.

BALTI-CURRYPASTE
Eine würzige Paste, die aus Ingwer, Koriander, Knoblauch, Chili, Kurkuma, Tamarinde und Kokosnußcreme hergestellt wird. Sie wird für Hähnchen-, Lamm- und Gemüsegerichte verwendet.

BAFAAD-CURRYPASTE
Eine dunkle und aromatische Paste, die ursprünglich aus Goa stammt. Sie wird aus einer Mischung von etwa 20 Gewürzen hergestellt. Sie verleiht Fleischcurrys eine reichhaltige, pikante Note.

GOA-VINDALOO-PASTE
Eine klassische mittelscharfe Paste, die Kreuzkümmel, Koriander, Tamarinde, Zimt, Gewürznelken und Kardamom enthält. Sie wird hauptsächlich für Lammfleisch verwendet.

GOA-ZWIEBEL-BAGHAAR
Besteht aus Zwiebeln, Knoblauch, Ingwer, Kräutern und Essig. Es befreit von der lästigen Pflicht des Zwiebelhackens für orientalische und asiatische Gerichte.

INDISCHE ZWIEBELSAMEN oder KALONJI
Die kleinen schwarzen Samen der Nigellapflanze. Sie werden über Naanbrote gestreut und für orientalische Gerichte verwendet.

ASIATISCHE ZUTATEN

BRINJAL-PICKLE
Gehackte Augerginen, leicht gewürzt und langsam gekocht als Beilage zu Currygerichten. Manchmal wird es auch mit Pappadums als Vorspeise gereicht.

CHILI-PICKLE
Wird aus Chilischoten, Ingwer, Senf, Koriander, Salz und verschiedenen Gewürzen zubereitet. Eine scharfe Beilage zu Currys.

TAMARINDENSCHOTE
Die Frucht des Tamarindenbaums ist ein in der indischen Küche häufig verwendetes Gewürz. Die Schoten werden eingeweicht und passiert. Das Fruchtfleisch wird zum Säuern und Würzen von Currys verwendet. Es gibt auch tafelfertige Tamarindenpaste.

GRÜNE CURRYPASTE (THAILAND)
Wird aus einer Mischung von frisch gehackten Chilischoten, Koriander, Ingwer, Zitronengras und Knoblauch hergestellt. Sie verleiht Geflügel-, Fisch- oder Gemüsegerichten einen frischen, würzigen Geschmack.

ROTE CURRYPASTE (THAILAND)
Eine Mischung aus roten Chillies, Zitronengras, Limonensaft, Koriander und Shrimpspaste, die Gerichten wie Tom-yum-Suppe eine feurig scharfe Note verleiht.

GRÜNE CHILISAUCE (THAILAND)
Wird aus mittelscharfen, jungen Chilischoten zubereitet und verleiht Gerichten Schärfe und Geschmack. Sie wird auch als Dip verwendet.

GELBE CURRYPASTE (THAILAND)
Eine scharfe Paste aus Galgant, Chili, Kurkuma, Zwiebel und Knoblauch.

PANANG-CURRYPASTE
Eine äußerst scharfe Paste aus getrockneten roten Chillies, Knoblauch, Zitronengras, Schalotten, Galgant, Kaffir-Limetten, Shrimpspaste und Gewürzen. Sie wird sowohl für Geflügel- als auch für Fischgerichte verwendet.

MATSAMAN-CURRYPASTE
Eine äußerst scharfe Paste aus getrockneten roten Chillies, Knoblauch, Schalotten, Zitronengras und Galgant. Sie kann sowohl für Geflügel- als auch für Fleischgerichte verwendet werden.

NEW-MEXICO-CHILI
Dem **Anaheim-Chili** ähnlicher, vielseitig verwendbarer Chili, der durch sein großartiges Aroma ein Gewinn für jede Chilisauce ist. Mild bis mittelscharf.

CASCABEL-CHILI
Cascabel bedeutet auf Spanisch »Rassel«. Gegrillt besitzt er einen intensiven und etwas erdigen Geschmack. Man verwendet ihn für Suppen, Salsas oder Tomaten- und Tomatillosaucen. Mittelscharf.

HABANERO-CHILI
Der intensive und fruchtige Geschmack dieses Chilis verträgt sich gut mit Fisch und Meeresfrüchten. Er eignet sich auch zum Aromatisieren von Essig, Öl, Eingemachtem und Salsas. Sehr scharf.

GETROCKNETE CHILLIES
Getrocknete Chillies können an einem kühlen Ort gut verschlossen aufbewahrt oder tiefgefroren werden. Am besten sind nicht vollständig getrocknete Chillies. Das natürliche Öl der Chillies sollte noch erhalten sein.
Getrocknete Chillies grillen: Den Stiel und die Samen der Chillies entfernen und in einer Pfanne oder auf einem Backblech bei 250 °C 2–3 Minuten ohne Fett rösten. Sie dürfen nicht schwarz werden, sonst schmecken sie bitter.
Getrocknete Chillies einweichen: Die Chillies in eine Schüssel geben. Wasser zugießen, bis sie vollständig bedeckt sind, und 20 Minuten stehenlassen.

CHIPOTLE-CHILI
Wird für Suppen, Saucen und Salsas oder gemahlen als Gewürz verwendet. Er wird häufig eingemacht zum Würzen von Brühen verwendet. Eingemacht sind sie als **Adobo-Sauce** erhältlich. Mittelscharf.

PULLA-CHILI
Er erinnert an den **Guajillo-Chili** (unten), ist dünnfleischig, besitzt einen leichten Geschmack und eine trockene, intensive Schärfe. Man verwendet ihn für Salsas und Eintöpfe. Scharf.

ARBOL-CHILI
Nussiger Geschmack und je kleiner, desto schärfer. Er wird gegrillt oder gemahlen für scharfe Salsas verwendet oder gebratenen Bohnen beigeben. Gemahlen wird er über Erdnüsse, Obst, Gurken und Jicamawurzeln gestreut. Scharf.

PASILLA-CHILI
Dieser Chili wird gegrillt oder eingeweicht und mit weiteren Zutaten für gekochte Saucen oder Salsas wie Guacamole und Meeresfrüchte verwendet. Er eignet sich zum Trocknen, Füllen und Braten. Mittelscharf.

GUAJILLO-CHILI
Einer der am meisten verwendeten getrockneten Chillies. Man nimmt ihn gegrillt oder gemahlen für Salsas, Chilisaucen, Suppen und Eintöpfe oder mahlt ihn mit weiteren Zutaten zu einer Würzpaste. Mild bis mittelscharf.

MEXIKANISCHE ZUTATEN

GELBES MAISMEHL
Ein Mehl, das aus gelbem Mais gemahlen und für die Herstellung von **Tortillas** verwendet wird.

MASA HARINA
Mehl für Tortillas und **Tamales**. Maiskörner werden in Limonensaft erhitzt, wodurch sich die Haut leichter entfernen läßt. Die Körner werden getrocknet und gemahlen. Masa harina ist je nach Maisart weiß, gelb oder andersfarbig.

BLAUES MAISMEHL
Ein Mehl, das aus blauem Mais gemahlen und für die Herstellung von Tortillas verwendet wird.

NOPALITOS
Junge, fleischige Triebe des Feigenkaktus' ohne Stacheln. Sie werden meist für Salate, aber auch für Eintöpfe, zu Rührei oder für Salsas verwendet.

MEXIKANISCHE SCHOKOLADE
Körnige, würzige Tafel aus Kakao, Zucker, Zimt und gemahlenen Mandeln. Sie wird für chilireiche, würzige mexikanische Gerichte, Moles genannt, verwendet, insbesondere für das festlichste Gericht Mexikos: **Mole poblano**.

ACHIOTEPASTE
Die gemahlenen, auch **Annato** genannten Samen eines Baumes, der in Mittel- und Südamerika wächst, die mit Essig, Salz, granuliertem Knoblauch und Gewürzen gemischt werden.

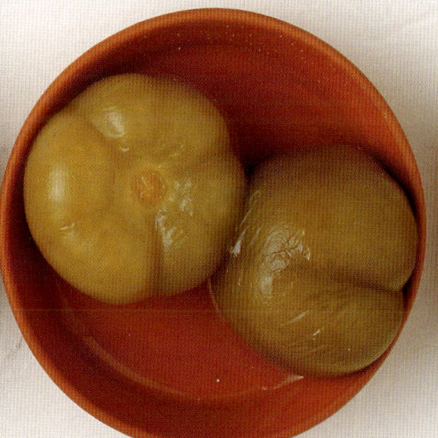

HOMINY À LA MEXICANA
Getrocknete große Maiskörner, die mit Zitrone behandelt werden, bis sie dicklich und weich werden und ihre Haut verlieren. Sie besitzen einen eigenen Geschmack. Hominy werden als Beigericht serviert und für eine dicke Suppe verwendet.

TOMATILLOS oder MEXIKANISCHE BLASENKIRSCHE
Physalis ixocarpa
Obwohl sie grün und fest sind, sind sie doch vollreif und besitzen einen herben Geschmack. Sie werden für Salate, Salsas, Suppen und Eintöpfe verwendet.

EPAZOTE
Ein intensiv riechendes, leicht nach Medizin schmeckendes typisch mexikanisches Kraut. Wird für Gerichte mit schwarzen Bohnen, Eintöpfe, Suppen, Fisch und Schalentieren verwendet.

HAGGIS
Das schottische Nationalgericht, das traditionell an Burns Night (25. Januar) zu Dudelsackmusik serviert wird. Es wird mit Leber, Herz und Lunge vom Schaf zubereitet, mit Talg, Hafer und Hammel- oder Rindfleisch vermischt und, ähnlich wie bei Würsten, in eine Pansenhaut gedrückt. Haggis wird mit Rüben und Kartoffeln kombiniert und etwa 30 Minuten gedämpft, bis es gar ist.

WITCHETTY-LARVE
Die fleischigen Larven sind reich an Proteinen und einfach ungesättigten Fettsäuren. Sie leben auf dem Witchettystrauch in Zentralaustralien. Man kann sie roh essen, jedoch sind sie gegrillt weitaus schmackhafter. Sie sind von mehliger Konsistenz und besitzen einen milden Geschmack.

SCHNECKE
Diese Weichtiere besitzen eine leicht gummiartige Konsistenz. Sie kommen meist in Dosen oder tiefgefroren in den Handel, sind aber gelegentlich auch frisch erhältlich. Gemeine Gartenschnecken sind eßbar, sollten aber zwei Tage ganz ohne Nahrung gehalten werden, um anschließend 14 Tage mit Salat und Kräutern gefüttert zu werden.

SPEZIELLE ZUTATEN

MASTIX
Auch unter der Bezeichnung **Mastiha gum** bekannt. Die gelbfarbene Wurzel des *Pistacia-lentiscus*-Strauchs erinnert geschmacklich an Anis und wird für Götterspeise, zum Backen, für Eiscreme, Kaugummi und Liköre verwendet. Vor der Weiterverwendung wird es mit etwas Zucker zu einem feinen Pulver zerstoßen.

GROSSER GALGANT oder THAI-INGWER
Alpinia galanga
Galgant zählt zu der Familie der Ingwerpflanzen. Er ist eine Wurzel, dessen Geschmack an Kampfer erinnert. Galgant ist in der thailändischen, malaysischen und indonesischen Küche beliebt. Er ist frisch, geschnitten, und in Lake in asiatischen Lebensmittelgeschäften erhältlich. Getrocknet und gemahlen als **Laos powder** bekannt.

MAHLEPI
Das Innere von Sauerkirschkernen erinnert geschmacklich an Zitrone und wird für Süßspeisen und Backwaren verwendet. In den Ländern des Mittleren Ostens ist es sehr beliebt.

VIETNAMESISCHE MINZE
Persicaria odorata
Keine Minze im engeren Sinne und auch unter den Bezeichnungen **Kambodschanische Minze** und **Laksa Blatt** bekannt. Die aromatischen Blätter sind eine Grundzutat für die Zubereitung von **Laksa** (Singapur). In der thailändischen Küche werden die Blätter häufig mit echter Minze und frischem Koriander gemischt, und in der vietnamesischen Küche werden die Blätter Salaten und Frühlingsrollen beigegeben.

GETROCKNETE LIMETTE
Diese getrockneten Zitrusfrüchte werden in der orientalischen Küche für Eintöpfe verwendet. Die ganze Frucht wird mitgekocht.

BUSCHTOMATE
Die kleinen, rotbraunen Beeren erinnern geschmacklich an Tamarillos und Karamel. Man verwendet sie gehackt für Chutneys, Saucen, italienische Antipasti und Focaccia. Sie kommen getrocknet oder in Öl eingelegt in den Handel.

BUSCHTOMATENSAUCE
Die dicke, orangerote Sauce ist sehr schmackhaft und ein guter Ersatz für Tomatensauce. Sie eignet sich als Marinade für Meeresfrüchte, als Suppenbasis, für Pizzas und Pastasaucen. Frischer Oregano oder Basilikum passen gut dazu.

WILDE PFEFFERMINZE
Ein ideales Gewürz für helles Fleisch und Desserts. Die Blätter schmecken nach Pfefferminze und Eukalyptus und kommen gemahlen in den Handel. Man dosiert wilde Pfefferminze sehr sparsam.

BUSCHTOMATEN-CHUTNEY
Zerkleinerte Buschtomaten mit Tomaten und Äpfeln. Es paßt gut zu dunklem Fleisch, Pies oder Gemüsegerichten. Man kann es auch noch mit frisch geschnittenen Tomatenwürfeln und Basilikum verfeinern.

AKUDJURA
Getrocknete und gemahlene Buschtomaten. Es besitzt einen süßlichen Geschmack, der an Tamarillo erinnert. Man verwendet es als Geschmacksverstärker und streut es über Suppen, Gemüse, Salate und Pasteten. Es kommt als Pulver in den Handel.

WILDE MINZE
Ein dunkelgrünes, pulverisiertes Kraut, das einen intensiven Geschmack besitzt, der mehr an Pfefferminze als an Minze erinnert. Man verwendet es für Saucen, Pesto, Butter, Brote und Essig. Sie kommt gemahlen in den Handel.

KAKADUPFLAUME
Diese Steinfrucht enthält sehr viel Vitamin C und ist so groß wie eine Olive. Sie hat einen feinen Aprikosengeschmack. Man schneidet die Frucht in Streifen und verwendet sie roh oder in süßem Essig eingelegt. Sie kommt gefroren in den Handel.

KAKADUPFLAUMEN-PASTE
Diese Paste ist orangefarben und hat die Konsistenz von Marmelade. Ihr Geschmack erinnert an Aprikosen. Sie wird mit Apfelsaft oder mit Weißweinessig verlängert. Man würzt sie – je nach Verwendung – mit Chili, Knoblauch, Macadamias, Pfefferminze oder anderen Kräutern.

GUMMIBLATTÖL
Das blaßgelbe Öl schmeckt nach Eukalyptus und wird mit Karamel oder Honig für Desserts verwendet oder mit Koriander, Knoblauch und Honig Saucen beigegeben. In verdünntem Zustand wird damit Räucherlachs und gegrilltes Fleisch eingestrichen. Man verwendet es sparsam.

ZUTATEN AUS DEM BUSCH

WILDES PFEFFERMINZÖL
Ein transparentes, blaßgelbes Öl. Sein Geschmack erinnert an Pfefferminze und Eukalyptus. Man nimmt es zum Aromatisieren von Sahne, Milch, Öl, Essig oder Brühe und gibt es in Saucen, Salatsaucen und Desserts. Es wird sparsam verwendet.

ILLAWARA-PFLAUMENSAUCE
Diese dickflüssige, dunkelviolette Sauce hat einen feinen pinienartigen Geschmack. Sie wird als Marinade verwendet. Zudem reicht man sie als Dip zu Rohkost und verwendet sie als Pizzasauce.

WILDE PFEFFERMINZE, gemahlen
Sehr starker Geschmack. Sie wird als Aufguß getrunken, in Keksteig gegeben und als Geschmacksträger für Eiscreme und Weinmarinaden, besonders für Lamm, verwendet. Man streut sie als Würzmittel über Meeresfrüchte.

ILLAWARRA-PFLAUMEN
Die traubengroßen Früchte sind nicht sehr süß. Ihr harzartiger, reiner Geschmack wird durch Kochen noch verstärkt. Man verwendet sie sowohl zusammen mit Chili und Knoblauch als auch für Süßspeisen und Saucen. Sie kommen gefroren in den Handel.

ANISSAMEN-MYRTEBLÄTTER
Die vielseitig verwendbaren Blätter besitzen einen feinen Anisgeschmack und einen süßen Nachgeschmack. Man verwendet sie als Garnitur, zum Aromatisieren von Essig und Öl und wie Kaffir-Limettenblätter.

ANISSAMEN-MYRTE, gemahlen
Wird zum Würzen von Keksen, Kuchen, Öl, hellem Fleisch, Füllungen, Brühe, Eiscreme, Frischkäse oder Broten verwendet. Schmeckt ausgezeichnet auf Feta.

REGENWALD-KRÄUTER-FETTUCINE
Pasta aus Weizengrieß und Kräutern. Sie werden mit einfachen Fettucine gereicht, nebeneinander oder in zwei Lagen angerichtet (nicht vermischt). Am besten reicht man sie mit wenig Sauce. Auf jeden Fall sollte man ihren Geschmack einmal pur probieren.

QUANDONG
Die Frucht hat einen milden Geschmack, der an Aprikosen und Pfirsiche erinnert. Es gibt sie im ganzen und halbiert ohne Samen. Die ganzen Früchte werden als Garnitur verwendet, die halben Früchte werden gefüllt und als Vorspeise gereicht.

QUANDONGSAMEN
Trocken geröstete Kerne dieses murmelgroßen Samens haben einen ausgeprägten Geschmack, der an Haselnüsse und geröstete Mandeln erinnert. Kleinere Mengen genügen, um Saucen und Pasteten zu würzen. Sie kommen gefroren in den Handel.

WILDER THYMIAN
Ein hellgrünes, feingemahlenes Kraut, das an eine Mischung aus Estragon, Thymian und Rosmarin erinnert. Es wird in nur kleinen Mengen für Suppen, Füllungen, Pâté, Kräuterbrot, Quiches, Omeletts und zum Würzen von Gemüse verwendet.

ZITRONENESPEN-SAFT
Der milde Zitrusgeschmack von Zitronenespen wird zum Aromatisieren von Desserts, als Überzug und Fleischglasur verwendet. Man verwendet ihn sparsam. Er kommt gefroren in den Handel.

ZITRONENESPEN-SIRUP
Blaßgelber Sirup, der einen süßen, zitrusartigen Geschmack hat. Der Sirup wird zum Aromatisieren von Desserts, als Überzug und Fleischglasur verwendet. Mit frischem Koriander ergibt er einen thailändischen Dip. Er wird nicht mit anderen Zitrusfrüchten zusammen verwendet.

ZITRONENESPEN-FRÜCHTE
Die Frucht besitzt einen milden, zitrusartigen Geschmack und wird häufig als Garnitur verwendet. Sie wird in Zuckersirup oder gesüßten Essig gelegt. Man mischt sie nicht mit anderen Zitrusfrüchten und verwendet sie sparsam.

RIBERRY
Riberries, auch **Lillypilly** genannt, erinnern geschmacklich an Zimt und Nelken. Man verwendet sie für Saucen, Muffins, Kuchen und zum Einmachen. Beim Kochen verschwindet die rosa Farbe. Sie kommen gefroren in den Handel.

WARRIGAL-BLÄTTER
Frische Blätter erinnern an Spinat, müssen aber vor dem Verzehr blanchiert oder welk gemacht werden. Sie kommen frisch, blanchiert oder gefroren in den Handel. Als Tiefkühlprodukt verwendet man sie für Pesto, Quiches und Füllungen.

ZUTATEN AUS DEM BUSCH

BUNYA-BUNYA-NUSS
Sie sind Kastanien ähnlich und haben einen leicht an Pinien erinnernden Geschmack. Die gekochten Nüsse werden als Garnitur oder Würzmittel verwendet. Die pürierten Nüsse werden gebraten oder in Pasteten und Knödeln verarbeitet.

WILDE PFEFFERKÖRNER
Die getrocknete Form von wilden Pfefferbeeren. Man sagt, daß diese tasmanischen Pfefferkörner den Geschmack von Regenwald besitzen. Sie werden statt schwarzen Pfeffers gereicht oder als Würzmittel verwendet.

GEMAHLENER BERGPFEFFER
Die getrockneten **Blätter** besitzen einen scharfen und würzigen Geschmack. Am besten verwendet man sie wie schwarzen Pfeffer in einem Pfefferstreuer.

WILDE PFEFFERBEEREN
Die dunkelvioletten Beeren, deren Samen schwarz sind, verleihen Saucen, Butter, Brot, Pasta und Wildfleisch eine besondere Note. Die Beeren ergeben eine schöne Garnitur und verleihen Sahnesaucen eine ansprechende burgunderrote Farbe.

BERGPFEFFER-GRILLSAUCE
Die dicke, braune Sauce hat einen würzigen und pfeffrigen Geschmack und erinnert an Holz. Man nimmt sie für Grillfleisch, Gerichte aus dem Wok, Würste und Marinaden.

BERGPFEFFERBLÄTTER
Der Geschmack der Blätter erinnert an Pfeffer und Chillies. Ganze Blätter kann man an Stelle von Lorbeerblättern verwenden. Gekochte Blätter haben einen holzigen Geschmack. Eventuell kurz vor Ende der Garzeit noch einmal einige Blätter zugeben.

PAPIERRINDE
Diese ungenießbare Rinde wird zum Einwickeln von hellem Fleisch oder Fisch vor dem Grillen verwendet. Die Rinde wird leicht angefeuchtet, so daß sie sich biegen läßt. Das Gargut wird in die Rinde eingeschlagen und verschnürt. Die Garzeit verlängert sich so um 10-20%. Das Gargut wird bei starker Hitze angebraten, so daß die Rinde schwarz wird und der Inhalt durch den entstehenden Rauch geräuchert wird.

ZITRONENMYRTE-BLÄTTER
Die dunkelgrünen Blätter erinnern geschmacklich an Zitronengras und Limettenöl. Man nimmt frische, ganze Blätter anstelle von Kaffir-Limettenblättern als Garnitur, zum Aromatisieren von Essig, für Öle und gebackenen Fisch.

WILDROSELLASIRUP
Ein glänzender roter Sirup, dessen herber Geschmack an Himbeere und Rhabarber erinnert. Er wird zum Aromatisieren von Desserts, als Überzug und zum Glasieren von Fleisch verwendet. Mit gehacktem Chili wird er zu einem süßen Dip.

ZITRONENMYRTE, gemahlen
Trockene, gemahlene Zitronenmyrte wird für Brot, Pancakes, Scones, Muffins, Kuchen und Käsekuchen verwendet. Zudem nimmt man sie als Würzmittel für Reis, Fisch und Geflügel.

WILDE ROSELLA
Die Frucht ist rot glänzend und sieht aus wie eine Blüte. Ihr herber Geschmack erinnert an Himbeere und Rhabarber. Sie wird für Saucen, Pies, Pasteten, Eiscreme, Sorbet, Sirup und als Garnitur verwendet. Meist werden die Früchte in Zuckersirup gelegt.

ZITRONENMYRTE-FETTUCINE
Pasta aus Weizengrieß, deren Geschmack deutlich an Zitronengras und Limettenöl erinnert. Sie wird mit einfachen Fettucine gereicht, nebeneinander oder in zwei Lagen angerichtet. Am besten reicht man sie mit wenig Sauce.

ZITRONENMYRTE-ÖL
Ein blaßgelbes Öl, dessen Geschmack an Zitronengras und Limette erinnert. Man verwendet es zum Aromatisieren von Sahne, Milch, Öl, Essig oder Brühe, für Saucen, Salatsaucen, Suppen und Desserts. Es wird nur sparsam kurz vor dem Anrichten verwendet.

ROSELLAKOMPOTT
Das Kompott ist purpurrot, seine Konsistenz erinnert an Marmelade, und der herbe Geschmack ähnelt dem von Himbeeren und Rhabarber. Es wird wie Preiselbeersauce verwendet. Für ein **Coulis** verlängert man es mit Apfelsaft und Weißweinessig.

ZUTATEN AUS DEM BUSCH

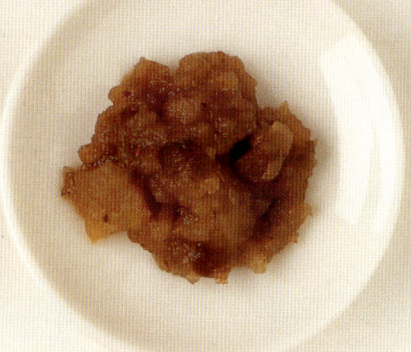

KÄSEFRUCHT-SAFT
Ein vielseitig verwendbarer fruchtiger und nach Blauschimmelkäse schmeckender Saft. Er kommt gefroren in den Handel. Man verwendet ihn sparsam in Sahne- und Käsesaucen, für Polenta, Pasta, Dips, Marinaden und Salatsaucen.

MUNTHARI
Erbsengroße Frucht, die nach Granny-Smith-Äpfeln schmeckt. Man verwendet sie für Muffins, Früchte-Pies, Puddings und in Schmorgerichten mit Zwiebeln und Pilzen. Man verwendet sie zudem für Garnituren. Sie kommt gefroren in den Handel.

MUNTHARI-ZITRONENMYRTE-CHUTNEY
Ein nach Apfel, Gewürzen und Zitrusfrüchten schmeckendes Chutney mit ganzen Muntharifrüchten. Als Beigabe oder Saucenbasis für Geflügel, Fisch oder Schweinefleisch.

MACADAMIANUSS
Die weltweit bekannte »Königin der Nüsse« wird als Garnitur, zum Andicken von Saucen oder geröstet und mit anderen Nüssen für Nußmus verwendet. Macadamianüsse sind cholesterinfrei.

AUSTRALISCHE AKAZIENSAMEN
Die gerösteten und gemahlenen Samen schmecken nach Kaffee, Schokolade und Haselnüssen. Sie werden zum Würzen von süßen oder herzhaften Saucen verwendet oder Backteig, Desserts und Backwaren beigegeben.

WILDZITRONE, klein
Die kleinere Buschzitrone hat einen leicht bitteren Limettengeschmack. Man verwendet sie im ganzen als Garnitur für Hauptgänge oder Desserts. Die Garzeit ist kurz, da die Früchte schnell auseinanderfallen. Sie kommen gefroren in den Handel.

MACADAMIANUSSÖL
Das transparente, gelbe Öl wird für Salatsaucen und Pasta genommen. Man verwendet es, wie Sesamöl, eher zum Würzen als zum Braten.

GUNDABLUEY-PASTE
Eine Paste, die aus gemahlenen australischen Akaziensamen hergestellt wird. Man verwendet sie als Geschmacksverstärker für Zubereitungen mit Milchprodukten wie Vanillepudding, Milchshakes, Eiscreme, Joghurt und Crème brûlée.

WILDZITRONE, groß
Die größere Regenwaldzitrone besitzt einen leicht bitteren und sehr herben Zitrusgeschmack. Sie schmeckt sehr gut in Marmeladen, Fleischglasuren, Saucen, bitter-süßen Desserts und als glasierte Frucht. Sie kommt gefroren in den Handel.

Register

A
Achiotepaste 369
Adiowan 17
Agar-Agar 361
Ahornzucker, granuliert 35
Aji-no-moto 31
Akaziensamen,
	Australischer 377
Akudjura 372
Alfalfa-Sprossen 106
Amchoor 16
Ananas 154
Ananas, getrocknet 162
Anchovisfilet, getrocknet 358
Anchovispaste 31
Angelika 9
Angelika, kandiert 35
Anis 16
Anissamen-Myrte,
	gemahlen 373
Anissamen-Myrteblätter 373
Annato 369
Äpfel 130 ff.
	– Bramley's Seedling 130
	– Brown's Seedling 131
	– Colonel Yate 130
	– Cox' Orange Pippin 131
	– Empire 133
	– Firmgold 132
	– Französischer
	Braeburn 130
	– Fuji 132
	– Gala 131
	– getrocknete 160
	– Golden Delicious 132
	– Granny Smith 132
	– Harry Pring 131
	– Jacquin 130
	– Kaiser Wilhelm 131
	– Klarapfel, weißer 130
	– McIntosh 131
	– Neuseeländischer
	Braeburn 133
	– Pink Lady 132
	– Red Delicious 130
	– Tentation 131
	– Zierapfel 131
Apfelsauce 38
Aprikosen 146
	– Bergerons 146
	– getrocknete 160
	– Jumbo 146
	– Monique 146
	– Orange Red 146
Aprikosenkonfitüre 24
Arbol-Chili 368
Artischocke 99
Arrowroot 171
Asant 16
Atta-Mehl 173
Aubergine 118
	– getrocknete 120
	– Thailändische
	Aubergine 118
Austern 236, 238, 239
	– Australische
	Felsenauster 238
	– Belonauster 236
	– Europäische Auster 236
	– Imperiale 236
	– Nambucca
	Felsenauster 239
	– Pazifische Felsenauster 238
	– Tasmanische
	Felsenauster 239
	– Wallis Lake Auster 239
Austernsauce 363
Australischer Daintree 355
Avocado 119
	– Fuerte-Avocado 120

B
Babymais 106
Backfett, gehärtet 49
Backpflaume 162
Backpulver 33
Bafaad-Currypaste 366
Bai Kaprow 364
Balti-Currypaste 366
Bambussprosse 360
Bananen 148, 152
	– Apfelbanane 152
	– Cavendish-Banane 152
	– getrocknete 160
	– Kochbanane 148, 152
	– Plante 148
Bangladesh, Tee 355
Bannockburn, Tee 354
Barberie-Ente 323
Basilikum 10
	– Thailändisches 364
Baumtomate 152
Belegkirschen 35
Bergamotte 14
Bergpfeffer, gemahlen 375
Bergpfefferblätter 375
Bergpfeffer-Grillsauce 375
Besan 175
Beutelratte 338
Biriyani-Paste 366
Birnen 133 ff.
	– Anjoubirne 134
	– Blanquilla 134
	– Conference 134
	– Corella-Birne 133
	– Doyenné du Comice 134
	– Forelle 135
	– getrocknete 161
	– Guyot 135
	– Kaiser-Alexander-
	Birne 133
	– Limonera 135
	– Nashi 133
	– Packham's Birne 133
	– Rocha-Birne 134
	– rote Anjoubirne 134
	– Williams' 134
Bittermittel 29
Blasenkirsche,
	Mexikanische 369
Blätterkohl 114
Blaubeere 144
Bleichsellerie 99
Blumenkohl 112
Blutorangentee 353
Bockshornklee 18
Bohnen 107
	– Buschbohne 107
	– dicke Bohne 107
	– Drachenbohne 107
	– fadenlose grüne Bohne 107
	– grüne Bohne 107
	– Schlangenbohne 107
	– Stangenbohne 107
	– Wachsbohne 107
Bohnen, getrocknete 126 ff.
	– Adzuki-Bohne 126
	– Bohnensuppen-
	Mischung 128
	– Borlotti-Bohne 127
	– Cannellini-Bohne 126
	– dicke Bohne 127
	– Flageolet 127
	– gelbe Mungobohne 129
	– Lablab-Bohne 126
	– Lima-Bohne 127
	– Mungobohne 126
	– Pferdebohne 127
	– Römische Bohne 127
	– rote Kidneybohne 127
	– Saubohne 127
	– Schwarzaugen-Bohne 127
	– schwarze Kidneybohne 126
	– schwarze Urdbohne 128
	– Sojabohne 128
	– Wachtelbohne 127
	– weiße Bohne 127
	– weiße Urdbohne 129
Bohnenkraut 14
Borretsch 13
Bouquet Garni 11
	– getrocknet 16
Bratenschmalz 49
Brinjal-Pickle 367
Brokkoli 112
Brombeeren 145
	– Adrienne 145
	– Bedford Giant 145
	– Boysenbeere 154
	– King's Acre 145
	– Loch Ness 145
	– Loganbeere 145
	– rote Loganbeere 145
	– Silvanbeere 145
	– Taybeere 145
	– Waldo 145
	– wilde Brombeere 145
Brotfrucht 148
Brühwürfel 30
Brunnenkresse 87
Brustbeeren 361
Buah Keras 360
Buchweizen 173
Buchweizenmehl 173
Büffel 339
Bulgur 172
Bunter Pfeffer 20
Bunya-Bunya-Nuß 375
Buschtomate 372
Buschtomaten-Chutney 372
Buschtomatensauce 372
Butter 54
	– geklärte 54
	– gesalzene 54
	– ungesalzene 54

C
Canola-Streichfett 49
Cascabel-Chili 368
Cashewnuß 162
Cassava-Cracker 360
Chayote 119
Cherimoya 155
Chicorée 99
Chiliöl 359
Chilipaste mit Sojaöl 359
Chili-Pfeffer 17
Chili-Pickle 367
Chilisauce 38
Chillies 116, 117, 367, 368
	– Anaheim-Chili 117
	– Cayenne-Chili 117
	– Chipotle-Chili 368
	– Guajillo-Chili 368
	– Habanero-Chili 117
	– Jalapeño-Chili 117
	– Kenia-Chili 116
	– Poblano-Chili 116
	– Serrano-Chili 116
	– Thai-Chili 116
Chinabrokkoli 115
Chinakohl 109
China-Zimt 17
Chinesische Petersilie 8
Chinesischer Pfeffer 20
Chinesischer Sellerie 365
Chipotle-Chili 368
Chlorophyll, flüssig 31
Choy Sum 115
Chrysanthemenblätter 114
Chutneys 41
	– Früchte-Chutney, süß 41
	– Lime Pickle 41
	– Mango Pickle 41
	– Mango-Chutney 41
	– Sweet Pickle 41
	– Tomaten-Chutney 41
Cilantro 8
Clementine 136
Clotted Cream 53
Cornflakes 171
Coulis 376
Courghette 100
Couscous 173
	– israelisch 173
	– libanesisch 173
	– marokkanisch 173
Cranberry-Sauce 38
Crème double 53
Crème fraîche 53
Curry-Blätter 18
Currykraut 10
Currypasten 366, 367
Curry-Pulver 18

D
Daikon-Rettich 98
Dashi 358
Dattel 146
	– getrocknet 160
	– Kalifornische Medjool-
	Dattel 146
Deben-Ente 322
Dextrose 32
Dhelakat-Tee 354
Dijon-Senf 36, 37
Dill 12
Dillgurken 42
Dillsaat 18
Dukkah 18
Durian 149

E
Earl Grey Tea 353
Cherimoya 155
Eier 54 ff.
	– Emu-Ei 55
	– Entenei 54
	– Hühnerei 55
	– Hundertjähriges Ei 54
	– Solei 54
	– Straußenei 55
	– Tausendjähriges Ei 54
	– Wachtelei 55
Ei-Ersatz 32
Eingelegtes 40 ff.
Emu 338
Endivie, krause 86
English Breakfast Tea
Ente 322 ff.
	– Barberie-Ente 323
	– Deben-Ente 322
	– Gressingham-Ente
	322, 323
	– Krickente 333
	– Moschus-Ente 323
	– Peking-Ente 322, 323
	– Stockente 331, 332
	– Watermeadow-Ente 322
	– Wildente 331
Epazote 369
Eppich 17
Erbse, frische 106
	– Mangetout-Erbse 106
Erbsen, getrocknete 126 ff.
	– Channa 128
	– gelbe Schälerbse 129
	– grüne Erbse 129
	– grüne Schälerbse 129
	– Kichererbse 126, 175
	– Pigeonerbse 129
	– Saatplatterbse 127
Erdbeeren 144
	– Elsanta 144
	– Mara de Bois 144
	– Walderdbeere 144
Erdbeergelee 25
Erdbeerkonfitüre 24
Erdnuß 164, 165
Erdnußbutter 25
Erdnußbutter-Chips 34
Espresso 350
Essenzen 29
Essig 43
	– Aceto Balsamico 43
	– Apfelessig 43
	– Balsamessig 43
	– Essigessenz 43
	– Himbeeressig 43
	– Kräuteressig 43
	– Malzessig 43
	– Sherry-Essig 43
	– Weinessig 43
Eßkastanien 163
Estragon 9

F
Fasan 329, 332
Fattoush 21
Feige 153
	– getrocknet 161
Feine Kräutermischung 11
Feldsalat 86
Fenchel 8, 99
Fenchelsaat 18
Fenugrec 18

378

Fines Herbes 11
Fisch 192 ff.
– Aal 205
– Albacore 231
– Alfoncino 214
– Anchovisfilets 248
– Angelschellfisch 202
– Australischer Zackenbarsch 218
– Baby Barramundi 220
– Bacalao 244
– Bachsaibling 222
– Barbe 228
– Barbunia 228
– Bismarckhering 244
– Blaunase 211
– Blue Warehou 230
– Bombay Duck 250
– Bonito 231
– Bonitoflocken, getrocknet 250
– Brandbrasse 196
– Brasse 210
– Breitling 209
– Bückling 197
– Conger 208
– Dorade 197
– Dorsch 199
– Dorschersatz 249
– Finnan Haddock 202
– Flunder 208
– Forellenfilet, geräuchert 203
– Forelle, geräuchert 246
– Glattbutt 192
– Goldbandschnapper 230
– Goldbarsch 221, 225
– Goldbrasse 197
– Goldforelle 209
– Greenbackflunder 228
– Hai 216, 224
– Haifischflosse 251
– Hecht 206
– Heilbutt 194, 203
– Hering 197
– Heringsfilet, geräuchert 245
– Imperatorfisch 229
– Kabeljau 198
– Kabeljau, gesalzener 244
– Kaiserschnapper 216, 229
– Karpfen 209
– Katzenhai 208
– Kieler Sprotten 202, 209
– Kipper 245, 247, 248
– Kliesche 208
– Klippfisch 198
– Knurrhahn 196
– Köhlerfilet 209
– Lachs 212
– Lachs, Atlantischer 206
– Lachs, eingemacht 248
– Lachsersatz 249
– Lachsforelle 207, 223
– Lachssteak 212
– Lengfilet 230
– Lotte 201
– Luderick 225
– Makrele 197
– Makrele, blaue 224
– Makrele, eingemacht 248
– Makrele, geräuchert 246
– Maoribarsch 218
– Marlin 221
– Matjeshering 244
– Meeraal 208
– Meeraalmagen, getrocknet 251
– Meeräsche 197
– Meeräsche, Pazifische 221
– Meerbarbe 196
– Meerbarbe, Rote 228
– Meerforelle 207, 223
– Merlan 208
– Neuseeländischer Blaubarsch, geräuchert 247
– Papageienfisch 227
– Perlbarsch 225
– Petersfisch 217
– Pilchard 216
– Pollack 209
– Pollack, getrocknet 251
– Rascasse 228
– Räucheraal 247
– Räucherlachs 244, 246
– Red Emperor 229
– Red Snapper 231
– Regenbogenforelle 209, 220, 223
– Riesenzackenbarsch 218
– Rochen 200, 224
– Rollmops 197, 249
– Rotbarbe 196
– Rotbarsch 221
– Roter Drachenkopf 228
– Roter Schnapper 231
– Rotforelle 223
– Rotzunge, echte 193
– Sackbrasse 196
– Salm 212
– Salmoniden 206
– Salzhering 197
– Sandzunge 208
– Sardine 216
– Sardine, eingemacht 248
– Sardine, getrocknete 250
– Sardine, pazifische 206
– Sashimi 212
– Scharbe 208
– Schellfisch 201, 202
– Schellfisch, geräuchert 202, 245, 246
– Scholle 192
– Schwertfisch 221
– Seebarsch 199
– Seehecht 199
– Seeigelrogen 232
– Seekuckuck 196
– Seelachs, eingemacht 249
– Seelachsfilet 209
– Seeteufel 201
– Seezunge 192
– Silver Dory 217
– Snapper 216
– Springmeeräsche 197
– Sprotte 209
– Sprotten, geräuchert 202
– St. Peter's 217
– St. Pierre 217
– Stachelmakrele 226
– Steinbutt 192, 193
– Steinköhler 209
– Stint 206
– Stockfisch 198
– Stockfisch, gesalzen 244
– Streifenbrasse 196
– Thunfisch 212, 221, 231
– Thunfisch, eingemacht 248
– Thunfischscheiben, geräuchert 248
– Tigerflachkopf 213
– Turbotière 193
– Waller 207
– Weißflecken-Drückerfisch 224
– Wels 207
– Whiting, Pazifischer 214
– Wildlachs 206
– Wittling 208
– Wolfsbarsch 199
– Zander 205
Fisch-Cracker 360
Fischflocken, getrocknet 358
Fischsauce 39
Fleischextrakt 352
Fleischterrine 305
Focaccia- und Pizzamehl 32
Fond 30
Froschschenkel 335
Frühlauch 104
Füllungen, Würzmischung 30
Fünf-Gewürze-Pulver 18

G
Gai Larn 115
Galgant 18, 371
Gans 322 ff.
Garam Masala 18
Garnelen 233, 234
– Altantischer Scampo 236
– Banana Prawn, grüne 234
– Granat 236
– Kadalgarnelen 234
– Kaisergranat 233, 236
– King Prawns 234
– Nordseekrabben 236
– Pazifischer Scampo 233
– Riesengarnele 234
– Riesengarnele, grüne 234
– Sandgarnele 236
– Schiffskielgarnelen 233
– Shrimps, eingemacht 249
– Tiefseegarnelen, blaßrot 234
– Tiefseehummer 233
– Tiger Prawns 233
– Tropengarnele, rosa 234
– Weiße Garnele 234
– Zuchtgarnelen 234
Gartenkresse 87
Gelatine 32
Gelbe Currypaste 367
Gelbwurz 21
Gelbwurz, frisch 364
Geleebonbons 34
Gemüsemais 106
Gentleman's Relish 30
Gerste 171
– Gerstenflocken 171
– Gerstenmehl 171
– Perlgraupen 171

Gewürze 16 ff.
Gewürzmischung für Marinaden 20
Gewürz-Sumach 21
Ghee 54
Glatte Petersilie 12
Glatter Petersfisch 217
Glitzerperlen, bunte 33
Glutamat 31
Goa-Vindaloo-Paste 366
Goa-Zwiebel-Baghaar 366
Gourghette 100
Granadilla 151, 153
Granatapfel 148
Grapefruit 139
  – gelbe Grapefruit 139
  – rosafarbene Grapefruit 139
Graupen 171
Grenadine 27
Gressingham-Ente 322, 323
Grill-Sauce 39
Grüne Chilisauce 367
Grüne Currypaste 367
Grüne Mango 364
Grüne Papaya 365
Grünkohl 111
Guajillo-Chili 368
Guave 152
Gumbo 107
Gummiblattöl 372
Gundabluey-Paste 377
Gunpowder Temple of Heaven, Tee 354
Gurken 100, 101
– Bittergurke 101
– Gemüsegurke 100
– Libanesische 100
– Salatgurke 100
– süß-sauer eingelegt 40
Gurkenkraut 13

H
Habanero-Chili 368
Hafer 175
– Haferflocken 175
– Hafergrütze 175
Haferwurz 97
Haggis 97, 370
Hartweizengrieß 172
Hartweizenmehl 172
Hase 336 ff.
Haselnuß 164
Hefeextrakt, konzentrierter 30
Heidelbeere, getrocknet 161
Heißräucherung 245
Himbeeren 144
– Chilliwack 144
– gelbe Himbeere 144
– Glen Moy 144
– Glen Prosen 144
– Julia 144
– Leo 144
– Sunbeere 145
– wilde Himbeere 144
Himbeermarmelade 24
Hirse 174
Hirseschrot 174
Hoisin-Sauce 361
Holunder 15
Hominy à la Mexicana 369

Honig 25
– Heidehonig 25
– Kleehonig 25
– Kleehonig, cremig 25
– Orangenblütenhonig 25
– Pinienhonig, griechischer 25
– Sonnenblumenhonig, französischer 25
– Wabenhonig 25
Huhn 308 ff.
Huhn, Schwarzes siehe Poulet noir

I
Illaware Pflaumen 373
Illawara-Pflaumensauce 373
Indische Dattel 21
Indische Zwiebelsamen 366
Ingwer 19
– eingelegt 42
– frisch 19
– gemahlen 19
– getrocknet 161
Ingwerpflaumen 35
Instantkaffee 350, 352
Italienische Petersilie 12

J
Jaboticaba 156
Jackfrucht 154
Japanische weiße Rübe 96
Japanischer Meerrettich 21
Japanischer Pfeffer 20
Jasmintee 353
Java Malabar, Tee 355
Jicamawurzel 365
Joghurt 53
– Fruchtjoghurt 53
– Naturjoghurt 53
– Trinkjoghurt 53
Johannisbeeren 144
– rote Johannisbeere 144
– schwarze Johannisbeere 144
– schwarze Riesenjohannisbeere 144
– weiße Johannisbeere 144
Johannisbeergelee, rot 24
Jujube 361

K
Kaba, Rübe 96
Kaffee 350 ff.
– entkoffeiniert 351
– Filterkaffee 350, 351
– Instantkaffee 350, 352
– Türkischer 351
Kaffeebohnen
– Französische Mischung 351
– Kolumbianische Bohnen 350
– Neu-Guinea-Bohnen 350
– Robusta-Bohnen 351
– Santos-Bohnen 350
Kaffee-Essenz 352
Kaffeesurrogatextrakt 352
Kaffir-Limettenblatt 365
Kakadupflaume 372
Kakadupflaumen-Paste 372
Kakao 352
Kakaohaltiges Getränke-

pulver 352
Kaki 150
Kaktusfeige 151
Kalb 280 ff.
Kaldaunen 289
Kalonji 366
Kalträucherung 245
Kamille 15
Kamilletee 353
Kandierte Früchte 35
Kangkung 365
Känguruh 339
Kaninchen, Europäisches 337
Kapern 16
Kapstachelbeere 150
Kapstachelbeere,
  getrocknet 35
Karambole 153
Kardamom 17
Karotte 97
Kartoffelmehl 175
Kartoffeln 90 ff.
  – Ambo 93
  – Balmoral 93
  – Bintje 91
  – Charlotte 93
  – Coliban 91
  – Delaware 90
  – Desirée 90
  – Estima 92
  – Francine Salad 92
  – Frühkartoffel 90
  – Jersey Royal 92
  – King Edward 91
  – Kipfler 91
  – La Ratte 93
  – Marfona 92
  – Maris Bard 93
  – Nadine 92
  – Nicola 90
  – Patrone 90
  – Pentland Javelin 92
  – Picasso 92
  – Pink Eye 91
  – Pink Fir Apple 90
  – Pontiac 91
  – Purple Congo 91
  – Romano 93
  – Roseval 93
  – Russet Burbank 91
  – Russet Idaho 91
  – Salad Blue 93
  – Sebago 90
  – Spunta 90
  – Trüffelkartoffel 92
Käse 58 ff.
  – Ambrosia 61
  – Ami du Chambertin 76
  – Ash Log 64
  – Asiago 70
  – Banon à la Feuille 78
  – Beaufort d'Estive 80
  – Bega Brown Wax 58
  – Blauschimmelkäse
    65, 66, 67
  – Bleu d'Auvergne 79
  – Bleu de Gex 79
  – Bleu de Haut Jura 79
  – Blue Brie 67
  – Blue Castello 67

  – Bocconcini 62
  – Bonchester 74
  – Bonde en Gatine 78
  – Boulette d'Avesnes 78
  – Boursin 63
  – Brebis Pyrénées 81
  – Brega Brown Wax 58
  – Brie 69
  – Brie de Meaux 77
  – Camembert de Normandie 76
  – Camembert, industriell hergestellt 69
  – Cantal 81
  – Cashel Blue 75
  – Cheshire 73
  – Chester 73
  – Cœur Poitevin 77
  – Comté 76
  – Crayeux de Roncq 77
  – Crottin 65
  – Crottin de Chavignol 78
  – Danablu 67
  – Deep Blue 67
  – Dolcelatte 75
  – Double Gloucester 73
  – Ducketts Caerphilly 75
  – Edamer 60
  – Emlett 74
  – Emmentaler 80
  – Emmentaler, Australischer 61
  – Epicure 58
  – Esrom 61
  – Farmers Union Vintage 58
  – Feta 63
  – Filata-Käse 62, 63
  – Fiore Sardo 64
  – Fleur du Maquis 77
  – Fontina 59
  – Fourme d'Ambert 79
  – Frischkäse 62, 63
  – Gabriel 73
  – Garrotxa 83
  – Gippsland Blue 66
  – Gorgonzola 66
  – Gouda 60
  – Grana Padano 70
  – Greyerzer 70
  – Gruyère 70, 80
  – Haloumi 64
  – Havarti 60
  – Hüttenkäse 63
  – Hüttenkäse-Creme 63
  – Iberico 83
  – Idiazábal 82
  – Jarlsberg 61
  – Jindi Triple Cream 69
  – Kaseri 61
  – Kashkaval 60
  – Keen's Cheddar 72
  – Kefalotyri 64
  – Kervella 64
  – King Island Admirality 66
  – King Island Bass Strait 67
  – King Island Black Wax Matured 58
  – King Island Surprise Bay 58
  – Kirkham's Lancashire 72

  – Langres 76
  – Leyden 60
  – Limburger 68
  – Livarot 78
  – Llanglofflan 75
  – Maasdamer 60
  – Mahón 83
  – Manchego 65, 82
  – Mariolles 76
  – Mascarpone 63
  – Milleens 74
  – Mimolette Vieille 71
  – Montgomery's Cheddar 72
  – Mozzarella 62
  – Mozzarella, geräuchert 62
  – Mrs. Seater's Orkney 75
  – Mungabareena Washed Rind 68
  – Munster 77
  – Neufchâtel 63
  – Ossiari Iraty 64
  – Parmesan, gerieben 70
  – Pecorino Romano 71
  – Pecorino Vieille 71
  – Picos Blue 83
  – Port Salut 69
  – Provolone 62
  – Pyengana Cloth Cheddar 58
  – Quark 63
  – Raclette 59
  – Red Leicester 59
  – Reggiano Parmigiano 70, 71
  – Ricotta 63, 65
  – Ricotta aus Schafsmilch 65
  – Ricotta, gebacken 63
  – Roncal 82
  – Roquefort 79
  – Sage Derby 59
  – Salers 81
  – Shadows of Blue 67
  – Single Gloucester 73
  – South Cape Vintage 59
  – Spenwood 73
  – St. Marcellin 78
  – St. Nectaire 69, 76
  – Stilton 66
  – Stracchino, reifer 62
  – Taleggio 69
  – Tarrawingee Washed Rind 68
  – Teifi 72
  – Tetilla 82
  – Tilsiter 61
  – Tomme 78
  – Tomme de Savoie 81
  – Top Paddock Washed Rind 68
  – Top Paddock Wine Washed 68
  – Vacherin Mont d'Or 76
  – Watsonia 58
  – Wensleydale 59
  – Wigmore 74
  – Yuulong Lavender 65
  – Zamora 82
  – Ziegen-Frischkäse 65
  – Ziegen-Weichkäse 65
Käsefrucht-Saft 377
Kasha 173

Kassie 17
Kemiri 360
Kenya Marinyn, Tee 355
Kerbel 12
Kecap Manis 360
Khee Kwai 364
Kirschen 147
  – Gaucher 147
  – getrocknet 161
  – Glaskirsche 147
  – kandiert 35
  – Picota 147
  – Stella 147
Kiwano 151
Kiwi 153
  – getrocknet 161
Kleie-Flocken 175
Knoblauch 11, 104
  – eingelegt 42
Knollensellerie 97
Koch-Margarine 49
Kohlrabi 113
Kohlrübe 96
Kokosfett 49
Kokosflocken 163
  – geröstet 34
Kokosnuß 163
Kokosnußmilch 360
Kokosraspel 34
Konbu 363
Königskümmel 17
Kopfkohl 109
Koriander 8, 17
Korinthe, getrocknet 160
Koschenille 29
Krabben 240, 241
  – Australische Spannerkrabbe 241
  – Blaukrabbe 240
  – Frog crab 241
  – Große pazifische Schwimmkrabbe 240
  – Krabbenfleisch, eingemacht 248
  – Mangrovenkrabbe 241
Kräuter 8 ff.
Kräuter der Provence, getrocknet 19
Kräutersträußchen 11
Krebse 237, 238
  – Australkrebs 238
  – Gemeiner Europäischer Taschenkrebs 237
  – Pazifischer Bärenkrebs 238
  – Steinkrebs 238
  – Yabby 238
Kresseknospen, eingelegt 40
Kreuzkümmel 17
Kreuzkümmel, schwarzer 16
Krickente 333
Kroepoek Emping 362
Kroepoek Ikan 362
Kroepoek Udang 358
Krokodil 335
Kugelartischocke 99
Kümmelkraut 14
Kumquat 137
Kürbis 101 ff.
  – Eichelkürbis 101

  – Gelber Patisson 101
  – Gemüsekürbis 102
  – Grüner Patisson 101
  – Herbstkürbis 102
  – Patisson-Kürbis 101
  – Riesenkürbis 103
  – Spaghettikürbis 103
  – Squash 101
  – Ufo-Kürbis 101
  – Winterkürbis 103
Kurkuma 21
Kurkuma, frisch 364
Kutteln 289
Kuvertüre 28
L
Ladyfinger 107
Laksa Blatt 371
Lamm 256 ff.
Laos powder 371
Lap Cheong, Wurst 361
Lapsang Souchong, Tee 353
Lauch 105
Lauchzwiebel 105
Lavendel 9
Lebensmittelfarbe 29
Leberpastete 305
Leinsamen 175
Leinsamenschrot 175
Lemon Curd 24
Liebstöckel 15
Lillypilly 374
Limette 136
  – getrocknet 371
  – Limettenmarmelade 24
Linsen 126 ff.
  – Dhal-Linse 129
  – ganze rote Linse 128
  – geschälte rote Linse 129
  – grüne/braune Linse 128
  – Linsensuppen-Mischung 129
  – Puylinse 129
Litchi 149
  – rote Israel-Litchi 149
Loquate 149
Lorbeer 8
Lotuswurzel 359
Lung Ching, Tee 354
Lupine 126
M
Macadamianuß 165, 377
  – Macadamianußöl 377
Madras-Currypaste 366
Maggikraut 15
Mahlepi 371
Mais 106, 170
  – Gemüsemais 106
  – Zuckermais 106
  – Popcorn-Mais 170
Maismehl 170
  – blaues 369
  – gelbes 369
Maisschrot 170
Majoran 9
Malzextrakt 32
Malzkaffee 352
Mandelessenz 29
Mandeln 162, 163
Mangold 86, 87
  – rot 87

Mangos 146
– getrocknete 160
– Grüne 364
– Haden 146
– Pakistani Honey 146
– Tommy Atkins 146
Mangostane 150
Marinaden 20
Marmelade 24, 25
Maronen 163
– kandierte 35
– Pürree 35
Marshmallows 33
Marzipan 28
Masa Harina 369
Mastiha gum 371
Mastix 371
Mate, Brasilianischer 353
Matsaman-Currypaste 367
Matzemehl 174
Mayonnaise 43
Meeresfrüchte
– Austern siehe Austern
– Austern, geräucherte 247
– Australische Languste 238
– Baby Octopus 242
– Calamari 243
– Calamariringe 243
– Chinesische Fischbälle 249
– Conpoy 249
– Fischkäse 248
– Flaschenkalmar 243
– Garnelen siehe Garnelen
– Gemeiner Kalmar 243
– Gemeiner Krake 242
– Gemeiner Tintenfisch 243
– Hummer 236
– Kalmar 243
– Kalmar, getrocknet 250
– Kamaboko 248
– Kaviar, Deutscher 249
– Keta 249
– Krabben siehe Krabben
– Krebse siehe Krebse
– Lachskaviar 249
– Meeräschenrogen 232
– Muscheln siehe Muscheln
– Muscheln, geräuchert 247
– Octopus 242
– Ostaustralische Languste 239
– Qualle, gesalzen 251
– Schnecken siehe Schnecken
– Seegurken, getrocknet 250
– Seehasenrogen, roter 249
– Seehasenrogen, schwarzer 249
– Seeigelrogen 232
– Sepia 243
– Tintenfisch, getrocknet 250
Meeresgemüse 252, 253
– Dulse 253
– Haricot de Mer 253
– Laver 252
– Meerbohne 253
– Meerfenchel 252
– Meerkohl 253
– Meerlattich, grüner 253
– Nori-Algen 252

– Queller 252
– Seekohl 253
– Wakame 252
Meerrettich 10, 19
Mehl 170 ff.
– Gerstenmehl 171
– Hartweizenmehl 172
– Kartoffelmehl 175
– Maismehl 170
– Matzemehl 174
– Sojamehl 174
– ungebleichtes Mehl 172
– Urdmehl 174
– Vollweizenmehl 172
– Weißmehl 172
Melasse 28
Melonen 140 ff.
– Cantaloupe-Melone 141, 142
– Charentais-Melone 143
– Galia-Melone 142
– gelbe Honigmelone 141
– getrocknete 163
– Israelische Galia-Melone 142
– Netzmelone 142
– Ogen-Melone 143
– Sapo-Melone 143
– Wassermelone 140
– weiße Honigmelone 141
Mexikanische Blasenkirsche 369
Mexikanische Schokolade 369
Milch 52
– Buttermilch 52
– entrahmte Milch 52
– Kondensmilch 52
– Kondensmilch, gezuckert 52
– teilentrahmte Milch 52
– Vollmilch 52
– Ziegenmilch 52
Milchmischgetränke 52
Milchpulver 52
Mincemeat 35
Minze 11
– Kambodschanische 371
– Vietnamesische 371
– Wilde 372
Minzsauce 38
Mirin 362
Mischobst, getrocknet 160
Mischsalat 86
Miso 128
Mixed Pickles 40
Mizuna 114
Mohn 20
Mohrrübe 97
Mole poblano 369
Moorschneehuhn, Schottisches 334
Moschus-Ente 323
Mungobohnen-Sprossen 106
Munthari 377
Munthari- Zitronenmyrte-Chutney 377
Muscheln
– Abalone 232
– Blauschwarze Miesmuschel 235

– Gemeine Herzmuschel 237
– Gemeine Strandmuschel 236
– Jakobsmuschel 235
– Kreuzmuster-Teppichmuschel 235
– Meerohr 232
– Miesmuschel 237
– Neuseeländische Miesmuschel 235
– Pazifische Cockle-Muschel 233
– Pazifische Pipimuschel 235
– Venusmuschel 236
– Venusmuscheln, eingemacht 249
– Vongole 235
Muskatellertraube, getrocknet 160
Muskatnuß 19
Muskatschale 19
Mutton-Bird 335
N
Natriumhydrogenkarbonat 32
Nektarinen 146
– Big Top 146
– Flavour Gold 146
– Italian Snow Queen 146
Nelken 17
Neu Guinea Garaina, Tee 355
New-Mexico-Chili 368
Nilgiri Parkside 354
Nopalitos 369
Nori-Blätter 362
Nudeln 186 ff.
– dicke Bandnudeln aus Reismehl 187
– dünne Eiernudeln 187
– Eiernudeln, getrocknet 187
– gelbe Eiernudeln, frische (Hokkien) 186
– Glasnudeln 186
– Harada Cha Soba 188
– Men Kobo Zaru Soba 188
– Ramen 188
– Reisnudeln 187
– Reispapier 188
– Reis-Vermicelli 187
– Shinsu Soba 188
– Shoei Jeau-Blätter 189
– Soba-Nudeln, frisch 189
– Soba-Nudeln, getrocknet 188
– Somen 189
– Spinatnudeln, getrocknet 186
– Udon-Nudeln 189
– Wantan-Blätter 186
– weiche Weizenmehlnudeln, gekocht (Nama Udon) 189
– Weizenmehlnudeln, chinesische (Ho Fen) 186
– Weizenmehlnudeln, frische (Yang Chue) 186
– Weizenmehlnudeln, frische 187
– Weizenmehlnudeln, getrocknete (Mien) 186

– siehe auch Pasta
Nuoc Nam 362
O
Ochse 283, 285, 287
Okra 107
Öle 46 ff.
– Avocadoöl 48
– Canola-Öl 48
– Distelöl 47
– Erdnußöl 46
– Färberdistelöl 47
– Grapefruitöl 47
– Haselnußöl 46
– Kräuter-Öl 48
– Kürbiskernöl 46
– Maiskeimöl 47
– Mandelöl 46
– Mexikanischer Safran 47
– Olivenöl 48
– Olivenöl »extra vergine« 47
– Olivenöl, klares 47
– Orangenöl 47
– Pflanzenöl 47
– Pistazienöl 48
– Senfsaat-Öl 48
– Sesamöl 48
– Sojabohnenöl 47
– Sonnenblumenöl 46
– Steinpilzöl 46
– Traubenkernöl 46
– Trüffelöl 46
– Walnußöl 46
– Zitronenöl 47
Oliven 40
– Grüne Oliven, gefüllt 40
– Kalamata-Oliven 40
– schwarze Oliven 40
Olivenöl-Streichfett 48
Olivenpaste, Schwarze 37
Oolong Shui Hsien, Tee 355
Opossum 338
Orange 137
– Blutorange 137
– Navel Orange 137
Orange Flower Oolong, Tee 355
Orangenessenz 29
Orangenmarmelade 24
Orangenwasser 29
Oregano 13
P
Pai Mu Tan, Tee 354
Pak Soi 87, 115
Palmzucker 362
Panang-Currypaste 367
Panch Phora 20
Pandanusblatt 359
Paniermehl 30
Papaya 155
– Solo-Papaya 155
– getrocknet 161
– Grüne 365
Papierrinde 375
Pappadum 360
Paprika 20, 116, 117
– gelbe Gemüsepaprika 117
– gelbe Spitzpaprika 116
– Gemüsepaprika, getrocknet 120
– grüne Gemüse-

paprika 117
– orangefarbene Gemüsepaprika 116
– rote Gemüsepaprika 116
– rote Spitzpaprika 117
Paranuß 162
Pasilla-Chili 368
Passionsfrüchte 153
– Granadilla 153
– Bananen-Passionsfrucht 153
– Panama-Passionsfrucht 153
– Purpur-Granadilla 153
Pasta 176 ff.
– Acini di Pepe 183
– Alfabeto 183
– Bavette 176
– Buccatini 177
– Cannelloni 179
– Capellini 176, 178
– Casareccia 180
– Cavatappi 180
– Conchiglie Rigate 182, 183
– Conchigliette Piccole 183
– Conchiglioni Rigati 182
– Corallini 183
– Ditali 183
– Elicoidali 180
– Farfalle 180
– Farfalline 180
– Farfalloni 180
– Fedelini 176, 183
– Fettuccelle 176
– Fettuccine 177, 179
– Filini 183
– Fricelli 177, 180, 182
– Fusilli 180
– Fusilli Bucati Lunghi 177
– Gaglierini 176
– Gnocchetti Sardi 181
– Gnocchetti di Zita Lunghi Rigati 181
– Gnocchi 181
– Laganelle con Salvia 177
– Lasagne 179
– Lasagnette 177
– Linguine 176, 178
– Linguine mit Sepia 178
– Linguine mit Spinat und Basilikum 178
– Maccheroni 178, 180
– Mezze Penne Rigate 181
– Millerighe 182
– Orecchiette 182
– Orecchiotte 182
– Pappardelle 178
– Pasta al Ceppo 180
– Pasta Mista 183
– Penne Lisce 181
– Penne Mezzane 181
– Penne Rigate 181
– Pennoni 182
– Perciatelli 177
– Pipe Rigate 182
– Rigatoni 182
– Rissoni 183
– Rotelle 181
– Spaccatella 182

– Spaghetti 176, 178
– Spaghettini 176
– Stellette 183
– Stelline 183
– Tagliatelle 176, 178
– Taglierini 176
– Taglioloni 176, 179
– Taglioni 176
– Tonnarelli 178
– Trenette 177, 179
– Tubetti 183
– Vermicelli 177
– Zite 177
Pasta, frische 184, 185
– Agnolotti 184
– Eiernudeln 184
– Fagottini 184
– gefüllte Nudeln 184
– gemischte Tortellini 184
– Gnocchi 184, 185
– Panzotti 185
– Ravioli 184
– Sorrentini 185
– Tortelloni 184
– Triangoli 185
Pasten 37, 38
Pastinake 96
Pâté 305
Patum Peperium 30
Pecannuß 164, 165
Peking-Ente 322, 323
Peperoni 40, 42
Pepino 153
Perlhuhn 333
Pesto 37
Peterle 12
Petersilie 12
– glatte 365
Pettiagalla 355
Pfeffer 20
Pfefferbeeren, Wilde 375
Pfefferkörner 31
– rosa 31
– schwarze 31
Pfefferkörner, Wilde 375
Pfefferkraut 14
Pfefferminze, Wilde 372
Pfefferminzöl, Wildes 373
Pfeffersauce, rote 38
Pfeilwurzelmehl 171
Pfirsiche 146
– Director 146
– Flat 146
– getrocknet 161
– Royal Gem 146
– Spring Belle 146
Pflanzenöl-Creme 48
Pflaumen, getrocknet 162
Pflaumen 147
– Black Diamond 147
– Black prince 147
– Early Laxton Brogdale 147
– Gaviota 147
– Hay 147
– Herman 147
– Reineclaude 147
– Santa Rosa 147
– Tragedy 147
– Victoria 147
Pflaumensauce 39

Physalis 150
– getrocknete 35
Piccalilli 41
Pilze 121 ff.
– Austernpilz 122
– Bierschwamm 124
– Braunkappen 123
– Creme-Zucht-
champignon 123
– Egerling 123
– Enokitake 122
– gelbstieliger Pfiffer-
ling 125
– graue Kantharelle 125
– großer flacher
Zuchtchampignon 123
– großer Zucht-
champignon 122
– kleiner Zucht-
champignon 122
– Morchel, getrocknet 121
– Nameko 122
– Pfifferling 121
– Riesen-Shiitake 122
– Rötel-Ritterling 124
– Samtfußrübling 122
– Schüppling 125
– Semmel-Stoppelpilz 124
– Shiitake 121, 122
– Shiitake, getrocknet 121
– Shimeji 123
– Steinpilz, getrocknet 121
– Strohpilz 121
– Totentrompete 124
– Trüffel 122
– Wolkenohr,
schwarzes 123
– Wolkenohr, weißes 123
Piment 16
Pimpinelle 10
Pinienkern 165
Pistazie 164
Pitahaya 151
Polenta 170
– Instant-Polenta 170
– weiße 170
Pomelo 138
Porree 105
Poulet noir 308
Preiselbeere 144
Preiselbeere, getrocknet 160
Puddingpulver 33
Pulla-Chili 368
Pute 316 ff.

Q
Quandong 374
Quandongsamen 374
Queenslandnuß 360
Quinoa 173
Quitte 150

R
Radieschen 98
– rotes 98
– weißes 98
Rambutan 149
Raps 49
Rapunzel 86
Rauke 87
Rebhuhn 330, 332
Regenwald-Kräuter-

Fettucine 373
Reh 340 ff.
Reis 168 ff.
– Arborio-Reis 168, 169
– Basmati-Reis 168
– brauner Langkornreis 168
– brauner Rundkornreis 168
– Calasparra 169
– Carnaroli, super fino 169
– gemahlener Reis 169
– Jasmin-Reis 168
– Reiskleie 169
– schwarzer Thai-Reis 169
– Sushi-Reis 169
– Vialone Nano,
semi fino 169
– weißer Klebereis 168
– weißer Langkornreis 168
– weißer Rundkornreis 168
– weißer Thai-Reis 169
– Wildreis 170
– Wildreis-Mischung 168
Reis-Crisps 170
Reisflocken 170
Reismehl 169
Relishes 41
– Essiggurken-Relish 41
– Mais-Relish 41
– Picalilli 41
– Senf-Relish 41
Remoulade 39
Rettich 98
Rettichsprossen 106
Rhabarber 156
Riberry 374
Rind 272 ff.
Rinderschinken 304
– American Style
Pastrami 304
– Biltong 304
– geräuchertes Rindfleisch
– Jerky 304
– New York Style
Pastrami 304
– Salt Beef 304
– Silverside 304
Rindertalg 49
Ringelblume 12
Ringeltaube 329
Rochen 224
Roggen 171
Roggenflocken 171
Roggenmehl 171
Rosella 376
Rosellakompott 376
Rosenblätter, kandierte 34
Rosenkohl 113
Rosenwasser 29
Rosetten-Pak-Soi 87
Rosinen 163
Rosmarin 12
Rote Bete 96
Rote Currypaste 367
Rote Dattel, getrocknet 361
Rotkohl 108
Rübe, eingelegt 362
Rüben 96, 97
Rucola 87

S
Safran 20

»Safran des armen Mannes« 12
Sago 174
Sahne 53
– Clotted cream 53
– Crème double 53
– stichfeste 53
– feste 53
– flüssige 53
– saure 53
Sake 363
Salak 150
Salami 300 ff.
– Belgische Salami 302
– Cacciatore 303
– Calabrese 300
– Casalinga 302
– Cayennepfeffer-
Salami 302
– Chilisalami 300
– Chorizo 301
– Contadino 301
– Cresponi 301
– Csabai 303
– Dänische Salami 302
– Deutsche Salami 302
– Felinetti 300
– Florentino 300
– Gyulai 302
– Italienische Salami 302
– Kabanos 301
– Mailänder Salami 301
– Moskauer Salami 301
– Pepperoni 301
– Pizzasalami 303
– Polnische Salami 300
– Rotwein-Kräuter-
Knoblauch-Salami 300
– scharfe Ungarische
Salami 302
– schwarze Pfeffersalami
mit Weinbrand 300
– Siciliano 300
– Spanische Salami 300
– Toscana 301
– Twiggy 303
– weiße Ungarische
Salami 302
Salat 88, 89
– Eisbergsalat 89
– grüner Eichblattsalat 88
– Kopfsalat 88
– Kopfsalat, roter 89
– Lollo biondo 89
– Lollo rosso 89
– Radicchio 88
– Romana-Salat 89
– roter Eichblattsalat 88
Salbei 13
Salz 20, 30, 31
– Haushaltssalz 31
– Knoblauchsalz 31
– Meersalz 30
– Salinensalz 30
– Selleriesalz 31
– Steinsalz 30
– Zwiebelsalz 31
Sambal 359
– Oelek 37, 359
– Badjak 359
Sansho-Pfeffer 20

Sapodilla 152
Sapote 153
Sashimi 212
Satay-Sauce 38
Saté-Sauce 38
Sauce tartare 39
Sauce, süß-saure 39
Saucen 38, 39
Sauerampfer 8
Sauerdattel 21
Sauerkraut 42
Schaf 282, 286
Schafgarbe 9
Schalottenflocken,
gebraten 360
Schinken 292 ff.
– Bastourma 294
– Beinschinken 292
– Champagner-
Schinken 292
– doppelt geräucherter
Kochschinken 293
– Honigschinken 292
– Kasseler 294
– Lachsschinken 294
– Parmaschinken 294
– Pikante Pancetta 294
– Prager Schinken 292
– Räucherspeck 294
– Saftschinken, ge-
räuchert 294
– Sandwich Ham 292
– Schinken de Luxe 293
– Schinkensteak 292
– Schinkenstückchen 293
– Schwarzwälder
Schinken 294
– Virginia-Schinken-
Steak 293
– Vorderschinken 293
– Zigeuner-Nuß-
Schinken 293
Schlangenfrucht 150
Schmalz 49
Schnecke 370
Schnecken
– Conch 232
– Flügelschnecke 232
– Gemeine Strand-
schnecke 235
– Stumpfe Strand-
schnecke 237
– Wellhornschnecke 236
Schnepfe 333
Schnittlauch 13
– blühender 364
Schokladenchips, weiße 34
Schokolade, Mexikanische 369
Schokoladenraspel 34
Schokoladenstreusel 33
Schottisches Moor-
schneehuhn 334
Schwarze Bohnen,
gesalzen 359
Schwarze-Bohnen-Paste 363
Schwarzer Pilz 360
Schwarzwurzel 97
Schwein 264 ff.
Schweineschmalz 49
Seekohl 253

Sellerie
– Chinesischer 365
– eingelegt 42
Selleriesamen 17
Semmelbrösel 30
Sencha Tee 355
Senf 36, 37
– Amerikanischer Senf 36
– Bayerischer Senf 36
– Dijon-Senf 36
– Dijon-Senf mit Estragon 37
– Dijon-Senf mit schwarzer Johannisbeere 37
– Französischer Senf 36
– Körniger Senf 36
– Körniger Senf mit Chili 37
– Kräutersenf 36
– Provenzalischer Senf 36
– Scharfer Englischer Senf 36
Senfkörner 19
Senf-Relish 41
Senfsauce 39
Senfsprossen 86
Sesam 21
Sesampaste 363
Sharon-Frucht 150
Shiitake, getrocknet 361
Shrimps, getrocknet 358
Shrimpspaste, getrocknet 358
Shungiku 114
Silberdragees 34
Singbulli, Tee 354
Sirup 27, 28
– Ahornsirup 27
– Glukosesirup 28
– Granatapfel-Melasse 28
– Grenadine 27
– Hagebuttensirup 27
– Johannisbeersirup, schwarzer 27
– Reissirup 28
– Rohrzuckermelasse, schwarze 28
– Rohrzuckersirup, heller 28
– Rohrzuckermelasse, süße 28
– Zuckersirup 28
Sojabohne 128
Sojabohnen, gesalzene 363
Sojabohnenpaste 361
Sojabohnensprossen 106, 128
Soja-Drink 352
Sojamehl 174
Sojamilch 128
Sojaöl 128
Sojapaste, süß 38
Sojasauce 39
Sojasauce
– dunkle 128
– helle 28
– schwarze 38
Soja-Streichfett 49
Sonnenblumenkerne 21
Sonnenblumen-Margarine 49
Spargel 99
Speck 290, 291
– Bacon 290
– Bauchspeck, geräuchert 291

– Chinesischer Speck 291
– Hock 291
– Rückenspeck 290
– Schweinebauch 291
– Speckknochen 291
– Speckstücke 291
Spinat 86
Spitzkohl 108
Spring Red 146
Sprossen 106
Sprossengemüse 99
Stachelbeeren 145
– Levellier 145
– rote Stachelbeere 145
Stallkaninchen 338
Stangensellerie 99
Staudensellerie 365
Steckrübe 97
Sternanis 21
Sternapfel 152
Sternfrucht 153
Stinkasant 16
Stinkfrucht 149
Stockente 331, 332
Strauß 339
Stubenküken 309
Sultaninen 163
Sülze 305
– Fancy Brawn 305
– Fromage de Tête 305
– Hausmachersülze 305
– Hure de Porc 305
– Schweinskopfsülze 305
Sushi-Essig 363
Süßholzwurzel 19
Süßkartoffel
– rot 94
– weiß 95
Szechuan, Tee 354
Szechuan-Pfeffer 20

T
Tabletten zum Eindicken 32
Tahin 37
Tamales 369
Tamari 128
Tamarillo 152
Tamarinde 21
Tamarindenschote 367
Tangelo 138
Tangerine 136
Tapioka 174
Taro 94
Taube 332
Tchai, Tee 353
Tee 353 ff.
– Australischer Daintree 355
– Bangladesh 355
– Blutorangentee 353
– Bannockburn 354
– Dhelakat-Tee 354
– Earl Grey Tea 353
– English Breakfast 353
– Gunpowder Temple of Heaven 354
– Jasmin 353
– Java Malabar 355
– Kamille 353
– Kenya Marinyn 355
– Lapsang Souchong 353
– Lung Ching 354

– Mate, Brasilianischer 353
– Neu Guinea Garaina 355
– Nilgiri Parkside 354
– Oolong Shui Hsien 355
– Orange Flower Oolong 355
– Pai Mu Tan 354
– Pettiagalla 355
– Sencha 355
– Singbulli 354
– Szechuan 354
– Tchai 353
– Yin Zhen 353
– Yunnan-Tee 354
Tempeh 128
Teriyaki-Sauce 38
Teufelsdreck 16
Thai-Ingwer 371
Thailändisches Basilikum 364
Thai-Litchi 149
Thymian 11
Tikka-Paste 366
Tofu 128
Tomaten 119, 120
– Eiertomate 119
– Flaschentomate 119
– Fleischtomate 120
– gelbe Tomaten 119
– getrocknete 120
– Gewächshaus-Tomate 120
– Kirsch-Tomate 119
– Rispentomate 119
– runde Salattomate 119
– Strauchtomate 119
Tomatenketchup 39
Tomatenmark 37
– aus Dörrtomaten 37
Tomatensenf 36
Tomatillos 369
Topinambur 95
Tranchiergabel 383
Trauben 156 ff.
– Dan-ben Hannah Israeli 159
– Flame 159
– Messina Black Seedless 158
– Messina Green Seedless 158
– schwarze Muskattraube 157
– Sugrane 159
– Thompson Seedless 158
– Walthamcross 157
Traubensaft, unreif 30
Traubenzucker 32
Triticale 173
Trockenhefe 33
Truthahn 316 ff.
Tung Hao 114
Türkischer Kaffee 351

U
Ugli 139
Urdmehl 174

V
Vanille 21
Vanilleessenz 29
Veilchen, kandierte 33
Verjuice 30
Vindaloo-Paste 366

W
Wacholder 19

Wachtel 334
Wakame, getrocknet 362
Waldschnepfe 328
Walnuß 165
– eingelegt 42
Warrigal-Blätter 374
Wasabi 21
Wasserkastanien 359
Wasserspinat 365
Watermeadow-Ente 322
Weinblatt, eingelegt 42
Weinraute 13
Weinsäure 32
Weinstein 32
Weiße Rübe 96
Weißkohl 109, 110
Weißmehl 172
Weizen 172
– Weizenflocken 172
– Weizenkeime 172
– Weizenkleie 175
– Vollweizenmehl 172
Wiesenkümmel 16
Wilde Minze 372
Wilde Pfefferbeeren 375
Wilde Pfefferkörner 375
Wilde Pfefferminze 372
– gemahlen 373
Wilde Rosella 376
Wildente 331
Wilder Thymian 374
Wildkaninchen 336
Wildrosellasirup 376
Wildschwein 346 f.
Wildschweinwurst 346
Wildzitrone 377
Wirsingkohl 110
Witchetty-Larve 370
Wolkenohr 360
Worcester-Sauce 39
Wurst 295 ff.
– Berliner 298
– Bierschinken 298
– Blutwurst 299
– Bockwurst 297
– Brockwurst 298
– Cervelatwurst 296
– Chorizo, kleine 296
– Chorizo, pikante 297
– Cocktailwürstchen 295
– Colbassi 295
– Debreziner 299
– Elsässer Wurst 299
– Frankfurter, dicke 295
– Frankfurter, lange 295
– Knackwurst 298
– Kransky 299
– Lancashire Black Pudding 297
– Leberwurst 298
– Lucanica 297
– Lyoner 298
– Mortadella 298
– Napoli 296
– Salsicci 296
– Schäussen 299
– Straßburg 295
– Weißwurst 299
– Westfälische Wurst 299
– White Pudding 297

– Zungenwurst 298
Würzmischung für Füllungen 30

Y
Yamsbohne 365
Yamswurzel 94
Yin Zhen, Tee 353
Ysop 14
Yunnan-Tee 354

Z
Za'atar 21
Zichorie 87
Zimt 17
Zimtapfel 155
Zitrone 136
Zitrone, eingelegt 42
Zitronencreme 24
Zitronesoen-Früchte 374
Zitronespen-Saft 374
Zitronespen-Sirup 374
Zitronengras 8
Zitronenkonfitüre, dunkle 24
Zitronenmelisse 13
Zitronenminze 14
Zitronenmyrte, gemahlen 376
Zitronenmyrte-Blätter 376
Zitronenmyrte-Fettucine 376
Zitronenmyrte-Öl 376
Zitronensäure 32
Zitronenstrauch 14
Zitrusschale, getrocknet 161
Zucchino 100
Zucker 26, 27, 35
– Ahornzucker, granuliert 35
– Dextrose 32
– dunkelbrauner 26
– Farin-Zucker 26
– Feinzucker 26
– Fruchtzucker 26
– Fruktose 26
– hellbrauner 26
– Kandis, brauner 27
– Kandis, holländischer 27
– Kristallzucker, brauner 27
– Puderzucker 26
– Raffinadezucker 26
– Rohzucker 26
– Rohzuckerwürfel, grobe 27
– Süßstoff, kalorienarmer 27
– Traubenzucker 32
– Würfelzucker 26
Zuckerbanane 152
Zuckerkulör 29
Zuckermais 106
Zuckerperlen, bunte 34
Zuckerschote 106
Zuckerstreusel, bunte 33
Zwiebeln 40, 104, 105
– Frühlingszwiebel 104
– Gemüsezwiebel 104
– Perlzwiebeln 40
– rote Gemüsezwiebel 105
– rote Zwiebel 104
– Schalotte 105
– Silberzwiebel 105
– süß-sauer 40
– weiße Zwiebel 105
Zwiebelsamen, Indische 366

Danksagung

Folgende Personen haben an der Vorbereitung dieses Buches mitgeholfen:

NÖRDLICHE HEMISPHÄRE:
Phil Howard, The Square, Bruton Street, Mayfair, London.
Billfields Food Co. Ltd., The Liberty Centre, Mount Pleasant, Wembley, Middlesex.
Richard Perton, City Herbs, New Spitalfields Market, 23 Sherrin Road, Leyton, London.
Cutty Catering Specialists Limited, 57 Sandgate Street, London.
Wild Harvest Mushrooms, 31 London Stone Estate, Broughton, London.
Harrods Food Halls.
Harvey Nichols Food Halls.
Selfridges Food Halls.
M.G. & Sons (Wholesale Greengrocer) Ltd., New Covent Garden Market, London.
Neal's Yard Dairy, 17 Short's Gardens, London.
La Fromagerie, 30 Highbury Park, Highbury, London.
The Game Larder, 24 The Parade, Claygate, Surrey.
K.C. Fisheries, Oakwood Hill, Loughton, Essex.
Ken Muir, Weeley Heath, Nr Clacton-on-Sea, Essex.
Products From Spain, 89 Charlotte Street, London W1.

SÜDLICHE HEMISPHÄRE:
Liam Tomlin and Matt Kemp, Banc, 53 Martin Place, Sydney, NSW.
Molly McKenzie Food Products, 6 Kaleski Street, Moorebank, NSW.
Moses Spice Centre, 108 Brighton Boulevard, Bondi Beach, NSW.
Simon Johnson, Purveyor of Quality Foods, 181 Harris Street, Pyrmont, NSW.
Australia On A Plate, 60a Warners Avenue, Bondi, NSW.
The Cheese Shop, 797 Military Road, Mosman, NSW.
Sydney Market Authority, Parramatta Road, Flemington, NSW.
Antico's Northbridge Fruit World, 83 Sailor's Bay Road, Northbridge, NSW.
Matt Brown's Greens, 123 Regent Street Chippendale, NSW.
The Mushroom Board, Parramatta Road, Flemington, NSW.
The Chilli Press Club, 48a Queenscliff Road, Queenscliff, NSW.
B & J Lizard, Flemington Markets, Flemington, NSW.
Sunrice Rice Australia, 447 Kent Street, Sydney, NSW.
Cantarella Bros Pty. Ltd., 118 Wetherill Street, Silverwater, NSW.
Arquilla Bulk Trading, 159 Allen Street, Leichhardt, NSW.
Pastabilities, 45 Albion Street, Surry Hills, NSW.
Peter's Fish, Sydney Fish Markets, Blackwater Bay, Pyrmont, NSW.
McClellands Coffee and Tea, 2 Mandible Street, Alexandria, NSW.
The Tea Centre, 135 King Street, Sydney, NSW.
The Bush Tucker Supply, 482 Victoria Road, Gladesville, NSW.
Gundabluey Bushfoods, 26 Tenterden Road, Botany, NSW.

WIDMUNG
Zur Erinnerung an Peter Mirams (1929–1998)